U0584324

公路桥梁工程施工与管理

蒋学真　体铁南　徐鹏飞 ◎ 著

吉林科学技术出版社

图书在版编目（CIP）数据

公路桥梁工程施工与管理 / 蒋学真，体铁南，徐鹏
飞著. -- 长春 : 吉林科学技术出版社，2023.7
ISBN 978-7-5744-0732-9

Ⅰ．①公… Ⅱ．①蒋… ②体… ③徐… Ⅲ．①公路桥
－桥梁施工－施工管理 Ⅳ．①U448.145.1

中国国家版本馆 CIP 数据核字（2023）第 153176 号

公路桥梁工程施工与管理

著	蒋学真　体铁南　徐鹏飞
出 版 人	宛　霞
责任编辑	安雅宁
封面设计	正思工作室
制 　版	林忠平
幅面尺寸	185mm×260mm
开 　本	16
字 　数	280 千字
印 　张	12.25
印 　数	1–1500 册
版 　次	2023年7月第1版
印 　次	2024年2月第1次印刷

出 　版	吉林科学技术出版社
发 　行	吉林科学技术出版社
地 　址	长春市福祉大路5788号
邮 　编	130118
发行部电话/传真	0431-81629529 81629530 81629531
	81629532 81629533 81629534
储运部电话	0431-86059116
编辑部电话	0431-81629518
印 　刷	三河市嵩川印刷有限公司

书 　号	ISBN 978-7-5744-0732-9
定 　价	84.00元

前　言

随着我国社会经济的飞速发展，人民群众整体生活水平的不断提升，道路桥梁建设作为一项民生工程，已然受到国家与政府相关部门的充分重视，路桥工程质量达标与否不仅与城市交通运输情况有着密切联系，更在一定程度上代表了政府与城市的良好形象。同时，在社会主义市场经济飞快进步的影响下，道路桥梁工程数量在不断增加，建设规模随之扩大。质控工作难度也持续呈上升状态，此时路桥施工技术的作用尤为突出，经实践证明，确保路桥施工技术的合理选择与应用，能够使工程质量得到最大程度的保证。由此可见，为使人民群众能够享受舒适、安全的出行环境，积极探索路桥施工关键技术已是势在必行。

本书的章节布局，共分为八章。第一章主要就桥梁的概述、桥梁的规范和设计要点与桥梁设计荷载进行详细的阐述和分析；第二章介绍了施工的方法与程序、施工的技术准备、施工的物资与现场准备与常用施工机械及选型；第三章主要对道路分类体系、交通规范管理与道路工程建设及道路路线设计进行简要阐述；第四章主要对一般路基设计、路基排水与稳定性设计、路基的防护与加固、挡土墙设计与路基工程施工技术进行简要阐述；第五章主要介绍了沥青路面设计、水泥混凝土路面设计和路面工程施工技术；第六章对桥梁总体规划设计，包括桥梁总体规划设计、桥梁纵断面设计等内容；第七章是桥梁施工，本章介绍了桥梁基础施工、桥梁下部构造施工、桥梁上部构造施工和桥面及附属工程施工；第八章是公路桥梁工程管理，本章主要对公路桥梁工程施工管理、公路桥梁工程质量管理及公路桥梁工程安全管理进行简要阐述。

本书在撰写过程中，参考、借鉴了大量著作与部分学者的理论研究成果，在此一一表示感谢。由于作者精力有限，加之行文仓促，书中难免存在疏漏与不足之处，望各位专家学者与广大读者批评指正，以使本书更加完善。

编委会

编 著　刘树文　高 巍

目　录

第一章 公路桥梁的基础知识

第一节 桥梁的概述

道路路线遇到江河湖泊、山谷深沟以及其他线路（铁路或公路）等障碍时，为了保持道路的连续性，就需要建造专门的人工构造物——桥梁，来跨越障碍。下面先熟悉一座桥梁的基本组成部分以及桥梁的分类情况。

一、桥梁的基本组成

桥梁一般由四个基本部分组成，即上部结构（superstructure）、下部结构（substructure）、支座（bearing）和附属设施（accessory）。

图1-1所示为一座梁式桥的概貌，涉及一般桥梁工程的主要名词解释如下：

上部结构（桥跨结构）：是在线路中断时跨越障碍的主要承重结构，是桥梁支座以上（无铰拱起拱线或刚架主梁底线以上）跨越桥孔的总称，桥梁跨越幅度越大，上部结构的构造也就越复杂，施工难度也相应增加。

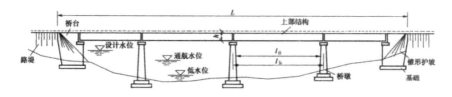

图1-1 梁式桥概貌

桥墩和桥台：是支承上部结构，并将其传来的恒载和车辆等活载再传至基础的结构物。通常将设置在桥两端的称为桥台，设置在桥中间部分的称为桥墩，桥台除了具有上述作用外，还与路堤相衔接，并抵御路堤土的压力，防止路堤填土的坍落。单孔桥只有两端的桥台，而没有中间桥墩。

桥墩和桥台底部的奠基部分：称为基础，基础承担了从桥墩和桥台传来的全部荷载，这些荷载包括竖向荷载以及地震力、船舶撞击墩身等引起的水平荷载，由于基础往往深埋于水下地基中，在桥梁施工中是难度较大的一个部分，也是确保桥梁安全的关键之一。

支座：是设在墩（台）顶，用于支承上部结构的传力装置，它不仅要传递很大的荷载，并且要保证上部结构按设计要求产生一定的变位。

桥梁的附属设施：包括桥面系（bridge decking）、伸缩缝（expansion joint）、桥梁与路堤衔接处的桥头搭板（transition slab at bridge head）和锥形护坡（conical slope）等。

河流中的水位是变动的，枯水季节的最低水位称为低水位（low water level），洪峰季节河流中的最高水位称为高水位（high water level）。桥梁设计中按规定的设计洪水频率计算所得的高水位（很多情况下是推算水位），称为设计洪水位（designed flood level）。在各级航道中，能保持船舶正常航行时的水位，称为通航水位（navigable water level）。

下面介绍一些与桥梁布置有关的主要尺寸和名词术语。

主桥（main bridge）：桥孔跨越主要障碍物（如河道主槽部分或深谷、人工设施主要部分）而设置的桥跨结构。

引桥（approach bridge）：位于主桥两端，代替局路堤的桥梁跨段。引桥将主桥与路堤以合理的坡度连接起来。

净跨径（clear span）：对于设支座的桥梁为相邻两墩、台身顶内缘之间的水平净距，不设支座的桥梁为上、下部结构相交处内缘间的水平净距，用 l_0 表示，如图1-2所示。

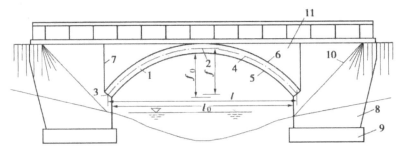

1—拱圈；2—拱顶；3—拱脚；4—拱轴线；5—拱腹；6—拱背；7—变形缝；
8—桥台；9—基础；10—锥坡；11—拱上结构

图1-2 拱桥概貌

计算跨径（computed span）：对于设支座的桥梁，为相邻支座中心的水平距离，对于不设支座的桥梁（如拱桥、刚构桥等），为上、下部结构的相交面之中心间的水平距离，用 l 表示，桥梁结构的力学计算是以 l 为准的。

总跨径（total span）：是多孔桥梁中各孔净跨径的总和（$\sum l_0$），它反映了桥下宣泄洪水的能力。

桥梁全长（total length of bridge）：简称桥长，对于有桥台的桥梁为两岸桥台翼墙尾端间的距离，对于无桥台的桥梁为桥面系行车道长度，用L表示（图1-1）。

桥下净空（clearance height of span）：为满足桥下通航（或行车、行人）的需要和保证桥梁安全而对上部结构底缘以下规定的空间界限。其中，桥下净空高度是设计洪水位或计算通航水位至桥跨结构最下缘之间的距离，以H表示，它应保证能安全排洪，并不得小于对该河流通航所规定的净空高度，对于跨线桥或立交桥，桥下净空对于保证所跨越线路的通行能力至关重要。

桥梁建筑高度（construction height of bridge）：上部结构底缘至桥面顶面的垂直距离（图1-1中的h），线路定线中所确定的桥面标高，与通航（或桥下通车、人）净空界限顶部标高之差，称为容许建筑高度（allowable construction height），显然，桥梁建筑高度不得大于容许建筑高度，为控制桥梁建筑高度，可以通过在桥面以上布置结构（如斜拉桥、悬索桥、中、下承式拱桥等）的方式加以解决。

桥面净空（clearance above bridge floor）：是桥梁行车道、人行道上方应保持的空间界限，公路、铁路和城市桥梁对桥面净空都有相应的规定。

净矢高（clearance bowed height）：是从拱顶截面下缘至相邻两拱脚截面下缘最低点之连线的垂直距离，以 f_0 表示（图1-2）。

计算矢高（computed bowed height）：是从拱顶截面形心至相邻两拱脚截面形心之连线的垂直距离，以 f 表示（图1-2）。

矢跨比（rise span ratio）：是拱桥中拱圈（或拱肋）的计算矢高 f 与计算跨径 l 之比（f/l），也称拱矢度，它是反映拱桥受力特性的一个重要指标。

此外，我国《公路桥涵设计通用规范》（JTG D60—2015，以下简称《公路桥规》）中规定，对标准设计或新建桥涵跨径在50m以下时，一般均应尽量采用标准跨径（l_b）（standard span）。对于梁式桥，它是指两相邻桥墩中线之间的距离，或墩中线至桥台台背前缘之间的距离；对于拱式桥，则是指净跨径。

二、桥梁的分类

桥梁种类繁多，都是人们在长期的生产活动中，通过反复实践和不断总结逐步发展起来的。为了对各种类型的桥梁结构有个概略的认识，下面加以简要的分析说明。

（一）按结构类型分类

结构工程上的受力构件，总离不开拉、压和弯三种主要受力方式由基本构件所组成的各种结构物，在力学上也可归结为梁式、拱式和悬吊式三种基本体系以及它们之间的各种组合（如刚架桥和斜拉桥）。现代的桥梁结构也一样，不过其内容更丰富，形式更多样，材料更坚同，技术更进步。下面分别来阐明桥梁各种体系的主要特点。

（1）梁式桥（beam bridge）

梁式桥是一种在竖向荷载作用下无水平反力的结构，如图1-3（a）（b）所示，由于外力（恒载和活载）的作用方向与承重结构的轴线接近垂直，因而与同样跨径的其他结构体系相比，梁桥内产生的弯矩最大，通常需用抗弯、抗拉能力强的材料（钢、配筋混凝土、钢-混凝土组合结构等）来建造，目前在公路上应用最广的是预制装配式的钢筋混凝土简支梁桥，这种梁桥的结构简单，施工方便，简支梁对地基承载力的要求也不高，其常用跨径在25m以下3当跨径较大时，需采用预应力混凝土简支梁桥，但跨度一般不超过50m。为了改善受力条件和使用性能，当地质条件较好时，中、小跨径梁桥均可修建连续梁桥，如图1-3（c）所示，对于很大跨径的大桥和特大桥，可采用预应力混凝土梁桥、钢桥和钢混凝土组合梁桥，如图1-3（d）（e）所示。

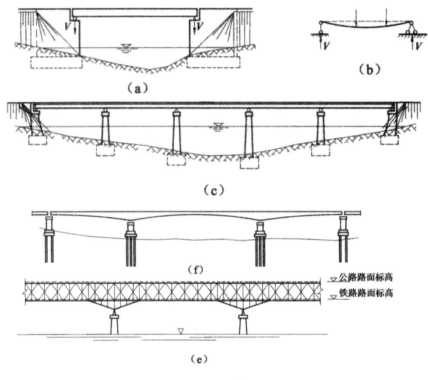

图1-3 梁式桥

（2）拱式桥（arch bridge）

拱式桥的主要承重结构是拱圈或拱肋（拱圈横截面设计成分离形式时称为拱肋）。拱结构在竖向荷载作用下，桥墩和桥台将承受水平推力，如图1-4（a）（b）所示。同时，根据作用力和反作用力原理，墩台向拱圈（或拱肋）提供一对水平反力，这种水平反力将大大抵消在拱圈（或拱肋）内由荷载所起的弯矩。因此，与同跨径的梁相比，拱的弯矩、剪力和变形都要小得多，鉴于拱桥的承重结构以受压为主，通常可用抗压能力强的圬工材料（如砖、石、混凝土）和钢筋混凝土等来建造。

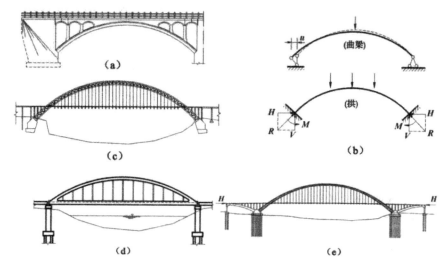

图 1-4　拱式桥

拱桥不仅跨越能力很大，而且外形酷似彩虹卧波，十分美观，在条件许可的情况下，修建拱桥往往是经济合理的，一般在跨径 500m 以内均可作为比选方案。

应当注意，为了确保拱桥的安全，下部结构和地基（特别是桥台）必须能经受住很大的水平推力作用，此外，与梁式桥不同，由于拱圈（或拱肋）在合龙前自身不能维持平衡，因而拱桥在施工过程中的难度和危险性要远大于梁式桥。

在地基条件不适合于修建具有很大推力的拱桥的情况下，也可建造水平推力由受拉系杆来承受的系杆拱桥，系杆可由钢、预应力混凝土或高强钢筋做成，如图 1-4 (d) 所示。近年来发展了一种所谓"飞雁式"三跨自锚式微小推力拱桥，如图 1-4 (e) 所示，即在边跨的两端施加强大的水平预加力 H，通过边跨梁传至拱脚，以抵消主跨拱脚处的巨大水平推力。

按照行车道处于主拱圈的不同位置，拱桥分为上承式拱、中承式拱和下承式拱三种。如图 1-4 所示，"承"代表承受车辆荷载的位置，即行车道位置，"上、中、下"分别代表这个车道位置位于主拱圈的上部、中部和下部。

（3）刚架桥（rigid frame bridge）

刚架桥的主要承重结构是梁（或板）与立柱（或竖墙）整体结合在一起的刚架结构，梁和柱的连结处具有很大的刚性，以承担负弯矩的作用。图 1-5 (a) 所示的门式刚架桥在竖向荷载作用下，柱脚处具有水平反力，梁部主要受弯，其受力状态介于梁桥与拱桥之间，如图 1-5 (b) 所示。刚架桥跨中的建筑高度就可做得较小。当遇到线路立体交叉或需要跨越通航江河时，采用这种桥型能尽量降低线路高程，以改善纵坡，并能减少路堤土方量。但普通钢筋混凝土修建的刚架桥在梁柱刚结处较易产生裂缝，需在该处多配钢筋、另外，门式刚架桥在温度变化时，内部易产生较大的附加内力，应引起重视。

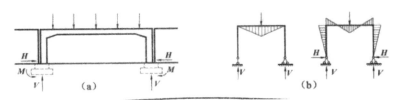

图 1-5（c）所示的 T 型刚构桥（带挂孔的或不带挂孔的）是修建较大跨径混凝土桥梁曾采用的桥型，属静定或低次超静定结构。对于这种桥型，由于 T 构长悬臂处于一种不受约束的自由变形状态，在车辆荷载作用下，悬臂内的弯、扭应力均较大，因而各个方向均易产生裂缝，另外，由于混凝土徐变，会使悬臂端产生一定的下挠，从而在悬臂端部和挂梁的结合处形成一个折角，不仅损坏伸缩缝，而且车辆在此跳车，给悬臂以附加冲击力，使行车不适，对桥梁受力也不利，目前这种桥型已较少采用。

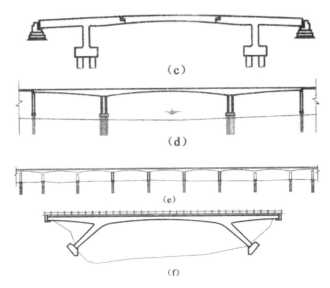

图 1-5 刚架桥

图 1-5（d）所示的连续刚构桥属于多次超静定结构，在设计中一般应减小墩柱顶端的水平抗推刚度，使得温度变化时在结构内不致产生较大的附加内力。对于很长的桥，为了降低这种附加内力，往往在两侧的一个或数个边跨上设置滑动支座，从而形成如图 1-5（e）所示的刚构—连续组合体系桥型。

当跨越陡峭河岸和深谷时，修建斜腿刚构桥往往既经济合理又造型轻巧美观，如图 1-5（f）所示。由于斜腿墩柱置于岸坡上，有较大斜角，中跨梁内的轴压力也很大，因而斜腿刚构桥的跨越能力比门式刚构桥要大得多。但斜腿的施工难度较直腿大些。

刚构桥一般均需承受正负弯矩的交替作用，横截面宜采用箱形截面，连续刚构桥主梁受力与连续梁相近，横截面形式与尺寸也与连续梁基本相同。

（4）悬索桥（suspension bridge）

　　悬索桥（也称吊桥）是用悬挂在两边塔架上的强大缆索作为主要承重结构，如图1-6所示。在桥面系竖向荷载作用下，通过吊杆使缆索承受很大的拉力，缆索锚于悬索桥两端的锚碇结构中，为了承受巨大的缆索拉力，锚碇结构需做得很大（重力式锚碇），或者依靠天然完整的岩体来承受水平拉力（隧道式锚碇），悬索桥也是具有水平反力（拉力）的结构。现代悬索桥广泛采用高强度的钢丝成股编制成钢缆，以充分发挥其优良的抗拉性能，悬索桥的承载系统包括缆索、塔柱和锚碇三部分，因此结构自重较轻，能够跨越其他桥型无法达到的特大跨度（经济跨径在500m以上）。悬索桥的另一特点是受力简单明了，成卷的钢缆易于运输，在将缆索架设完成后便形成了一个强大稳定的结构支承系统，施工过程中的风险相对较小。在我国西南山岭地区和遭受山洪泥石冲击等威胁的山区河流上，以及对于大跨径桥梁，在修建其他桥梁有困难的情况下，往往采用悬索桥。

　　图1-6（a）所示为单跨式悬索桥，图1-6（b）所示为三跨式悬索桥。

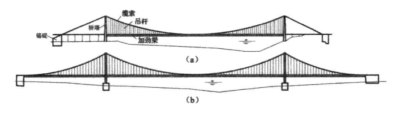

图1-6　悬索桥

　　近年来，鉴于对桥梁美观的要求，在不宜修建锚碇的情况下，也可建造将主缆锚固在主梁两端的所谓"自锚式"悬索桥。这种桥型虽然很有特色，但其结构设计和施工工艺比较复杂（先梁后缆施工方式），经济性较差，而且跨径也不宜过大，另外，加劲梁在巨大的轴向压力作用下，为满足稳定和应力要求，用钢量较大。

　　在所有桥梁体系中，悬索桥的刚度最小，属柔性结构，在车辆荷载作用下，悬索桥将产生较大的变形，例如跨度1000m的悬索桥，在车辆荷载作用下，L/4区域的最大挠度可达3m左右。另外，悬索桥风致振动及稳定性在设计和施工中也需予以特别重视。

　　（5）斜拉桥（cable stayed bridge）

　　斜拉桥由塔柱、主梁和斜拉索组成，如图1-7所示。它的基本受力特点是：受拉的斜索将主梁多点吊起，并将主梁的恒载和车辆等其他荷载传至塔柱，再通过塔柱基础传至地基。塔柱基本上以受压为主。跨度较大的主梁就像一根多点弹性支承（吊起）的连续梁一样工作，从而使主梁内的弯矩大大减小。由于同时受到斜拉索水平分力的作用，主梁截面的基本受力特征是偏心受压构件。斜拉桥属高次超静定结构，主梁所受弯矩大小与斜拉索的初张力密切相关，存在着一定最优的索力分布，使主梁在各种状态下的弯矩（或应力）最小。

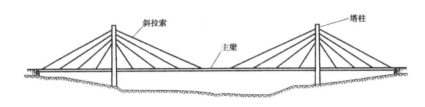

图 1-7　斜拉桥

斜拉桥的跨越能力大于梁桥和拱桥，仅次于悬索桥。在技术可达的跨径范围内，一般来说，斜拉桥的经济性能优于悬索桥。此外，与悬索桥相比，斜拉桥的结构刚度大，即在荷载作用下的结构变形小得多，且其抵抗风振的能力也比悬索桥好，这也是在斜拉桥可能达到的大跨度情况下使悬索桥逊色的重要因素。

斜拉桥的斜索组成和布置、塔柱形式以及主梁的截面形状是多种多样的。我国常用平行高强钢丝束、平行钢绞线束等制作斜索，并用热挤法在钢丝束上包一层高密度的黑色聚乙烯（HDPE）外套进行防护，还可用彩色高密度聚乙烯制成彩色索。

常用的斜拉桥是三跨双塔式结构，但独塔双跨形式也常见（图 1-8），具体形式及布置的选择应根据河流、地形、通航、美观等要求加以论证确定。

在桥横向，斜拉索一般按双索面布置，也有采用中央布置的单索面结构。

斜拉桥是半个多世纪来最富于想象力和构思内涵最丰富且引人瞩目的桥型，它具有广泛的适应性。一般说来，对于跨度为 200~700m，甚至超过 1000m 的桥梁，斜拉桥在技术和经济上都具有相当优越的竞争力。诚然，随着斜拉桥跨度的增大，将会面临塔过高和斜索过长等一系列技术难点，这不仅涉及高耸塔柱抗震和抗风等动力稳定方面的问题，而且还涉及主梁受压力过大以及长斜索因向重垂度增大而引起的种种技术问题。另外，必须提到的是，斜拉桥的斜索可以说是这种桥梁的生命线，至今国内外已发生过几起通车仅几年就因斜索腐蚀严重而导致全部换索的工程实例。因此，确保斜索使用寿命，仍是当今桥梁界十分关切和重视的重要课题。可以相信，随着高性能新材料的开发、计算理论的进一步完善、施工方法的改进，特别是设计构思的不断创新，斜拉桥还在向更大跨度和更新的结构形式发展。

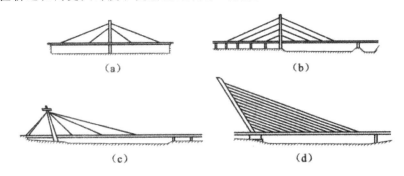

图 1-8　独塔式斜拉桥

（6）组合体系桥梁（composite bridge）

　　除了以上五种桥梁的基本体系以外，根据结构的受力特点，还有由几种不同体系的结构组合而成的桥梁，称为组合体系桥。梁和拱的组合体系，其中梁和拱都是主要承重结构，两者相互配合共同受力。由于吊杆将梁向上（与荷载作用的挠度方向相反）吊住，这样就显著减小了梁中的弯矩；同时，由于拱与梁连接在一起，拱的水平推力就传给梁来承受，这样，梁除了受弯以外，还受拉。这种组合体系桥能跨越较一般简支梁桥更大的跨度，而对墩台没有推力作用，因此，对地基的要求就与一般简支梁桥一样。拱置于梁的下方、通过立柱对梁起辅助支承作用的组合体系桥。

　　图1-9所示为几座大跨度组合体系钢桥的实例。图1-9（a）所示是钢桁架和钢拱的组合；图1-9（c）所示是钢梁与斜拉索的组合；图1-9（d）所示是斜拉索与悬索的组合。

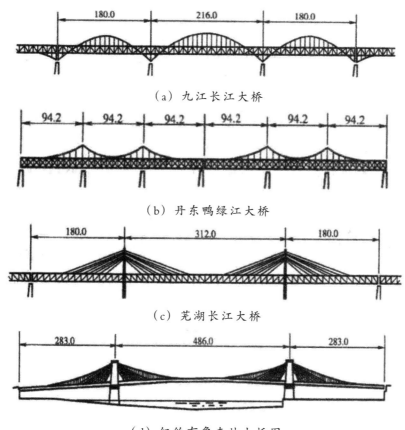

（a）九江长江大桥

（b）丹东鸭绿江大桥

（c）芜湖长江大桥

（d）纽约布鲁克林大桥图

图1-9　组合体系桥梁（尺寸单位：m）

（二）桥梁的其他分类简述

　　除了上述按受力特点分成不同的结构体系外，人们还习惯地按桥梁的用途、大小规模和建桥材料等其他方面将桥梁进行分类：

　　（1）按用途来划分，有公路桥（highway　bridge）、铁路桥（railway bridge）公铁两用桥（highway and rail transit bridge）、农桥（rural bridge，或机耕道

桥）、人行桥（foot bridge）、水运桥（aqueduct bridge，或渡槽）、管线桥（pipelinel bridge）等。

公路桥与城市桥均以通行汽车为主，与专供铁路列车行驶的铁路桥相比，活载相对较轻，桥的宽度相对较大。公铁两用桥指同时承受公路和铁路荷载的桥梁，一般规模较大、可做成双层桥面桥（double-deck bridge），也可做成同一平面的桥。人行桥指专供行人通过的桥梁，活载较小，桥面较窄，结构造型较灵活，对美学要求较高，因此常采用一些造型独特、新颖的结构。

（2）按桥梁全长和跨径的不同，分为特大桥（super major bridge）、大桥（major bridge）、中桥（medium bridge）、小桥（small bridge）和涵洞（culvert）。《公路桥规》规定的划分标准如表1-1所示。

表1-1 桥梁涵洞分类

桥涵分类	多孔跨径总长 L（m）	单孔跨径 L_k（m）	桥涵分类	多孔跨径总长 L（m）	单孔跨径 L_k（m）
特大桥	L>1000	L_k>15（m）	小桥	8≤L≤30	5≤L_k<20
大桥	100≤L≤1000	40≤L_k≤150	涵洞		L_k<5
中桥	30<L<100	20≤L_k<40			

注：①单孔跨径系指标准跨径。

②梁式桥、板式桥的多孔跨径总长为多孔标准跨径的总长；拱式桥为两岸桥台内起拱线间的距离；其他形式桥梁为桥面系行车道长度。

（3）按照主要取重结构所的材料划分，有圬工桥（masonry bridge，包括砖、石、混凝土桥）、钢筋混凝土桥（reinforced concrete bridge）、预应力混凝土桥（prestressed concrete bridge）、钢桥（steel bridge）、钢-混凝土组合桥（steel-concrete composite bridge）和木桥（timber bridge）等。木材易腐，且资源有限，一般不用于永久性桥梁。

在我国，混凝土桥是目前应用最为广泛的桥梁，从环保和低碳方面考虑，国内外尝试应用超局性能混凝土建造桥梁工程。超尚性能混凝土（ultra-high performance concrete，UHPC）一般需掺入钢纤维，也被称作超局性能纤维增强混凝土（ultra-high performance fibre reinforced concrete，UHPFRC）。UHPC以超高强度、高韧性和超长耐久性为特征，是水泥基复合材料实现跨越式进步的新型结构和功能性材料。

组合桥（composite bridge）是指主要受力构件的截面上由两种或两种以上材料组成的桥梁，最常见的是钢-混凝土组合桥，它能发挥钢与混凝土的各自优势，取得整体结构的合理性和经济性，组合材料应用是桥梁工程发展的一个重要方向。

除钢与混凝土组合外，长期在航空航天和国防领域应用的高级组合材料（advanced composite materials，ACMs）也开始被应用于桥梁之中。这些材料包括加劲塑料（reinforced plastics, RP）、纤维加劲塑料（fiberglass-reinforced plastics, FRP）、碳纤维加劲塑料（carbon-fiber-reinforced plastics, CFRP）和玻璃纤维加劲塑料（即玻璃钢, glass-fiber-reinforced plastics, GFKP）。目前这些材料还主要用于旧桥的维修加固中，还未大量地作为主要材料用于新建桥梁中。

第二节　桥梁的规范和设计要点

一、桥梁设计的原则和理念

桥梁是公路、铁路和城市道路的重要组成部分，特别是大、中桥梁的建设，对当地政治、经济、国防等都具有重要意义。公路桥梁的设计，根据其使用任务、性质和所在线路的远景发展需要，除应符合技术先进、安全可靠、适用耐久、经济合理的要求外，还应考虑造型美观和有利环保的原则，同时尚应考虑因地制宜、就地取材、便于施工和养护等因素。我国公路桥涵结构的设计基准期为100年。

新世纪的桥梁建设要树立科学发展观，走资源节约型之路，以人为本，使可持续发展的理念得到不断加强。将工程质量和全寿命成本的理念贯穿于工程规划、勘察、设计、施工、养护、运营管理全过程，以工程建设、养护和维护管理的综合效益最优为目标。在设计阶段就应该一并考虑工程建设后养护、维修和管理的问题，力求实现总资源消耗最小的目标。降低初期建设成本不能以增加后期维护成本为代价，要克服建设成本较低而后期运营管理费用高的弊病，真正做到把桥梁建设成"技术先进、安全可靠、适用耐久、经济合理、美观协调、生态节能"的精品工程，实现社会成本最低的目的。

桥梁设计，既是一种工程设计，也是一门艺术。具体到一座桥梁，解决方法不是唯一的，它可以是重复已有设计图纸的平庸、常规设计，也可以是通过对已有设计的改进甚至提出新的构思而做出具有一定创新内容的设计。工程师的职责就是要创造最合适的方法来解决工程问题。合理的创新构思，不但能提高结构安全、降低工程造价，还能起到改善使用功能和美化结构的效果。

为了培养学生在工程设计中具有综合创新构思的能力，在国外，特别是德国，已在工程设计的课程安排内增设了不分材料类型并视同理论教学同样重要的"概念设计"的教学。设计是桥梁工程的灵魂，而创新又是设计的灵魂，设计理念的创新就是要将桥梁整个生命周期（全寿命）的实用性、耐久性、经济性及风险性统筹考虑，使各方面实现总体协调平衡，具体表现在以下三个方面：

第一，总体设计与桥梁景观和运营管理有机结合，桥梁总体设计在考虑平纵线形、桥跨总体布置的同时，还要注重桥梁景观和日后运营养护管理。大桥景观设计时，应对全桥结构造塑、色彩、各部分结构的美学元素构成、不同结构间的过渡、桥面系以及景观照明等进行系统的设计，使大桥不仅雄伟、美观，而且与周围环境协调和谐。

由于大桥通常跨度大、技术含量高、造价昂贵、工期长，因此，在大桥设计阶段就必须考虑大桥日后的运营养护、交通组织、抢险救灾、紧急求援、桥梁监控等，并从构造上考虑日后各构件的养护通道，为日后运营管理创造良好的条件。

第二，桥型方案设计与建设环境和施工工艺有机结合，大桥桥位处一般自然条件复杂，受特殊的水文、气象、工程地质条件制约，要最大限度地结合大桥桥位处的自然条件特点选择适应性好的施工工艺，以降低工程实施的风险和工程造价；有针对性地采用大型化、工厂化、机械化、标准化的总体设计理念，以提高工程质量，确保大桥建设得以安全顺利开展。

第三，结构设计与结构耐久性设计有机结合。大桥的分项工程多，上部结构多为钢筋混凝土结构或钢结构，下部结构及基础多为大体积混凝土结构，钢结构的防护和大体积混凝土结构的防温度裂缝就是结构设计的重点内容。大桥混凝土结构耐久性设计应从材质本身的性能出发，以提高混凝土材料的品质为根本，并辅以外加涂层、涂层钢筋、阴极保护等辅助措施，本着"结构设计是结构耐久性的灵魂"，结构设计要做到"可检、可换、可强、可补、可控"，同时贯彻"大桥施工是结构耐久性的基础，运营养护是结构耐久性的保障"的理念。

二、桥梁纵、横断面设计和平面布置

（一）桥梁纵断面设计（vertical sectional design of bridge）

桥梁纵断面设计包括确定桥梁的总跨径、桥梁的分孔、桥道的标高、桥上和桥头引道的纵坡以及基础的埋置深度等。

（1）桥梁总跨径的确定

桥梁总跨径一般根据水文计算来确定。其基本原则是：应使桥梁在整个使用年限内，保证设计洪水能顺利宣泄；河流中可能出现的流冰、船只和排筏等能顺利通过；避免因过分压缩河床引起河道和河岸的不利变迁；避免因桥前壅水而淹没农田、房屋、村镇和其他公共设施等。对于桥梁结构本身来说，不能因总跨径缩短而引起的河床过度冲刷对浅埋基础带来不利的影响。

在某些情况下，为了降低工程造价，可以在不超过允许的桥前壅水和规范规定的允许最大冲刷系数的条件下，适当增大桥下冲刷，以缩短总跨长。例如，对于深埋基础，一般允许稍大一点的冲刷，使总跨径能适当减小；对于平原区稳定的宽滩河段，流速较小，漂流物也少，主河槽较大，这时可以对河滩的浅水流区段作较大的压缩，但必须慎重校核，压缩后的桥梁的壅水不得危及河滩路堤以及附近农田和建筑物。

（2）桥梁的分孔

对于一座较长的桥梁，应当分成若干孔，但孔径划分的大小不仅影响使用效果和施工难易等，而且在很大程度上影响桥梁的总造价。例如，采用的跨径愈大，孔数就少，固然可以降低墩台的造价，但却使上部结构的造价大大增高；反之，则上部结构的造价虽然降低了，但墩台的造价却又有所增高。因此，在满足下述的使用和技术要求的前提下，通常采用最经济的分孔方式，即使上、下部结构的总造价趋于最低。这些要求是：

1. 对于通航河流，在分孔时，首先应满足桥下的通航要求。桥梁的通航孔应布置在航行最方便的河域。对于变迁性河流，根据具体条件，应多设几个通航孔。

2. 对于平原区宽阔河流上的桥梁，通常在主河槽部分按需要布置较大的通航孔，而在两侧浅滩部分按经济跨径进行分孔。

3. 对于在山区深谷上、水深流急的江河上，或需在水库上修桥时，为了减少中间桥墩，应加大跨径。如果条件允许的话，甚至可以采用特大跨径的单孔跨越。

4. 对于采用连续体系的多孔桥梁，应从结构的受力特性考虑，使边孔与中孔的跨中弯矩接近相等，合理地确定相邻跨之间的比例。

5. 对于河流中存在不利的地质段，例如岩石破碎带、裂隙、溶洞等，在布孔时，为了使桥基避开这些区段，可以适当加大跨径。

6. 一座桥梁既是交通工程结构物，又是自然环境的美化者，对于一些特别重要的桥梁，在整体规划桥梁分孔时，尚须重视美观上的要求。

总之，大、中桥梁的分孔是一个相当复杂的问题，必须根据使用要求、桥位处的地形和环境、河床地质、水文等具体情况，通过技术经济等方面的分析比较，才能做出比较完美的设计方案。

（3）桥道高程的确定

对于跨河桥梁，桥道的高程应保证桥下排洪和通航的需要；对于跨线桥，则应确保桥下安全行车。因此，必须根据设计洪水位、桥下通航（或通车）净空等需要，结合桥型、跨径等一起考虑，以确定合理的桥道高程。在有些情况下，桥道高程在路线纵断面设计中已做规定。下面介绍确定桥道高程的有关问题。

1. 流水净空要求

为了保证桥下流水净空，对于梁式桥，梁底一般应高出设计洪水位（包括壅水和浪高）不小于50cm，高出最高流冰水位75cm；支座底面应高出设计洪水位不小于25cm，高出最高流冰水位不小于50cm（图1-10），但如果支座部分有围护隔水则可不受此限。

图1-10 梁式桥纵断面规划图

对于无铰拱桥，拱脚允许被设计洪水位淹没，但淹没深度一般不超过拱圈矢高 f。

的 2/3（图 1-11）。并且在任何情况下，拱顶底面应高出设计洪水位 1.0m，即 $\Delta f_0 \geqslant$ 1m。拱脚的起拱线应高出最高流冰水位不小于 0.25m。

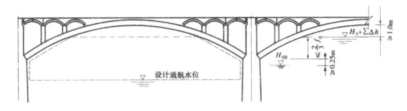

图 1-11　拱桥桥下净空图

《公路桥规》规定，在不通航或无流放木筏河流上及通航河流的不通航桥孔内，桥下净空不应小于表 1-2 中所示的规定。

表 1-2　非通航河流桥下最小净空

桥梁的部位		高出设计水位（m）	高川最高流冰面（m）
梁底：	洪水期无大漂流物	0.50	0.75
	洪水期有大漂流物	1.4	–
	有泥石流	1.00	–
支承垫石顶面		0.25	0.50
拱脚		0.25	0.25

2. 通航净空要求

为了保证桥下安全通航，通航孔桥跨结构下缘的标高应高出自设计通航水位算起的净空高度。《内河通航标准》（GB 50139—2014）规定了水上过河建筑物的通航净空尺寸，表 1-3 列出了天然和渠化河流的通航净空尺寸，对于限制性航道、黑龙江水系和珠江三角洲至港澳内河航道的通航净空另有相关规定。此外，还颁布了《海轮航道通航标准》（JTS 1803—2018），适用于沿海、海湾及区域内通航海轮航道的桥梁。表中符号见图 1-12 所示。

表 1-3　天然和渠化河流上过河建筑物通航净空尺寸（m）

航道等级	代表船舶、船队	净高	单向通航孔			双向通航孔		
			净宽	上底宽	侧高	净宽	上底宽	侧高
I	（1）4 排 4 列	24.0	200	150	7.0	400	350	7.0
	（2）3 排 3 列	18.0	160	120	7.0	320	280	7.0
	（3）2 排 2 列		110	82	8.0	220	192	8.0
II	（1）3 排 3 列	18.0	145	108	6.0	290	253	6.0
	（2）2 排 2 列		105	78	8.0	210:	183	8.0
	（3）2 排 1 列	10.0	75	56	6.0	150	131	6.0
III	（1）3 排 2 列	18.0☆	100	75	6.0	200	175	6.0
		10.0						

续表

航道等级	代表船舶、船队	净高	单向通航孔			双向通航孔		
			净宽	上底宽	侧高	净宽	上底宽	侧高
	（2）2排2列	10.0	75	56	6.0	150	131	6.0
	（3）2排1列		55	41	6.0	110	96	6.0
IV	（1）3排2列	8.0	75	61	4.0	150	136	4.0
	（2）2排2列		60	49	4.0	120	109	4.0
	（3）2排1列		45	36	5.0	90	81	5.0
	（4）货船							
V	（1）2排2列	8.0	55	44	4.5	110	99	4.5
	（2）2排1列	8.0或5.0▲	40	32	5.5或3.5▲	80	72	5.5或3.5▲
	（3）货船							
VI	（1）1拖5	4.5	25	18	3.4	40	33	3.4
	（3）货船	6.0			4.0			4.0
VII	（1）1拖5	3.5	20	15	2.8	32	27	2.8
	（3）货船	4.5						

注：①注☆的尺度仅适用于长江，注▲的尺度仅适用于通航拖带船队的河流。

②当水上过河建筑物的法线方向勾水流方向的交角大于5°，且横向流速大于0.3m/s时，通航净宽需适当加大；当横向流速大于0.8m/s时，应一跨过河或在通航水域中不设置墩柱。

③当水上过河建筑物的墩柱附近可能出现碍航紊流时，通航净宽值应适当加大。

（3）跨线桥桥下净空要求

在设计跨线路（铁道或公路）的立体交叉时，桥跨结构底缘的标高应高出规定的车辆净空高度。对于公路所需的净空限界，见以下"桥梁横断面设计"部分，铁路的净空限界可查阅《铁路桥涵设计规范》（TB 10002—2017）。

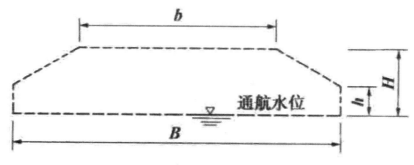

图1-12　表1-3中符号示意图

综上所述，全桥位于河中各跨的桥道高程均应首先满足流水净空的要求；对于通航或桥下通车的桥孔，还应满足通航净空或建筑净空限界的要求；另外，还应考虑桥的两端能够与公路或城市道路顺利衔接等。因此，全桥各跨的桥道高程是不相同的，必须综合考虑和规划，一般将桥梁的纵断面设计成具有单向或双向坡度的桥梁，既利于交通，美观效果好，又便于桥面排水（对于不太长的小桥，可以做成平坡桥）。但桥上纵坡不宜大于4%；桥头引道纵坡不宜大于5%。对于位于市镇混合交通繁忙处的桥梁，桥上纵坡和桥头引道纵坡均不得大于3%，并应在纵坡变更的地方按规定设置竖曲线。

（二）桥梁横断面设计（cross sectional design of bridge）

桥梁横断面设计主要是决定桥面的宽度和桥跨结构横截面的布置。桥面宽度取决于行车和行人的交通需要。我国公路桥面每条行车道的净宽标准与设计行车速度有关，当设计行车速度在80km/h或以上时，车道净宽为3.75m；当设计行车速度为60～20km/h时，车道净宽为3.50～3.00m。我国公路净空界限的一般规定见《公路工程技术标准》（JTG B01—2014）3.6.1条。在规定界限内，不得有任何结构部件等侵入。

桥上人行道和自行车道的设置应根据实际需要而定。人行道的宽度为0.75m或1m，大于1m时，按0.5m的级差增加。一条自行车道的宽度为1m，当单独设置自行车道时，一般不应少于两条自行车道的宽度。高速公路上的桥梁应设检修道，不宜设人行道。与路基同宽的小桥和涵洞可仅设缘石或栏杆。漫水桥不设人行道，但可设置护栏。

城市桥梁以及位于大、中城市近郊的公路桥梁的桥面净空尺寸，应结合城市实际交通量和今后发展的要求来确定。在弯道上的桥梁应按路线要求予以加宽。与行车道平行的人行道，两者间应有安全隔离设施，否则人行道和路缘石最好应高出行车道面0.25~0.35m，以确保行人和行车的安全。

图1-13所示为对于相同桥面净宽的上承式桥和下承式桥的横截面布置。显然，由于结构布置上的需要，下承式桥承重结构的宽度要比上承式桥的大，而其建筑高度h却比上承式桥的小。

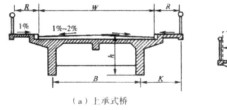 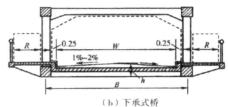

（a）上承式桥　　　　　　　　（b）下承式桥

图1-13　横截面布置

公路和城市桥梁，为了利于桥面排水，应根据不同类型的桥面铺装，设置从桥面中央倾向两侧1.5%~3%的横向坡度。

（三）平面布置

按照《公路工程技术标准》（JTG B01—2014）的规定，小桥和涵洞的位置与线型应符合路线的总走向，为满足水文、线路弯道等要求，可设计成斜桥和弯桥，对于公路上的大、中桥桥位，原则上应服从路线走向，桥、路综合考虑，尽量选择在河道顺直、水流稳定、地质良好的河段上。

桥梁的平曲线半径、平曲线超高和加宽、缓和曲线、变速车道设置等，均应满足相应等级线路的规定。

从桥梁本身的经济性和施工方便来说，应尽可能避免桥梁与河流或桥下路线斜交，但对于一般小桥，为了改善路线线形，或当城市桥梁受原有街道的制约时，也允许修建斜交桥，斜度通常不宜大于45°。在通航河流上斜交不能避免时，交角不宜大于5°；当交角大于5°时，宜增加通航孔净宽。

三、桥梁设计与建设程序

设计工作是一座桥梁建设的灵魂。对于工程复杂的大、中桥梁的设计，为了能从错综复杂的客观情况中得出既经济又合理的设计，就需要循序渐进、逐步深入、科学地进行工作。一般大型桥梁的正规设计工作，分为前期工作阶段和设计工作阶段。前者又分为：工程预可行性研究（简称"预可"）报告阶段和工程可行性研究（简称"工可"）报告阶段；后者则又分成初步设计（preliminary design）、技术设计（technical design）和施工图设计（constructional drawing design/execution design）三个阶段。各个阶段所包含的内容和深度、目的、解决的问题是不相同的。它们的关系如图1-14所示。

（一）"预可"和"工可"阶段

这两阶段所包含的内容基本一致，但研究的深度各有不同。"预可"阶段要在工程可行的基础上，着重研究建桥的必要性和宏观经济上的合理性。"工可"阶段则要在"预可"被审批确认后，进一步研究工程技术上的可行性和投资上的可行性。

一座大型桥梁的"预可"报告应从经济、政治、国防等方面，详细阐明建桥理由和工程建设的重要性和必要性，同时初步探讨技术上的可行性。对于区域性线路上的桥梁，应以建桥地点（渡口等）的车流量调查（计及国民经济逐年增长率）为立论依据。

在"预可"阶段的另一重点是，通过多个桥位的综合比较后，选定桥位和确定建设规模。

"预可"阶段工作的主要目标是解决建设工程的上报立项问题。在"工可"阶段，则要在"预可"的基础上着重研究和制定桥梁设计的技术标准，包括设计荷载标准、桥面宽度、通航标准（通航净宽和净高）、设计车速、桥面纵向和横向坡度、竖曲线与平曲线半径等。在这一阶段，要与河道、航运、城市规划等部门共同研究，处理好所有"外部条件"的关系。

在可行性研究阶段，尚不可能对桥式方案作深入比选，故不需要明确提出推荐方案对工程量的估算亦不宜偏紧。

在此两阶段内，对经济分析方面，主要涉及造价估算、投资回报，以及资金来源和偿还等问题。在"工可"阶段，应提出多个桥型方案，并按交通部《公路基本建设工程投资估算编制办法》估算造价，对资金来源和投资回报等问题应基本落实要有设想，"工可"中要基本落实。如图1-14所示。

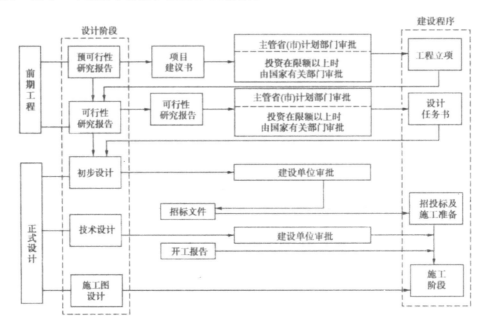

图1-14 设计阶段与建设程序关系图

（二）初步设计

根据所批准的"工可"报告而编制的"设计任务书"，是进行初步设计的依据。在进一步的水文、地质"初勘"后，如发现原可行性研究阶段建议的桥位有问题，可适当挪动桥位轴线，推荐新桥位。

初步设计阶段，也是桥梁设计中通过酝酿、构思、最富于创造性的概念设计阶段，其工作重点是：通过多个各具创意的桥式方案的比选，推荐最优方案，报上级单位审批，在编制各个桥型方案时，要提供桥型布置图、主桥和引桥的横断面图，标明主要结构尺寸（包括重要的细节构造和尺寸），并估算工程数量，提供主要材料的用量，根据施工组织设计和概算定额编制出工程概算。初步设计的概算造价是作为控制建设项目投资和以后编制施工预算的依据。对所作的工程概算加以适当调整，可以作为招标的"标底"。

（三）技术设计

对于技术上复杂的特大桥、互通式立交或新型桥梁结构，需进行技术设计。技术设计应根据初步设计批复意见、测设合同的要求，对重大、复杂的技术问题，通过科学试验、专题研究、加深勘探调查及分析比较，进一步完善批复的桥型方案的总体和细部各种技术问题以及施工方案，并修正工程概算。如果初步设计中有批准下达的科研项目，则也要在这阶段予以实施解决。

（四）施工图设计

两阶段（或三阶段）施工图设计应根据初步设计（或技术设计）批复意见、测设合同，进一步对所审定的修建原则、设计方案、技术决定加以具体和深化，在此阶段中，必须对桥梁各种构件进行详细的结构计算，并且确保强度、稳定、刚度、裂缝、构造等各种技术指标满足规范要求，绘制出施工详图，提出文字说明及施工组织计划，并编制施工图预算。施工图设计可由原编制技术设计的单位继续进行编制，或由中标施工单位编制，但要对技术设计有所改变的部分负责。

国内一般的（常规的）桥梁采用两阶段设计，即初步设计和施工图设计，对于技术简单、方案明确的小桥，也可采用一阶段设计，即施工图设计。

四、桥梁设计方案比选

为了获得经济、实用和美观的桥梁设计，设计者需要运用丰富的桥梁建筑理论和实践知识，按照本章所述的方法与步骤，进行深入细致的分析研究工作。对于一定的建桥条件，尽可能做出基本满足要求的多种不同的设计方案，只有通过技术经济等方面的综合比较，才能科学地得出完美的最优设计。

桥梁设计方案的比选和确定可按下列步骤进行：

（一）明确各种标高的要求

在桥位纵断面图上，先行按比例绘出设计水位、通航水位、堤顶标高、桥面标高、通航净空、堤顶行车净空位置图等。

（二）桥梁分孔和初拟桥型方案草图

在上述确定了各种标高的纵断面图上，根据泄洪总跨径的要求，作桥梁分孔和桥型方案草图，作草图时思路要宽广，宁可多画几个图式，也不要遗漏可能的桥型和布置，每一图式可在跨度、高度、矢度等方面大致按比例画在同样大小的桥址断面图上。

（三）方案初选

对草图方案作技术和经济上的初步分析和判断，剔除一些在技术经济上明显相形见绌的图式，并从中选出几个（通常2~4个）构思好、各具优点但一时还难以判定孰优孰差的图式，作为进一步详细研究和进行比较的桥型方案。

（四）详绘桥型方案

根据不同桥型，不同跨度、宽度和施工方法，拟定主要尺寸，并尽可能细致地绘制各个桥型方案的尺寸详图。对于新结构，应作初步的力学分析，以准确拟定各方案的主要尺寸。

（五）编制估算或概算

依据编制方案的详图，可以计算出上、下部结构的主要工程数量，然后依据各省、市或行业的"估算定额"或"概算定额"，编制出各方案的主要材料（钢、木、混凝土等）用量、劳动力数量、全桥总造价。

（六）方案选定和文件汇总

全面考虑建设造价、养护费用、建设工期、营运适用性、美观等因素，综合分析，阐述每一个方案的优缺点，最后选定一个最佳的推荐方案。在深入比较过程中，应当及时发现并调整方案中的不尽合理之处，确保最后选定的方案是强中选强的方案。每一桥梁设计方案图中应绘出附有河床断面及地质分层的立面图和横断面图。

一般来说，造价低、材料省、劳动力少、工期短的应是优秀方案。但实际上并不尽然，因为有时当其他技术因素或使用要求（如对美观有特殊要求）上升成为设计的主要矛盾时，就不得不放弃较为经济的方案。所以，在比较时，必须从任务书提出的要求、所给的原始资料以及施工等条件中，找出所面临问题的关键所在，分清主次，才能探索出适合于各具体情况的最佳方案。

上述工作全部完成之后，着手编写方案说明书，说明书中应阐明方案编制的依据和标准，各方案的主要特色、施工方法、设计概算，以及从中选出比较方案的理由、方案比较的综合性评述。对于推荐方案，应作较详细的说明。各种测量资料、地质勘察和地震烈度复核资料、水文调查与计算资料等应按附件载入。

第三节 桥梁设计荷载

一、桥梁设计载荷的基本理论

（一）随机过程理论

所谓的随机过程理论也就指的是随机产生的现象表现出规律的变化特征，对产生的随机现象动态特性进行研究的理论，换而言之，随机过程理论就是对对随机产生的现象的概率与时间的关系进行研究。随机过程理论会分别从随机变量的概率分布、参数估计、假设检验三个方面对其研究，对于随机变量的概率分布主要是应用了高斯分布和对数正态分布两种类型。

（二）车辆荷载效应标准值基本理论

车辆荷载标准值基本理论主要包括了基础期、重现期以及荷载标准值几个方面。基础期的荷载标准指的是在桥梁的设计阶段，综合的考虑到了结构的可靠度、使用寿命、时间等多个方面最终所得到的结构的可靠度数值。但是在桥梁的基准期之内，荷载值也并非是一成不变的，而是会有上下的浮动变化的。在设计的过程中为了能够对设计模型进行简化，会选择一个代表值来代替每项荷载，有代表值而换算出的其他各种代表值，就是重现期的荷载标准值。

（三）车辆荷载效应计算理论

影响线和横向分布系数的计算共同组成了车辆荷载效应边住址的计算理论。桥梁由于动荷载的作用会引发荷载作用点的变化，从而也会使得结构的内力发生变化。在桥梁设计的过程中通常会将内力的最大值作为桥梁的设计依据。反应内力随移动荷载变化规律的图形就是影响线，计算影响线的主要手段就是有限元。在进行影响线的计算过程中，首要条件是规定出一个单位并确定出其指向，绘制的图像需要能够反映出车辆荷载随结构的变化情况。所谓的荷载横向分布就是通过转化，将复杂的空间问题变位简单的平面问题，能够对计算过程进行显著的优化，大大降低计算难度。通过对近似影响面的内力分析计算，反映出桥梁内部的精确内力。荷载横向分布计算的方法众多，目前常用的主要包括了杠杆原理法、修正偏心受压法、铰接板法、刚性横梁法、刚接板法。

二、桥梁设计荷载组合要点

（一）公路桥梁安全性方面

安全问题是在桥梁设计阶段首要考虑的问题也是必须要考虑的问题，所以在对公路桥梁荷载进行设计的过程中不仅需要确保桥梁荷载能够在施工的过程中安全性满足要求，还应当满足在桥梁运营的过程中安全性能够满足要求。在设计的过程中首要条件是了解熟悉公路桥梁的交通状况，尤其是汽车荷载，之后再以这些荷载作为依据进行进一步的深层次优化，提升公路桥梁的安全性，尽可能的降低发生事故的概率。

（二）公路桥梁耐久性方面

公路桥梁的建设在日益扩大，建设成本也在逐渐的提高，在设计的过程中应当综合的考虑到建设的成本、使用年限等方面的因素，优化设计荷载的组合形式以及荷载能力，尽可能的延长桥梁的使用寿命。对于大型的桥梁在设计和施工的过程中均会耗费大量的人力物力和财力，所以在设计的过程中要考虑到各方面的因素以及特殊情况，进一步的促进结构的稳定性，延长桥梁的耐久性。

（三）公路桥梁适用性方面

公路桥梁还应当能够满足多种使用性能，例如一些桥梁仅供行人行走，另外一些桥梁仅供车辆行驶，两者的使用功能有所区别，其荷载和组合形式方面也就存在着较大的差别。因此在桥梁荷载设计的过程中，桥梁的适用性也是非常重要的一项因素。

三、荷载分类及其组合形式

(一) 桥梁荷载的分类

桥梁的荷载根据性质来划分主要可以分为三个方面，分别为永久性、偶然性和可变性的。由于桥梁结构自身因素比如结构自重、混凝土收缩等方面引起的荷载就是永久性荷载。由于外界因素施加在桥梁结构上而引发的荷载是偶然荷载，这种荷载通常都是短暂的、一次性的。由于车辆荷载作用、汽车的制动力和冲击力、温度变化、风的作用而引起的荷载指的是可变荷载。

(1) 车辆荷载和冲击力

车辆荷载由两部分所组成，其一为车辆引发的荷载作用，其二为车道荷载。车道荷载是针对桥梁整体而言的，但是车辆荷载仅仅发生在桥梁结构的局部位置。车辆荷载与车道荷载两者并不能进行相互的叠加作用。两者进行相比，车辆荷载作用的计算比车道荷载的计算要更为复杂，在计算的过程中通常会应用随机计算理论、车辆荷载可靠度理论、车辆荷载效应计算理论，首先计算出车辆荷载的横向影响线，根据影响线从而找出最为不利的位置、最后计算出荷载的横向分布系数与最大荷载。对于车辆的冲击力作用，其计算依据主要就是规范，冲击力的大小等于车辆荷载标准值与车辆冲击系数的乘积。

(2) 风荷载

风荷载对桥梁的作用效果较大，其影响不容小觑。影响风荷载大小的因素主要包括了桥梁的构造形式、地处位置、地形地貌等。此外风的组合方式，是横向风、纵向风还是竖向风都会对风荷载的大小产生影响。

(3) 温度荷载

影响温度的主要因素包括了季节和日照，因此温度荷载的大小是会不断变化的，其主要也就是随着季节以及日照的变化而进行浮动。对于季节性的温差其主要的查询手段就是等温线图，但是还需要根据实际的情况进行进一步的修正，通常就是以50年的最小温度来进行调整。除此之外还应当根据工程所在区域的高度进行修正。日照强度会引起温度的变化，对桥梁各个梯度的温度产生影响，梯度的变化一方面会受到桥面类型的影响，另一方面还会受到铺装类型的影响。

(4) 离心荷载

当车辆行驶在平面曲线小于250的桥面上，汽车就会产生出离心作用。所谓的离心力就是汽车在曲线行驶时所产生的背离旋转中心的力，这个力能够使得汽车背离原有的行驶中心，并且会沿着曲线的半径向外方向运动。离心荷载是可变性荷载的一种，计算离心荷载需要得到车辆荷载与离心系数之间的乘积，影响离心系数的因素主要包括了设计时速和平面曲线半径两个方面。

（二）公路桥梁设计荷载的组合形式

公路桥梁荷载的组合形式通常被分为了 5 个大类，其中第一种的组合形式为永久荷载加基本可变荷载，该荷载组合方式最为基本也最为原始。第二种组合方式是第一种组合方式的进一步延伸，是在第一种组合方式上加入了其他因素所导致的可变荷载；第三种组合方式与第二种组合方式有相似之处，均是在第一种组合方式的延伸，不同之处在于此处增加的是偶然荷载；第四种组合方式是在施工验算中增加了由于施工原因而导致的附加荷载，其中主要包括了结构自重、施工人员和机械、模板支架等方面。最后一种就是由于各种因素而导致的永久荷载相互结合而形成的荷载效应。

第二章 施工准备与施工技术概述

第一节 施工的方法与程序

一、公路施工的方法与特点

（一）施工的方法

高等级公路的施工方法主要有人工、简易机械化、机械化、水力机械化和爆破等。

（1）人工施工法

是使用手工工具进行公路施工的方法。这种施工方法效率低、劳动强度大，不仅要占用大量的劳动力，而且施工进度慢，工程质量也难以保证。但在山区低等级公路路基工程中，当机械无法进入施工现场或施工场地难以展开机械化作业时，就不可避免地要采用人工施工法。

（2）简易机械化施工法

是以人力为主，配以简易机械的公路施工方法。与人工施工法相比较，能适当地减轻劳动强度，而且可以加快施工进度，提高施工质量。在我国目前的施工生产条件下，特别是山区一般公路建设中，仍是一种值得推广的施工方法。

（3）机械化施工法

是使用配套机械，主机配以辅机，相互协调，共同形成主要工序的综合机械化作业的公路施工方法机械化施工可以极大地提高劳动生产率，减轻劳动强度，碰著地加快施工进度，提高工程质量，而且安全程度高，是高速公路工程建设和实现公路施工现代化的根本途径。

（4）爆破施工法

是通过爆破震松岩石、硬土或冻土，开挖路堑或采集石料的施工方法。这种方法是道路施工、特别是山区公路施工不可或缺的重要施工方法。

（5）水力机械化施工法

是利用水菜、水枪等水力机械，喷射出强力水流，冲散土层，并流运至指定地点沉积的施工方法。这种方法需要有充足的水源和电源，适于挖掘比较松散的土质和地下钻孔工程。施工方法的选择，应根据工程性质、工程数量、施工期限以及可能获得的人力和机械设备等条件综合考虑。为了适应我国公路建设标准高和速度快的要求，近年来许多施工单位都先后从国内外购置了大量现代化筑路机械与设备，在高等级公路施工中，基本实现了机械化或半机械化作业，迅速提高了施工质量和劳动效率，大大加快了公路工程建设的步伐。

（二）施工特点

作为一种特定的人工构造物，公路工程施工与工业生产比较，虽然公路施工同样是把一系列的资源投入产品（即工程）的生产过程，其生产上的阶段性和连续性，组织上的专门化和协作化也与之基本相符。但是，公路施工与一般工业生产和其他土建工程施工（如房屋建筑）仍有所不同。

（1）公路工程属于线性工程

一般一条公路项目的建设路段少则几千米，多则数十千米、数百千米以上，路线跨越山川、河谷；路线所经路段难以完全避开不良地质地区，如滑坡、软基、冻土、高填、深挖等路段；在地形复杂的地段，难以避免地要修建大桥、特大桥、隧道、挡墙等结构物。这就使得公路项目建设看似简单，实际上却比一般土木工程项目复杂得多：由于公路路线所经路段地质特性的多变性，使得公路路基施工复杂、多变性凸显，结构物的施工也因地质条件的不确定性，经常导致设计变更、工期延长，使进度控制、质量控制、投资控制的难度大大增加。

（2）公路工程项目构成复杂

公路工程项目的单位工程包括：路基土石方工程、路面工程、桥梁工程、隧道工程、互通立交工程、沿线设施及交通工程、绿化工程等各单位工程中的作业内容差异很大，如桥梁工程，随不同的桥型，施工技术差异很大。这也决定了公路工程项目施工的技术复杂性和管理的综合性。

（3）公路工程项目规模庞大

施工过程缓慢，工作面有限，决定了其较长的工期。高速公路的施工工期通常在2~5年，工期长意味着在工程建设中面临着更多的不确定因素，承担着更大的风险。

（4）公路工程项目建设投资大

高速公路造价一般为2000~4000万元/千米，有时甚至更高。工程建设需要的巨大资金能否及时到位，是保障工程按期完工的前提，资金投入对于投资活动的成功与否又系重大，同时，在工程建设中要求有高质量的工程管理，以确保项目的工期、投资和质量目标的实现。

二、公路施工的基本程序

施工程序是指施工单位从接受施工任务到工程竣工阶段必须遵守的工作程序，主要包括接受施工任务、签订工程承包合同、组织施工和竣工验收等。

（一）签订工程承包合同

（1）接受施工任务的方式

施工企业接受任务的方式主要有三种：

1. 上级主管单位统一布置任务，安排计划下达。

2. 经主管部门同意，自行对外接受任务。

3. 参加招投标，中标而获得任务。

（2）接受任务的要求

1. 查证核实工程项目是诉列入国家计划。

2. 必须有批准的可行性研究、初步设计（或施工图设计）及工程概（顶）算文件。

（3）接受任务的方式

1. 签订工程承包合同，对工程接受加以肯定。

2. 施工承包合同的内容主要包括承包的依据、方式、工程范围、工程质量、施工工期、工程造价、技术物资供应、拨款结算方式、奖惩条款等。

（二）施工准备工作

施工准备工作是为拟建工程的施工建立必要的技术和物质条件，统筹安排施工力量和现场。施工准备工作也是施工企业搞好目标管理，推行技术经济承包的依据要编制好施工组织设计，以保证工程建设的顺利进行。其作用是发挥企业优势，合理资源供应，加快施工速度，提高工程质量，降低工程成本。

（三）组织施工

（1）施工准备就绪后，向监理工程师提交开工报告，经同意即可开工。

（2）按施工顺序和施工组织设计中所拟定的施工方法进行施工。

（3）组织施工应具备的文件有：1.设计文件。2.施工规范和技术操作规程。3.各种定额 4.施工图预算 5.施工组织设计 6.公路工程质量检验评定标准和施工验收规范。

（四）竣工验收

（1）所有建设项目和中位工程都已按设计文件内容建成。

（2）以设计文件为依据，根据有关规定和评定质量等级进行工程验收。

第二节 施工的技术准备

一、技术准备

(一) 熟悉与审查设计文件并进行现场核对

组织有关人员学习设计文件,其目的是为了对设计文件、设计图及资料进行了解和研究,使施工人员明确设计者的设计意图和业主要求,熟悉设计图的细节,并对设计文件和设计图进行现场核对。其内容主要包括:

(1) 设计图是否齐全,规定是否明确,与说明有无矛盾。

(2) 路基平、纵、横断面,构造物总体布置和桥涵结构物形式等是否合理,相互之间是否有错误和矛盾。

(3) 主要标高、尺寸、位置有无错误。

(4) 设计文件所依据的水文、气象、土壤等资料是否准确、可靠、齐全。

(5) 核对路线中线、主要控制点、水准点、三角点、基线等是否准确无误。

(6) 路线或构造物与农田、水利、航道、公路、铁路、电信、管线及其他建筑物的互相干扰情况及其解决办法是否恰当,干扰可否避免。

(7) 对地质不良地段采取的处理措施。

(8) 主要材料、劳动力、机械台班等计算(含运距)是否准确。

(9) 施工方法、料场分布、运输工具、道路条件等是否符合实际情况。

(10) 结构物工程数量计算是否有误。

(11) 工程预算以及采用的定额是否合理,如现场核对时发现设计不合理或有错误之处,应做好详细记录并拟定修改意见,待设计技术交底时提交。

(二) 补充调查资料

进行现场补充调查是为编制实施性施工组织设计收集资料。调查的内容主要有:

(1) 工程地点的水文、地形、气候条件和地质情况。

(2) 自采加工料场、当地材料、可供利用的房屋情况。

(3) 当地劳动力资源、工业加工能力、运输条件和运输工具情况。

(4) 施工场地的水源、电源以及生活物资供应情况。

(5) 当地风俗习惯等。

(三) 设计交桩和设计技术交底

工程在正式施工之前,应由勘测设计单位向施工单位进行交桩和设计技术交底。交桩应在现场进行,设计单位将路线测设时所设置的导线控制点和水准点及其他重要点位的标志逐一移交给施工单位。施工单位在接受这些控制点后,要采取必要措施妥善地加固与保护。

设计技术交底一般由建设单位主持，设计、监理和施工单位参加。交底时设计单位应说明工程的设计依据、设计意图，并对某些特殊结构、新材料、新技术以及施工中的难点和需注意的方面详细说明，提出设计要求施工单位则将在研究设计文件中发现的问题及有关修改设计的意见提出，由设计单位对有关问题进行澄清和解释，对于合理的修改设计的意见，必要时可在统一认识的基础上，对所讨论的结果逐一记录，并形成会议纪要，由建设单位正式行文，参加单位共同会签，作为与设计文件同时使用的技术文件和指导施工的依据以及进行工程结算的依据。

（四）建立工地实验室

（1）工地实验室的作用

公路工程施工过程中，必须进行各种材料试验，以便选用合适的材料及其材料性能参数，才能保证公路工程结构物的强度和耐久性，并有利于掌握各种材料的施工质量指标，保证结构物的施工质量。

随着公路技术等级的提高，相应的筑路材料试验任务增大，并要求试验结果具有更高的准确性和可靠性。高等级公路的线形更趋于平、直，使得路基工程的高填深挖及经过不良地带的路段增加；由于高等级公路对路面的行车性能及耐久性能提出更高的要求，相应地要求路基更为稳定，路面材料应具有更高的力学性能、耐磨蚀性和气候稳定性等。公路工程事业的进步，促进了其施工技术水平的不断提高，同时也推动了公路工程新材料的研究应用，并且使材料性能试验及质量检验工作显得日益重要；另一方面，随着经济体制改革的深化，要求不断改善公路工程的投资效益，因而工程质量问题已从一般化的要求变成了衡量工程施工单位技术质量水平的标志。因此，从某种意义上说，一项工程的质量如何，已关系到该公路施工单位以后的业务前景。基于上述情况，加强质量管理和施工质量检验、建立并充分发挥工地实验室的作用，是施工单位必须做的一项十分重要的工作。

（2）工地实验室的主要工作内容

工地实验室是为施工现场提供直接服务的实验室，主要任务是配合路基、路面施工，对工地使用的各种原材料、加工材料及结构性材料的物理力学性能以及施工结构体的几何尺寸等进行检测。

（3）工地实验室的人员及设施

工地实验室的试验检测人员必须是施工单位试验检测机构的正式人员。工地实验室负责人应由施工单位试验检测机构负责人授权，从事试验检测工作3年以上，具有交通部试验检测工程师资格的人员担任；工地实验室部门负责人需具有省交通厅试验检测员及以上资格的人员担任；一般试验检测人员需具有省交通厅试验检测员及以上资格或交通系统试验检测培训证的人员担任。未取得交通系统试验检测资格或培训证的人员不得上岗。

　　施工单位试验检测人员数量按施工合同额进行配备，5000万元以下的至少4人；5000万元以上、1亿元以下的至少6人；1亿元以上、2亿元以下的至少8人；2亿元以上的至少10人。

　　工地实验室在工程项目完工之前，不准对人员和设备进行更换和调离。确实需要更换和调离的，应取得项目建设单位的书面批准。工地实验室面积应达到300㎡，并按检测项目要求合理布局，满足工地试验要求；设备安置要合理，便于操作，并保持环境整洁卫生。

　　工地实验室应按照合同和工程实际需要配备合格的试验检测仪器设备。工地实验室试验检测仪器设备在使用前必须通过计量检定或校准试验检测仪器设备应由专人负责日常保养、保管，做好使用记录、保养记录，主要试验检测仪器设备应建立设备档案仪器设备的操作规程要张贴上墙。

（五）编制施工组织设计

　　施工组织设计是指工程项目在施工前，根据设计人员、业主和监理工程师的要求以及主客观条件，对工程项目施工的全过程所进行的一系列筹划和安排。公路施工组织设计是指导公路施工的基本技术经济文件，也是对施工实行科学管理的重要手段。编制施工组织设计的目的在于全面、合理、有计划地组织施工，从而具体实现设计意图，按质、按量、按期完成施工任务。实践证明，一个工程如果施工组织设计编制得好，并能得到认真地执行，施工就可以有条不紊地进行，否则将会出现盲目施工的混乱局面，造成不必要的损失。

　　（1）编制原则

　　1.严格遵守合同签订的或上级下达的施工期限，保质保量按期完成施工任务。对工期较长的大型项目，可根据施工情况，分期分批进行安排。

　　2.科学、合理地安排施工顺序：在保证质量的基础上，尽可能缩短工期，加快施工进度。

　　3.采用先进的施工方法和施工技术，不断提高施工机械化、预制装配化程度，减轻劳动强度，提高劳动生产率。

　　4.应用科学的计划方法确定最合理的施工组织方法，根据工程特点和工期要求，因地制宜的快速施工、平行作业。对于复杂的工程应通过网络计划确定最佳的施工组织方案。

　　5.落实季节性施工的措施，科学安排施工计划，组织连续、均衡的施工。

　　6.严格遵守施工规范、规程和制度，认真按照基本建设程序办事，根据批准的设计文件与工期要求安排进度严格执行有关技术规范和规程，提出具体的质量、安全控制和管理措施，并在制度上加以保证，确保工程质量和作业安全。

　　（2）编制施工组织设计的程序

　　需要遵守一定的程序，根据合同要求和施工现场的具体条件，按照施工的客观规律，协调和处理好各个影响因素的关系，用科学的方法进行编制。

（3）施工组织设计的主要内容

1. 工程概述：包括简要说明工程项目、施工单位、业主、监理机构、设计单位、质检单位名称、合同开工日期和竣工日期、合同价；简要介绍项目的地理位置、地形地貌、水文、气候、交通运输、水电供应等情况；介绍施工组织机构设置及职能部门之间的关系；说明工程结构、规模、主要工程量；说明合同特殊要求等。

2. 施工技术方案：包括施工方法（特别是冬期和雨期以及技术复杂的特殊施工方法），施工程序（重点是施工顺序及工序之间的衔接），决定采用的新技术、新工艺、新材料和新设备，技术安全措施、质量保证措施等。

3. 施工进度计划：主要是对施工顺序、开始和结束时间、搭接关系进行综合安排，包括以实物工程量和投资额表示的工程的总进度计划和分年度计划以及所需用的工日数和机械台班数。

4. 施工总平面图布置：必须以平面布置图表示，并标明项目建设的位置、生产区、生活区、预制厂、材料场、爆破器材库等的位置。

5. 劳动力需要量和来源：包括总需要量和分工种、分年度的需要量在内

6. 施工现场平面布置。

7. 施工机械、建筑材料，施工用水、用电的分年度需要量及供应方案。

8. 便道、防洪、排水和生产、生活用房屋等设施的建设及时间要求。

9. 施工准备工作进度表：包括各项准备工作的负责单位、完成时间及要求等。施工组织设计用文、图、表三种形式表示，互相结合，互相补充。凡能用图表表示的，应尽量采用图表。因为图表便于"上墙"，能形象、准确、直观地说明问题，有利于指导现场施工。

（4）施工组织设计的编制步骤

1. 施工方案的制定：编制施工组织设计首先遇到的问题就是选择和制定施工方案，如果这个问题得不到解决，施工组织设计乃至以后的施工工作就不可能进行。所以，施工方案的优劣，在很大程度上决定了施工组织设计质量的好坏和施工任务能否圆满完成，施工方案是指对项目施工所作的总体设想和安排。施工方案应包括：施工方法和施工机具的选择，施工段划分，施工顺序，新工艺、新技术、新机具、新材料、新管理方法的使用，有关该工程的科学试验项目安排等。选择和制定施工方案，首先要考虑其是否可行，同时还要做到技术先进、经济合理、施工安全，应全面权衡、通盘考虑。施工方法是施工方案的核心内容，它对工程的实施具有决定性的作用，确定施工方法应突出重点，凡是采用新技术、新工艺和对本工程质量起关键作用的项目以及工人在操作上还不够熟练的项目，应详细而具体，不仅要拟订进行这一项目的操作过程和方法，而且要提出质量要求以及达到这些要求的技术措施，并要预见可能发生的问题，提出预防和解决这些问题的办法，对于一般性工程和常规施工方法

则可适当简化，但要提出工程中的特殊要求。

确定施工方法，应考虑工程项目的特点，结合现场一切有关的自然条件和施工单位拥有的施工经验和设备，吸收国内外同类工程成功的施工方法和先进技术，以达到施工快速、经济和优质的目的，

2.施工进度计划的编制：施工进度计划是对施工顺序、开始和结束时间、搭接关系进行综合安排。施工进度计划是施工组织设计中最重要的组成部分，它必须配合施工方案的选择进行安排，它又是劳动力组织、机具调配、材料供应以及施工场地布置的主要依据，一切施工组织工作都是围绕施工进度计划来进行的。

编制施工进度计划的目的是要确定各个项目的施工顺序，开竣工日期。一般以月为单位进行安排，从而据此计算人力、机具、材料等的分期（月）需要量，进行整个施工场地的布置和编制施工预算。

施工进度计划一般川图示法表现进度计划的图形可以采用横道图、S形曲线、"香蕉"曲线、网络图等。通常采用横道图，它的形式简单、醒目，易绘制、易懂；还可以在施工过程中在同一阁上描绘实际进度。与计划进度相比，当工程项目及工序比较简单，且它们之间的关系也不太复杂，其工序衔接及进度安排凭已有施工经验即可确定时，可以直接绘制横道图进度计划；当工程项目以及工序之间的相互关系比较复杂、各工序的衔接及进度安排有多种方案需进行比较时，则要用网络图求得最优先计划，再整理绘制成横道进度图。

3.资源供应计划：资源供应计划包括劳动力供应计划、材料供应计划、施工机械和大型工具供应计划、预制品供应计划等，这些计划是根据施工进度计划编制的，是计划进度的保证性计划，是进行市场供应的依据。

4.场外运输计划：将各种物资从产地或交货地点运到工地仓库、料场；称为场外运输场外运输计划应解决的主要问题是正确选择运输方式及运输工具，以达到降低成本和加速工程进度的目的。

（六）施工现场规划和场地布置

（1）施工现场规划和场地布置

施工现场和场地布置是施工组织设计的基本内容之一，它需要考虑的问题很多、很广泛也很具体。它是一项实践性、综合性很强的工作，只有充分掌握了现场的地形、地物、熟悉了现场的周围环境和其他有关条件，并对本工程情况有了一个清楚与正确的认识之后，才能做到统筹规划，合理布局。

施工现场规划和场地布置情况应以场地平面布置图表示出来在施工场地平面布置图内应表示出公路的平面位置、场地内需要修建的各项临时工程和露天料场、作业场的平面位置和占地面积以及场地内各种运输线路（包括由场外运送材料至工地的进出口线路）。

（2）材料加工及机械修配场地的规划和布置

施工单位为满足本身的需要，有条件时应设置采石场、采砂场、混凝土构件预制场、金属加工厂、机械修配厂等。对于预制场，一般宜设在工地上，以减少构件的运输。对于砂石材料开采场，宜设在材料产地。如有两个或两个以上的产地可供选择时，选择的条件首先是材料品质要符合设计要求；其次是运输距离要近；再次是开采的难易程度、成材率的高低预制场的选择要综合考虑，做出综合经济分析对于材料加工场地，则设在原材料产地较为有利。

（3）工地临时房屋的规划与布置

工地临时房屋主要包括施工人员居住用房、办公用房、食堂和其他生活福利设施用房以及实验室、动力站、工作棚和仓库等。这些临时房屋应建在施工期间不被占用、不被水淹、不受塌方影响的安全地带。现场办公用房应建在靠近工地，且受施工噪声影响小的地方；工人宿舍、文化生活用房，应避免设在低洼潮湿、有烟尘和有害健康的地方；此外，房屋之间还应按消防规定相互隔离，并配备灭火器。

（4）工地仓库及料场布置

工地储存材料的设施，一般有露天料场、简易料棚和临时仓库等。易受大气侵蚀的材料，如水泥、铁件、工具、机械配件及容易散失的材料等，宜储存在临时仓库中，钢材、木材等宜设置简易料棚堆放；砂石、石灰等一般在露天料场中堆放。

仓库、料棚、料场的位置，应选择在运输及进出料都方便，而且尽量靠近用料最集中、地形较平坦的地点。设置临时仓库、料棚时，应根据储存材料的特点，进出料的便利程度以及合理的储备定额，来计算需要的面积。面积过大会增加临时工程费用，过小可能满足不了储备需要及增加管理费用。

（5）施工场内运输的规划

住工地范围内，从仓库、料场或预制场等地到施工点的料具、物资搬运，称为场内运输场内运输方式应根据工地的地形、地物、材料在场内的运距、运量以及周围道路和环境等因素进行选择。如果材料供应运输与施工进度能密切配合，做到场外运输与场内运输一次完成，即由场外运来的材料直接运至施工使用地点，或场内外运输紧密衔接，材料运到场内后不存入仓库、料场，而由场内运输工具转运至使用地点，这是最经济的运输组织方法。这样可节省工地仓库、料场的面积，减少工地装卸费用。但这种场内外运输紧密结合的组织方法在工程实践中是很难做到的。大量的场内运输工作是不可避免的，必须做好施工场内运输规划。

（七）工地供电的规划

工地用电主要包括各种电动施工机械和设备的用电以及室内外照明的用电公路工程施工离不开电，做好工地供电的组织计划，对保证施工的顺利进行有着重要的关系。

工地用电应尽可能利用当地的电力供应，从当地电站、变电站或高压电网取得电能在当地没有电源，或电力供应不能满足施工需要的情况下，则要在工地设置临时发电站，最好选用两个来源不同的电站供电，或配备小型临时发电装置，以免工作中偶然停电造成损失。同时，还要注意供电线路、电线截面、变电站的功率和数目等的配置，使它们可以互相调剂，不致因为线路发生局部故障而引起停电。

（八）工地供水的规划

公路工程施工离不开水，施工组织设计必须规划工地临时供水问题，确保工地用水和节省供水费用。

二、组织准备

施工企业通过投标方式获得工程施工任务后，应根据签订的施工合同的要求，迅速组建符合本工程实际的施工管理机构，组织施工队伍进场施工。同时，为保证工程按设计要求的质量、计划规定的进度和低于合同运价的成本，安全、顺利地完成施工任务，还应针对施工管理工作复杂、困难多的特点，建立一整套完善的施工管理制度，采用科学的管理方法，切实有效地开展工作。

施工组织准备工作的主要任务是：组建施工项目经理部；选配强有力的施工领导班子和施工力量；强化施工队伍的技术培训。

（一）施工机构的组建和人员的配备

这里的施工机构是指为完成公路施工任务负责现场指挥、管理工作的组织机构。根据我国具体情况及以往的公路施工经验，施工机构一般由生产系统、职能部门和行政系统等组成。

（二）建立健全各项管理制度

（1）施工计划管理制度

是施工管理工作的中心环节，其他管理工作都要围绕计划管理来开展。计划管理包括编制计划、实施计划、检查和调整计划等环节。由于公路施工受天然条件的影响大，其他客观情况的变化也难于准确预测，这就要求施工计划必须经过充分调查研究后制订，同时在执行过程中应随时检查，发现问题及时采取措施解决，必要时还应对计划进行调整修改，使之符合新的客观情况，保证计划的实现。

（2）工程技术管理制度

是对施工技术进行一系列组织、指挥、调节和控制等活动的总称。其主要内容包括：施工工艺管理、工程质量管理、施工技术措施计划、技术革新和技术改造、安全生产技术措施、技术文件管理等。要搞好各项技术管理工作，关键是建立并严格执行各种技术管理制度，只有执行技术管理制度，才能很好地发挥技术管理作用，圆满地完成技术管理的任务。

（3）工程成本管理制度

是施工企业为降低工程成本而进行的各项管理工作的总称。工程成本管理与其他管理工作有着密切的联系，施工企业总的技术水平和经营管理水平的高低，均能直接或间接地反映在成本这个指标上。工程成本的降低，表明施工企业在施工过程中活劳动（支付劳动者的报酬）和物化劳动（生产资料）的节约。活劳动的节约说明劳动生产率的提高，物化劳动的节约说明机械设备利用率的提高和建筑材料消耗率的降低。因此，建立成本管理制度，加强对工程成本的管理，不断降低工程造价，具有十分重要的意义。

（4）施工安全管理制度

安全生产关系到人民群众生命和财产安全，关系到改革发展和社会稳定大局加强施工安全、劳动保护对公路工程的质量、成本和工期有重要意义，也是企业管理的一项基本原则。其基本任务是：正确贯彻执行"以人为本"的思想和"安全第一、预防为主、综合治理"的方针，建立安全施工责任制，加强安全检查，开展安全教育，在保证安全施工的条件下，创优质工程。

第三节　施工的物资与现场准备

一、物资准备

物资准备是指施工中必需的劳动手段和施工对象的准备，它是根据各种物资需要量计划，分别落实货源、组织运输和安排储备，以保证连续施工的需要。准备工作主要内容包括以下内容。

（一）建筑材料准备

首先根据工程量用预算的方法进行工、料、机分析，按批准的施工进度计划的使用要求、材料储备定额和消耗定额，分别按材料名称、规格、使用时间进行汇总，编制材料需要量计划，同时根据不同材料的供应情况，随时注意市场行情，及时组织货源，签订供货合同主要包括：

（1）路基、路面工程所需的砂石料、石灰、水泥、工业废渣、沥青等材料的准备。

（2）沿线结构物所需的钢材、木材、砂石料和水泥等材料的准备。

（二）施工机具设备的准备

根据采用的施工方案和施工进度计划，确定施工机械的类型、数量和进场时间，确定施工机具的供应方法和进场后的存放地点和方式，提出施工机具需要量计划，以便及时组织机械进场，保证工程的顺利进行。

（三）周转材料准备

主要是指模板和架设工具。根据批准的施工进度计划和施工方案编制周转材料的需要计划，组织周转材料进场。

二、施工现场准备

（一）恢复定线测量

（1）承包人应检查工程原测设的所有永久性标桩，并将遗失的标桩在接管工地14天之内通知监理工程师，然后根据监理工程师提供的工程测设资料和测量标志，在28天之内将复测结果提交监理工程师。上述测量标志经检查批准后，承包人应自费进行施工测量和补充测量，并经监理工程师批准之后，在工地正确放样。

（2）通过复测，对持有异议的原地面标高，承包人应向监理工程师提交一份列出有误标高和相应的修正标高表，在监理工程师确定正确标高之前，对有争议的标高的原有地面不得扰动。

（3）在合同执行期间，承包人应将施工中所有的标桩，包括转角桩、曲线主点桩、桥涵结构物和隧道的起终点、控制点以及监理工程师认为对放样和检验有用的标桩等，进行加固保护，并对水准点、三角网点等树立易于识别的标志。承包人应对永久性测量标志进行保护，直至工程竣工验收后，完整地移交给监理工程师。

（4）承包人应根据批准的格式向监理工程师提供全部的测量标记资料，所有测量标记应涂上油漆，其颜色要得到监理工程师的同意，易于辨别。所有标桩保护和迁移的费用均由承包人承担，因施工而引起的标桩变动所发生的费用业主将不予以支付。

（5）承包人应按照上述测量标志资料自费完成全部恢复定线、施工测量设计和施工放样。承包人应对施工测量、设计和施工放样工作的质量负责到底。

（6）各合同段衔接处的测量应在监理工程师的统一协调下由相邻两合同段的承包人共同进行，将测量结果协调统一在允许的误差范围内。

（二）建造临时设施

（1）临时房屋设施

包括行政办公用房、宿舍、文化福利用房及作业棚等。临时房屋设施的需要量根据职工与家属的总人数和房屋指标确定。临时房屋修建的一般要求是，布置要紧凑，充分利用非耕地，尽量利用施工现场或附近已有的建筑物。必须修建的临时房屋，应以经济、实用为原则，合理选择形式（如装拆式移动式建筑）以便重复使用。

（2）仓库

是为存放施工所需要的各种物资器材而设的。按物资的性质和存放量要求，其形式可以是露天、敞棚、房屋或库房。仓库物资储存量应根据施工条件通过计算确定，一方面应保证工程施工的需要，有足够的储量；另一方面又不宜储存过多，以免增加库房面积，造成积压浪费。

为了保证物料及时顺利地卸入库内和发放使用，仓库必须设计有足够的卸装长度。在保证安全的条件下，应设在交通方便的地方，并利用天然地形组织装卸工作。

对于材料使用量很大的仓库，应尽量靠近使用地点。

（3）临时交通便道

工程在正式施工前，必须解决好场内外的交通运输问题。在工地布设临时交通便道时应遵循下列原则：

1. 临时交通道路以最短距离通往主体工程施工场所，并连接主干道路，使内外交通便利。

2. 充分利用原有道路，对不满足使用要求的原有道路，应在充分利用的基础上进行改建，节约投资和施工准备时间。

3. 在本工程的施工与现有的道路、桥涵发生冲突和干扰之处，承包人都要在本工程施工之前完成改道施工或修建临时道路，临时道路应满足现有交通量的要求，路面宽度应不小于现有道路的宽度，且应加铺沥青面层。

4. 利用现有的乡村道路作为临时道路时，应将该乡村道路进行修整、加宽、加固及设置必要的交通标志，并经监理工程师验收合格后方可通行。

（5）工程施工期间，应配备人员对临时道路进行养护，以保证临时道路和结构物的正常通行。

（6）尽量避开洼地和河流，不建或少建临时桥梁。

第四节　常用施工机械及选型

一、铲土运输机械

铲土运输机械由装卸机、推土机、平地机、铲运机及矿用载重自卸车5大类组成。

推土机：机械履带推土机、液压履带推土机、液压轮胎式推土机。

装载机：机械履带装载机、液压履带装载机、液压轮胎装载机、隧道型轮胎装载机。

铲运机：自行轮胎式铲运机、自动履带式铲运机、链板轮胎式铲运机、双发动机轮胎式铲运机、拖式机械铲运机、拖式液压铲运机。

平地机：自行机械式平地机、自行液压式平地机、拖式平地机。

翻斗车：前置式重力卸料翻斗车、后置式重力卸料翻斗、车液压翻斗车、较接式液压翻斗车。

清除机：除根机、除荆机。

（一）推土机

推土机是一种工程车辆，前方装有大型的金属推土刀，使用时放下推土刀，向前铲削并推送泥、沙及石块等，推土刀位置和角度可以调整。推土机能单独完成挖土、运土和卸土工作，具有操作灵活、转动方便、所需工作面小、行驶速度快等特点其主要适用于一至三类土的浅挖短运，如场地清理或平整、开挖深度不大的基坑以及回填、推筑高度不大的路基等，推土机可分为履带式和轮胎式两种。履带式推土机附着牵引力大，接地比压小（0.04-0.13mPa），爬坡能力强，但行驶速度低；轮胎式推土机行驶速度高，机动灵活，作业循环时间短，运输转移方便，但牵引力小，适用于需经常变换工地和野外工作的情况。

传动履带式推土机可分为通用型及专用型两种。通用型是按标准进行生产的机型，广泛用于土石方工程中。专用型用于特定的工况下，有采用三角形宽履带板以降低接地比压的湿地推土机和沼泽地推土机、水陆两用推土机、水下推土机、船舱推土机、无人驾驶推土机、高原型和高湿工况下作业的推土机等。

（二）平地机

平地机是土方工程中用于整形和平整作业的主要机械，利用刮刀平整地面的土方机械，刮刀装在机械前后轮轴之间，能升降、倾斜、回转和外伸动作灵活准确，操纵方便，平整场地有较高的精度，适用于构筑路基和路面、修筑边坡、开挖边沟，也可搅拌路面混合料、扫除积雪、推送散粒物料以及进行土路和碎石路的养护工作。平地机之所以有广泛的辅助作业能力，是由于它的刮土板能在空间完成6°运动，它们可以单独进行，也可以组合进行。平地机在路基施工中，能为路基提供足够的强度和稳定性。它在路基施工中的主要方法有平地作业、刷坡作业、填筑路堤。平地机是一种高速、高效、高精度和多用途的土方工程机械，它可以完成公路重要场地、农田等大面积的地面平整和挖沟、刮坡、推土、排雪、疏松、压实、布料、拌和、助装和开荒等工作，是国防工程、矿山建设、道路修筑、水利建设和农田改良等施工中的重要设备。

（三）铲运机

铲运机是一种能综合完成挖土、运土、卸土、填筑、整平的机械。按行走机构的不同，可分为拖式铲运机和自行式铲运机。按铲运机的操作系统的不同，又可分为液压式和索式铲运机。铲运机操作灵活，不受地形限制，不需特设道路，生产效率高。

（四）翻斗车

翻斗车是一种特殊的料斗可倾翻的短途输送物料的车辆。车身上安装有一个"斗"状容器，可以翻转以方便卸货。适用于建筑、水利、筑路、矿山等作混凝土、砂石、土方、煤炭、矿石等各种散装物料的短途运输，动力强劲，通常有机械回斗功能。

翻斗车由料斗和行走底架组成。料斗装在轮胎行走底架前部，借助斗内物料的重力或液压缸推力倾翻卸料。卸料按方位不同，分前翻卸料、回转卸料、侧翻卸料、高支点卸料（卸料高度一定）和举升倾翻卸料（卸料高度可任意改变）等方式。为了适应工地道路不平，避免物料撒落，并做到卸料就位准确、迅速、操作省力，以及越野性能好和爬坡能力强，要求翻斗车行驶速度不能太快（一般最高车速在20km/h以下）。驱动桥在前（料斗在其上方）、驾驶座在后的翻斗车适用于短途运输砂、石、灰浆、砖块、混凝土等材料。根据不同的施工作业要求，目前翻斗车正朝一机多用的方向发展，能快速换装起重、推土、装载等多种工作装置，使之具有多功能、高效率的特点。

二、挖掘机与装载机

（一）挖掘机

挖掘机又称挖掘机械，是用铲斗挖掘高于或低于承机面的物料，并装入运输车辆或卸至堆料场的土方机械。挖掘的物料主要是土壤、煤、泥沙以及经过预松后的土壤和岩石。

常见的挖掘机结构包括动力装置、工作装置、回转机构、操纵机构、传动机构、行走机构和辅助设施等。从外观上看，挖掘机由工作装置、上部转台、行走机构三部分组成。根据其构造和用途可以区分为履带式、轮胎式、步履式、全液压、半液压、全回转、非全回转、通用型、专用型、铰接式、伸缩臂式等多种类型。工作装置是直接完成挖掘任务的装置，它由动臂、斗杆、铲斗三部分铰接而成，动臂起落、斗杆伸缩和铲斗转动都用往复式双作用液压缸控制。为了适应各种不同施工作业的需要，挖掘机可以配装多种工作装置，如挖掘、起重、装载、平整、夹钳、推土、冲击锤等多种作业机具。回转与行走装置是液压挖掘机的机体，转台上部设有动力装置和传动系统发动机是挖掘机的动力源，大多采用柴油机，如果在方便的场地也可以改用电动机。传动机构通过液压泵将发动机的动力传递给液压马达、液压缸等执行元件，推动工作装置动作，从而完成各种作业。

常见的挖掘机，按驱动方式分有内燃机驱动挖掘机和电力驱动挖掘机两种。其中电动挖掘机主要应用在高原缺氧与地下矿井和其他一些易燃易爆的场所。按照行走方式的不同，挖掘机可分为履带式挖掘机和轮式挖掘机。按照传动方式的不同，挖掘机可分为液压挖掘机和机械挖掘机，机械挖掘机主要用在一些大型矿山上。按照用途来分，挖掘机又可以分为通用挖掘机、矿用挖掘机、船用挖掘机、特种挖掘机等不同的类别。按照铲斗来分，挖掘机又可以分为正铲挖掘机、反铲挖掘机、拉铲挖掘机和抓铲挖掘机正铲挖掘机多用于挖掘地表以上的物料，反铲挖掘机多用于挖掘地表以下的物料。

（二）装载机

装载机是一种广泛用于公路、铁路、建筑、水电、港口、矿山等建设工程的土石方施工机械，它主要用于铲装土壤、砂石、石灰、煤炭等散状物料，也可对矿石、硬土等做轻度铲挖作业。换装不同的辅助工作装置还可进行推土、起重和其他物料如木材的装卸作业在道路，特别是在高等级公路施工中，装载机用于路基工程的填挖、沥青混合料和水泥混凝土料场的集料与装料等作业。此外还可进行推运土壤、刮平地面和牵引其他机械等作业。由于装载机具有作业速度快、效率高、机动性好、操作轻便等优点，因此是工程建设中土石方施工的主要机种之一。

常用的单斗装载机，按发动机功率进行分类主要有以下几种：功率小于74kW为小型装载机；功率在74-147kW为中型装载机；功率在147-515kW为大型装载机；功率大于515kW为特大型装载机。

三、工程运输车辆

工程运输车辆主要指自卸汽车。自卸汽车是指通过液压或机械举升而自行卸载货物的车辆，又称翻斗车。其由汽车底盘、液压举升机构、货厢和取力装置等部件组成。

自卸车在土木工程中，经常与挖掘机、装载机、带式输送机等工程机械联合作业，构成装、运、卸生产线，进行土方、砂石、散料的装卸运输工作。自卸车的发动机、底盘及驾驶室的构造和一般载重汽车相同。自卸车的车厢分后向倾翻和侧向倾翻两种，通过操纵系统控制活塞杆运动，推动活塞杆使车厢倾翻，后向倾翻较普遍，少数双向倾翻。高压油经分配阀、油管进入举升液压缸，车厢前端有驾驶室安全防护板；发动机通过变速器、取力装置驱动液压泵，车厢液压倾翻机构由油箱、液压泵、分配阀、举升液压缸、控制阀和油管等组成。发动机通过变速器、取力装置驱动液压泵，高压油经分配阀、油管进入举升液压缸，推动活塞杆使车厢倾翻。

按照品牌分类：东风自卸车、解放自卸车、欧曼自卸车、重汽斯太尔自卸车、红岩自卸车。

按照外形分类：单桥自卸车、双桥自卸车、平头自卸车、尖头自卸车、前四后八自卸车、双桥半挂自卸车、三桥半挂自卸车。

按照品种分类：小霸王自卸车、多利卡自卸车、140自卸车、145自卸车、153自卸车、1208自卸车、小金刚自卸车、大金刚自卸车。

按举升液压缸与车厢的链接形式分类：直推式倾斜机构、连杆式倾斜机构。

按照用途分类：农用自卸车、矿山自卸车、垃圾自卸车、煤炭运输自卸车、工程机械自卸车、污泥自卸车。

根据驱动模式的不同还分为6x4、8x4自卸及半挂自卸车。

根据用途的不同还分为矿用自卸车，用于运输煤矿、沙石；环卫绿化自卸车，用于运输垃圾等。

根据车厢翻动的方向还有前举式和侧翻式自卸车，目前还有双向侧翻自卸车，主要应用于建筑工程。

四、压实机械

压实机械是利用机械力使土壤、碎石等填层密实的土方机械，广泛用于地基、道路、飞机场、堤坝等工程。压实机械按工作原理分为静力碾压式、冲击式、振动式和复合作用式等。

利用碾轮的重力作用，振动作用的振动式压路机使被压层产生永久变形而密实碾压和冲击作用的冲击式压路碾等，其碾轮分为光碾、槽碾、羊足碾和轮胎碾等。光碾压路机压实的表面平整光滑，使用最广，适用于各种路面、垫层、飞机场道面和广场等工程的压实；槽碾、羊足碾单位压力较大，压实层厚，适用于路基、堤坝的压实；轮胎式压路机轮胎气压可调节，可增减压重，单位压力可变，压实过程有揉搓作用，使压实层均匀密实，适用于道路、广场等垫层的报实，且不伤路面。

冲击式压实机械依靠机械的冲击力压实土壤，利用二冲程内燃机原理工作的火力夯，利用离心力原理工作的蛙夯和利用连杆机构及弹簧工作的快速冲击夯等。其特点是夯实厚度较大，适用于狭小面积及基坑的夯实。

振动式压实机械以机械激振力使材料颗粒在共振中重新排列而密实，如板式振动压实机。其特点是振动频率高，对黏结性低的松散土石，如砂土、碎石等压实效果较好。

复合作用压实机械有碾压和振动作用的振动压路机、碾压和冲击作用的冲击式压路碾等。

振动压路机，在静压式压路机上加装激振器而成，为目前发展迅速的机型，有取代静力碾压式压实机的趋势。

五、半刚性基层材料拌和机械

半刚性基层拌和机械主要有路拌法施工和厂拌法施工两种。路拌法施工主要使用稳定土拌和机进行相关的拌合，厂拌法施工与水泥混凝土拌和方法基本上一样。

路拌法指的是采用人工或利用拖拉机或稳定土拌和机在路上（路槽中）或沿线就地拌和混合料的施工方法。路拌法施工仅适用于二级及二级以下的公路，其中二级公路应采用稳定土拌和机制备混合料。对二级及二级以上公路，应采用专用稳定土拌和机进行拌和并设专人跟随拌和机，随时检查拌和深度并配合拌和机操作员调整拌和深度拌和深度应达稳定层底并宜侵入下承层5~10mm，以利上下层黏结。严禁在拌和层底部留有素土央层。通常应拌和两遍以上，在最后一遍拌和之前，必要时可先用多锋犁紧贴底面翻拌一遍直接铺在土基上的拌和层也应避免素土夹层。对于三、四级公路，在没有专用拌和机械的情况下，可用农用旋转耕作机与多铮犁或平地机相配合进行拌和，但应注意拌和效果，拌和时间不能过长。

拌和站（又称拌和站）是工业建设中用于土建搅拌施工等大型机械的统称。拌和站用于高等级公路、城市道路、广场、机场的基层稳定土施工。可连续拌和生产不同级别的二灰研、石、石灰稳定土、工业废渣土稳定土成品料。

拌和站细分为稳定七拌和站、水稳拌和站等类别。稳定土拌和站分为移动式和同定式移动式的拌和站各料带轮胎可以牵引行走，转场方便灵活，生产能力较低。固定式稳定土拌和站，需要用混凝土打地基，再把设备固定其上，生产能力高。稳定土拌和站专门用来拌和稳定土料的，主要拌和石灰、水泥、粉煤灰等结合料与土、沙砾或其他集料。水稳拌和站专门用来拌和水稳料的，水稳料一般为水泥、粉煤灰、级配碎石、稳定土层料。

六、沥青路面施工机械

沥青路面施工机械主要有拌和楼和摊铺机械等。

（一）拌和楼

拌和楼设备可生产沥青混合料、改性沥青混合料、彩色沥青混合料，完全满足修筑高速公路、等级公路、市政道路、机场、港口等需要。LQG系列沥青搅拌设备主要由配料系统、干燥系统、燃烧系统、热料提升、振动筛、热料贮存仓、称量搅拌系统、沥青供给系统、粉料供给系统、除尘系统、成品料仓及控制系统等部分组成，包括级配机、振动筛、皮带给料机、粉料输送机、干燥拌和滚筒、煤粉燃烧器、除尘器、提升机、成品料仓、沥青供应系统、配电房、电气控制系统。

双滚筒SLB系列特点：间歇式烘干滚筒和搅拌滚筒整体设计，为客户降低投资成本；正转烘干，反转出料，中部引风，整机结构简单，易于操作；PLC：可编程集中控制，触摸屏操作，自动手动切换自如；移动式的底盘结构，令运输与安装快捷、方便；燃煤燃油两用型燃烧炉，可根据需要选择。

移动强制式系列特点：间歇式烘干滚筒和双卧轴搅拌缸整体设计，搅拌更彻底，成品料质量更好；计量准确，质量稳定；正转烘干，反转出料，整机结构简单，易于操作；PLC可编程集中控制，触摸屏操作，自动手动切换自如；移动式的底盘结构，令运输与安装快捷、方便；燃煤燃油两用型燃烧炉，可根据需要选择。

（二）摊铺机

摊铺机是一种主要用于高速公路上基层和面层各种材料摊铺作业的施工设备。

碎石摊铺机：碎石摊铺机是路面施工机械之一，能够将碎石均匀地摊铺在路基上的施工机械，主要由料斗、支承滚轮、滑橇、V形刮板、加宽侧板和运行轮等组成。

沥青混凝土摊铺机：将沥青混合料均匀摊铺在道路基层上，并进行初步振实和整平的机械，分履带式和轮胎式两种。其由牵引、摊铺和振实、熨平两部分组成。前者包括机架、动力装置、行走装置、料斗、料门、刮板输送器、螺旋摊铺器和驾驶室等；后者包括牵引臂、振实机构和熨平装置（由熨平板、厚度调节器、拱度调节器和加热装置等组成）。

七、水泥混凝土路面施工机械

水泥混凝土面层铺筑的技术方法有小型机具铺筑、滑模机械铺筑、轨道摊铺机铺筑、三辊轴机组铺筑和碾压混凝土等方法。

小型机具铺筑法在低等级的公路上应用比较多，主要有模板、平板振动器等。

滑模式水泥混凝土摊铺机（简称滑模摊铺机）是20世纪60年代中叶，在轨道式摊铺机的基础上开发研制而成的一种路面施工专用设备。它集混凝土的布料、计量、振捣、滑模挤压成型和平搓、抹平于一体，能自动、高质量、一次性地将混凝土料成型在路基上。用于公路施工的高档。

摊铺机还具有传力杆打入功能，在摊铺过程中自动将横向传力杆、中央拉杆和侧向拉杆按要求打入混凝土铺层中。

由于滑模式水泥混凝土摊铺机具有自动化水平高、生产效率高、摊铺质量高等突出特点，发达国家以及我国在高等级公路、城市道路、机场跑道和停机坪、市政广场以及水渠渠面等铺层施工中均广泛采用。但滑模不仅包含普通的模板或专用模板等工具式模板，还包括动力滑升设备和配套施工工艺等综合技术，目前主要以液压千斤顶为滑升动力，在成组千斤顶的同步作用下，带动1m多高的工具式模板或滑框沿着刚成型的混凝土表面或模板表面滑动，混凝土由模板的上口分层向套槽内浇灌，每层一般不超过30cm厚，当模板内最下层的混凝土达到一定强度后，模板套槽依靠提升机具的作用，沿着已浇注的混凝土表面滑动或是滑框沿着模板外表面滑动，向上再滑动约30cm，这样如此连续循环作业，直到达到设计高度，完成整个施工滑模施工技术作为一种现代（钢筋）混凝土结构工程高效率的快速机械施工方式，在土木建筑工程各行各业中都有广泛的应用。只要这些混凝土结构在某个方向是边界不变化的规则几何截面，便可采用滑模技术进行快速、高效率的施工制作或生产在各种规则几何截面的混凝土结构上，滑模技术显示出无穷的威力。

滑模技术的最突出特点就是取消了间定模板，变闭定死模板为滑移式活动钢模，从而不需要准备大量的固定模板架设技术，仅采用拉线、激光、声呐、超声波等作为结构高程、位置、方向的参照系，一次连续施工完成条带状结构或构件。

轨道摊铺机补筑，施工模板应采用足够刚度的槽钢、规模或钢制边侧模板，不应使用木模板、塑料模板等易变形模板。支模前在基层上应进行模板安装及摊铺位置的测量放样，核对路面标高、面板分板、胀缝和构造物位置纵横曲线路段应采用短模板，每块横板中点应安装在曲线切点上模板安装应稳间、平顺、无扭曲，应能承受摊铺、振实、整平设备的负载行进，冲击和振动时不发生位移模板与混凝土拌和物接触表面应涂脱模剂模板拆除应在混凝土抗压强度不小于8.0mPa方可进行。

三辊轴式水泥混凝土振动摊铺滚平机是一种用于公路、桥面、机场跑道、室内外地面等铺筑工程的新型机械，主要由机架、驱动辊、振动辐、电气设备等组成。其结构特点如下：以电机为动力源，工作平稳可靠，对环境无污染噪声小，故障率低；以三根前后排列的辐轴为工作装置，与平板式整平机相比，工作连续，生产出的水泥混凝土表面平整、光滑；前辗轴为振动轴，由于它产生强烈的高频振动，因此能使混凝土表面及深层都具有较高的密实度，振实效果好，可铺筑低坍落度混凝土；中间辐轴和后辗轴均为行走驱动辗，可使滚平机实现前后自行，甚至转移工地时可自行上、下平板拖回；左、右机架均由前、后两部分组成，可根据施工需要调节振动辗的高度。

第三章 道路与道路工程

第一节 道路分类体系

道路是城乡交通的主要载体，具有交通运输、活动组织、安全疏散等多种功能。早在西周，我国就已开始将城乡道路按不同等级进行统一规划，开创了以都城为中心的道路体系。1933年的《雅典宪章》提出功能分区和道路分类的思想，并提出以车辆行驶速度作为道路功能分类的依据和街道应根据不同的功能分成交通要道、住宅区街道、商业区街道、工业区街道等，1978年的《马丘比丘宪章》肯定了道路功能分类，经过几十年的发展，道路分类体系比较完善。

近年来，随着特大城市的增多，区域统筹、城乡一体的成为城市主要发展趋势，公路城镇段的比重增加，道路的行政、技术、规划的分类分级体系相互重叠，已不能适应城镇和产业区密集地区的发展。以上海为例，大部分国省干线的城镇段比重都超过60%以上，随着长三角区域一体化的加快，同新区、园区的发展，在更大的范围也出现了道路功能分工不清晰的局面。为了加强规划指导，提高技术协调，应当对道路分级体系与规划层次进一步的探索与完善。

一、我国道路分类体系

（一）公路

我国公路的分类体系确定前后经历了大约40年，最终确定为目前的行政等级和技术等级两类主流分类法，技术等级划分侧重于设计标准，行政等级划分侧重于事权管理。

公路技术等级的确定主要通过两个标准的颁布予以奠定。一是20世纪70年代颁布的《公路工程技术标准（试行）》，将公路划分为4个等级，即一级公路、二级公路、三级公路和四级公路；二是21世纪初颁布的《公路工程技术标准》（JTG B01-

2003)，根据功能和适应交通量将来公路划分五个等级，即高速公路、一级公路、二级公路、三级公路和四级公路。通常将技术等级为二级（含）以上的公路称为高等级公路。

公路行政等级的确立体现为两个标志性文件。一是20世纪50年代颁布的《中央人民政府政务院关于公路工作的决定》，首次提出国道和省道的概念，这是我国公路行政等级分类的雏形。二是20世纪80年代颁布的《公路管理条例》，正式提出国、省、县、乡道的公路行政等级分类。通常习惯上将国道和省道称为"国省干线"，而将县、乡（村）公路称为农村公路。

（二）城市道路

我国城市道路的分类演变大概经历三个阶段。第一阶段：1960年建筑工程部城市建设局编制的《城市道路设计准则》（试行草案）将城市道路分为三级七类。I级为全市干道、入城干道和环城干道、高速道路；II级为区域干道、工业区道路、游览大路；III级为住宅区道路。第二阶段：20世纪80年代，城市道路划分为主干道、次干道和支路三级。第三阶段：20世纪90年代，《城市道路交通规划设计规范》（GB 50220-95）考虑道路在道路网中的地位、道路的交通功能以及对沿线建筑物的服务功能等诸多因素，将城市道路划分为快速路、主干路、次干路和支路四个等级，该分类法一直沿用至今。

二、国外道路分类体系

（一）公路

国外多数国家和地区的公路分类多以公路功能分类作为基础性的分类方法，公路功能分类就是根据公路所提供交通服务的特性，把它们分成不同类别。美国是较早进行公路功能分类的国家，1973年颁布的《联邦资助公路法》明确要求按照功能分类来更新和改变联邦资助公路系统。美国在公路功能分类过程中发现，从土地使用的密度和类型、街道和公路网密度、出行方式等角度来看，城市和乡村存在不同的特点。故，依据美国国家人口普查局对地区的划分，将公路所在的区域分为城市地区和乡村地区两大类，分别按功能层次进行划分。按照公路功能分类的思想，美国将公路分为干线公路、集散公路、地方公路，干线公路主要提供机动性功能，地方公路主要提供可达性功能，集散公路的功能介于机动性和可达性之间。英国的公路功能分类既体现了功能分类方法的主要思想，又具有本国特色。它首先将公路按照其重要性分为主要公路和次要公路两大类，主要公路再细分为高速公路和一级公路，次要公路划分为二级公路、三级公路和未定级公路三大类。

（二）城市道路

美国城市道路依据交通流特性、道路两侧用地、道路间距、车速限制等分为高速路（Freeway）、快速路（Expressway）、主干路（Primary Arterial）、次干路（Secondary Arterial）、集散道路（Collector）和地方道路（Local）五个等级。日本注重城市道路交通、防灾、空间和构造四大功能的统一，并根据交通功能将城市道路划分四个等级：机动车专用道路，包括城市快速路和只供机动车使用道路；干线道路，承担城市主要交通出行，构成城市道路骨架，与国内主次干路对应；街区道路，街区与干线道路之间的联络道路，与国内支路对应；特殊道路，行人、自行车、城市单轨铁路、有轨电车等专用道路。

相对而言，国外的道路分类体系相对简单和统一，道路组织的沿线交通组织一致性较强，公路、城市道路的对应性也强。而我国由于交通组织的复杂性，分段管理和建设的特点，必须建立一套符合特大城市城乡一体化的道路体系。

三、上海道路分类体系与规划层次

（一）发展趋势与新要求

近年来，随着上海市城市总体规划（2017-2035年）的获批和长三角区域一体化以及城乡统筹深度发展，上海市道路分级与规划层次面临新的要求。一是长三角区域一体背景下的交通基础设施互联互通需要规划层面的道路分类体系指导。跨省市互通道路通常为公路性质，现有公路技术等级通常在工程设计阶段确定，而行政等级分类侧重于事权管理，与行政建制划分有错位，缺少地级市统筹道路，并且上海作为直辖市又有不同，为此公路现状分类对于前期决策支持不足，需要规划层面的道路分类体系；二是城乡统筹发展要求界定公路和城市道路在城市开发边界内的对应关系和技术标准对接。根据数据分析，上海市干线公路经过集建区的里程占比达40%左右，经过城市开发边界的公路需要新的分类体系与标准上界定公路和城市道路的对应关系以及规划设计标准；三是为保障道路规划实施，需要道路分层纳入各层次法定城乡规划。上海市城乡规划体系包括总体规划、单元规划和控详规划等，上海市城市总体规划（2017-2035年）获批后，总体规划以下层次的各级规划正在或即将编制，道路作为城乡规划的重要内容，为以保障法定地位和便于后续项目规划实施，需要分层纳入各级城乡规划；四是落实上海市新一轮城市总体规划总体要求和部署。上海市新一轮城市总体规划提出培育新城成为在长三角城市群中具有辐射带动能力的节点城市和全路网规划指标的具体要求等，要求新的城市道路分类支撑。

（二）上海市公路分类体系

结合国外案例和上海市新的发展要求，研究提出上海市公路基于城乡规划和交通功能的分级体系，即高速公路、主要公路、次要公路、一般公路和等外公路，并做好与既有公路技术等级和行政等级的兼容。

高速公路：主要连接外部城市、中心城、新城、新市镇、交通枢纽、港口等，提供长距离、大容量、高速度的交通服务。

主要公路：主要连接近沪地区、中心城、新城、新市镇、交通枢纽等，是高速公路主要集散道路，提供中长距离、较高容量和较高速度的交通服务。

次要公路：主要连接新城、新市镇、集镇等，衔接主要公路、一般公路，疏散主要公路交通和汇集一般公路交通，提供中距离、中等容量和中等速度的交通服务。

一般公路：连接集镇、村庄、农业生产基地等，衔接次要公路。提供短距离、低容量和低速度的交通服务。

等外公路：位于村域内部，主要服务村庄内部交通和农业产生的道路，主要包括村道和机耕道等。

（三）上海市城市道路分类体系

城市道路分类变化较小，为落实《上海市城市总体规划（2017-2035年）》中关于全路网的规定，在既有分类体系上增加公共通道，形成快速路、主干路、次干路、支路和公共通道五级体系。公共通道是指具有开放属性、有一定规模，并与市政道路连的支路以下等级道路，其交通功能着重强调行人和非机动车通行需求。此外，结合上海外围新城的功能调整与定位提升，伴随新城范围的扩大、交通需求强度增加，研究在嘉定新城、青浦新城、松江新城、奉贤新城、南汇新城增加了快速路层次。

（四）上海市公路城镇段规划要求

经过城市开发边界的公路，通常以城市道路的衔接方式进行交通组织，公路快速通过的交通功能减弱，满足城市沿线地区到发功能增强，因此公路城镇段具有公路和城市道路的双重功能。

为了保持公路系统的完整性，公路城镇段在道路分类上仍然属于公路，但为并兼顾城市道路的交通使用功能。

（五）上海市道路规划层次

上海市城乡规划体系包括总体规划、单元规划、控详规划，为确保道路规划的法定地位，研究上海市道路规划融入各层次城乡规划。全市总体规划确定高速公路、快速路、主要公路和主城区干道（次干路及以上）；区总体规划确定次要公路和新城城区干道（次干路及以上）；镇总体规划确定一般公路和镇区干道（次干路及以上）；村庄规划确定等外公路，包括村庄道路和机耕道；单元规划确定进一步深化主城区的次干路；控详规划确定城市开发边界内的支路及公共通道。

总而言之，《雅典宪章》是现代道路分类的起源，经过多年的丰富完善，道路分类形成公路和城市道路两大门类，具体细分，世界各国道路多以功能分类为主，道路分类在城乡规划建设中发挥了重要作用。上海作为全市城市，面对区域一体化和城乡统筹发展等新的要求，研究基于城乡规划和交通功能，另辟蹊径建立上海市新的道路分类体系，如，公路划分为高速公路、主要公路、次要公路、一般公路和等外公路，统筹兼顾技术等级和行政等级，城市道路在既有分类基础上，为响应新一轮城市总体规划要求增加公共通道等，具有较强实践价值。同时，与新的分离体系相配套的规范和标准等也同时在研究和编制。另外，研究紧紧围绕城乡规划体系，建立了与各级城乡规划相对应的道路规划层次，为保障了道路规划建设的法定地位，具有很强的借鉴意义。

第二节　交通规划管理与道路工程建设

中国的城市交通问题越来越明显。交通阻塞的恶化，频繁交通事故，在每个主要城市都受到关注。目前，系统整顿城市交通，就要找到解决大城市交通问题的有效方法。在纽约、东京、伦敦等国际大都市的交通问题管理过程中，不难发现，由于城市空间和土地资源的有限，只依靠大规模的交通供给，无法满足日益增长的交通需求。故而，强化城市交通需求管理，向市民提供合理引导，提高路网容量，改善供需平衡，确保城市交通可持续发展就显得十分有必要了。

一、交通需求管理的层次

交通需求管理就是引导人们采取科学的交通行为，合理并理智地使用交通设施的有限资源。根据我国实践，交通需求管理可以分为合理规划城市土地、改变出行交通方式、调整出行时空分布三个层次。

（一）合理规划城市土地

这是最基础的层次，它决定了土地利用、功能分散、就业等的分布情况，也对交通的分布，主要流向和凝聚力强度有着重要的影响。合理分配城市的交通需求，包括城市总体规划阶段的土地利用形式和开发强度。

土地利用形式的合理分配意味着需要合理分配城市的土地功能，不合理的城市功能分散有可能造成不必要的流量。比如，很多北京开发的卫星村，在分散城市居民的同时，没有分散城市的功能，这样就会发生不必要的交通流。而日本在这一方面的做法很值得我们借鉴。日本的小区门口有着完善的社区服务，像邮局、银行、大型购物中心等，人们就近就能解决生活需求。如果我们也尽快制订并实施社区功能建设的合理标准，在一定程度上是能够缓解公共交通的发展压力的。同时，要注意合理控制土地开发强度，特别是城市中心商务区和CBD，过大的开发强度会造成这一区域交通节点的混乱，影响整个交通网络的运营效率。

（二）引导出行交通方式

在大城市中，交通需求管理的目标群体主要是朝九晚五的上班族，目前所采用的手段是激励措施，通过以经济补贴为主，与其他手段相结合的方式，引导出行的人放弃单独驾车去选择公共交通或者合乘车的方式出行。

（1）引导私家车的合理使用。利用政策和经济措施来引导合理使用私家车是管理交通需求的重要途径。北京、重庆、宁波、宁波等城市已对相关车辆实施限行措施：单双号限行一周。目前这种方法十分有效，但是有可能造成一个家庭购买多辆汽车的现象。随着时间的推移，汽车保有量的增加将逐渐侵蚀这项措施的有效性。此外，停车价格的上涨和燃料的增加也会间接影响到汽车的使用。

除了限制车辆的购买和使用，增大车辆运载量可以在一定程度上减轻交通压力。提高车辆通行能力的主要途径是利用高占有率车道和汽车共享。洛杉矶和西雅图等城市将采用高占有率车道，并为有两名或两名以上乘客的汽车设置专用车道。这种方法可以让高占有率的车辆行驶得更快，并鼓励当地人选择多人合乘方式。加州在美国引入了汽车共享系统，这将减少道路网络上的车辆数量。

（2）提高公共服务水平。公共交通的便利程度在交通工具和道路的选择上有重要的作用。加强公交车与公交车、公交车与轨道交通之间的连贯性，同时在轨道交通车站周边设置车辆和摩托车停车点。由于城市空间的制约，换乘站点的设计应该最大限度地利用立体空间。此外，还应设置公交车专用道和公交优先相位信号来保证公共交通的行驶速度。专用车道要保证公共汽车拥有独立的路权，以减少与其他车辆的交织，提高车速。

（三）调整出行时空分布

调整出行时空分布主要有两个思路：一是实行错峰上下班制度；二是实行征收拥堵费。错峰上下班制度是指通过对不同单位设置不同工作时间，分散上下班高峰时段出行量。目前已经被多国采用。

拥堵费是指在交通拥挤时段对部分区域道路使用者收取的一定费用。其本质是一种交通需求管理的经济手段，目的是利用价格机制来限制城市道路高峰期的车流密度，达到缓解城市交通拥挤的目的，提高整个城市交通的运营效率。征收拥堵费在伦敦和新加坡已经实施了多年时间，并且也对交通拥堵起到了良好的改善作用。

二、交通需求管理的原则与措施

（一）交通需求管理的原则

一是要公平合理。交通是要满足全体市民的出行需求，而不只是小部分人的需求。要做到不仅改善少数人的交通条件，还要考虑多数人的要求，尤其是工薪人员的上班和学生的上学需求。在进行需求管理时，要充分考虑到交通弱势群体，像是步行者、骑行者等的需求，不要局限于车辆的速度要求。二是要社会适用。交通需求管理是一项涉及社会各行各业的一项举措，要获得成功，就必须要获得各相关部门、相关行业、相关人员的理解、支持和信任。一定要提前获取公众的意见和建议，尽量做到让公众满意，愿意接受，这是要方式，其不仅开展道路工程项目建设，还注重城市交通规划管理。

当前情况下，我国正在不断提升经济发展水平，并且从基础建设角度强化国家综合实力。城市化的发展就是国家实力提升的证明，城市化进程的加快意味着国家在国际上地位提升。正因为此，各个城市在开展道路工程建设过程中都需要提前做好交通规划工作，协调交通规划的各个部门，促使道路交通规划具备可持续性，能够为城市长远发展产生影响。城市交通部门加大交通规划重视程度，并制订关于交通规划的具体方案，约束交通规划当中的不合规行为，确保道路工程建设质量，该种情况能够有效提升城市发展水平，并且为城市居民的安全出行提供保障，实现社会环境和谐稳定，也让城市发展与生态环境之间达到平衡。

三、道路交通规划设计的原则

（一）科学分配路权

市政道路根据路权的不同，可以划分为机动车道、自行车道和人行道等，在规划设计时如何进行路权的科学分配是必须要考虑的问题。例如在一些人口密集、经济发达的大型城市，公交车是市民出行的一种常用交通工具，在规划设计时，需要设置固定的公交车道。避免私家车占用。这在一定程度上也能够鼓励更多的市民优先选择公交出行。另外，近年来共享单车的流行，以及绿色出行理念的推广，越来越多的市民选择自行车作为代步工具。在市政道路交通规划时，需要适当加宽自行车道。在分配路权资源时进行适当的倾斜，鼓励市民绿色、健康出行。此外，在人行道规划时，也要留出盲道，为残疾人出行提供便利。体现一座城市的"温度"。

（二）坚持合理用地

城市用地成本的上涨，以及汽车保有量的增加，对市政道路交通规划提出了更为严格的要求。在满足交通出行需求的前提下，通过合理规划减少对城市土地资源的占用，既可以降低成本，又能够为市民出行提供便利。要转变以往通过增加市政道路数量、宽度来缓解交通拥堵的规划设计理念，在进行道路规划前，应先展开充分的社会调研，要了解城市内不同区域的交通状况，然后根据车流变化，制订科学的设计方案。结合城市功能分区，体现出市政道路规划设计的差异性。像一些比较繁华的商业街、工业园区等，车流量较大，是市政道路规划设计的重点部分。可以采用立交桥等交通设计型式，提高空间利用率，缓解道路交通压力。

（三）体现城市风貌

将市政道路打造成为城市靓丽的"风景带"，是现代道路交通规划追求的目标之一。在追求市政道路交通规划实用性的基础上，可以尝试结合城市绿化、融合自然风貌，避免交通规划同质化的问题。例如，在道路规划时，可以在机动车道与人行道之间，设置1.0～1.5m宽的绿化带，栽种一些本地的绿化树种。在生态功能上，可以降低噪音、吸收尾气和粉尘，改善城市空气质量；在实用功能上，可以缓解驾驶人员的视觉疲劳，提高行车安全。另外，通过合理搭配绿化植物，形成乔木、灌木高低搭配，各色树种相互交错的景象，将道路打造成"城市绿带"，还能够提高道路景观的观赏价值。

四、道路交通规划设计的要点

（一）使用线形设计

市政道路的线形规划在提高行车安全性、便利性等方面具有一定的优势。从安全和景观角度去分析，半径偏大的圆弧曲线，一定会比短线或者直线使用。在交通性的干道和主干线的市政道路交通中，较多的转折处是不宜使用的。但是一般的市政道路交通中，能够使用恰当的转折，曲线也可以设置偏大，让自然景色和建筑物在沿线的量测有一定的变化，让较长直线的单调感觉得到消除。另外，市政道路沿线的交通功能性设施，在规划设计时也要予以考虑。例如，在双向4车道甚至是更宽的公路上，需要在道路中间设置护栏，进行车流分离，保证行车安全。对于一些人员密集的场所，如车站、大型商超等，在市政道路规划时还应预留候车廊。另外像一些诱导标志等，也需要在设计方案中确定其位置，保障道路行车安全。

（二）使用平面交叉口设计

城市中一些主要干道的交叉路口，既是道路规划设计的重点，同时因为车流量较大、交通状况复杂，也成了规划设计的难点。这类道路路线设计应着重考虑两方面内容，即平面上的设计和垂直方向上的设计。

（1）纵断面与平面线形设计

平面交叉的路线，提倡使用正交的方式且要是直线，如果是斜交的情况不能够避免的时候，在交叉角中要控制在45°之下。路段上的交叉口要与平曲线的终点和起点，要按照市政道路交通和行车速度、市政道路交通等级进行确定，不能够太短。若有两条市政道路交通产生相交的状态，次要的市政道路交通在纵坡度上要做适当的调整，主要的市政道路交通在纵坡度上要维持原状。

（2）竖向设计

交叉路口的排水设计是重点，若排水系统设计不合理，很容易出现路口雨水堆积的情况。在设计时应在道路纵坡的方向上，每隔一定距离设置一处排水口。排水口的具体参数（如间隔距离、开口面积等）应根据当地的气候状况、雨水条件来确定。另外，交叉口路面的高度，也要设计成与周边地面顺接。

五、交通规划管控存在的问题

尽管很多地区都已经明确城市交通规划管理所具备的重要性，但依然有些城市在城市交通规划方面存在诸多问题，这些城市因为经济发展水平和城市建设速度之间不匹配，致使现有的城市交通规划不符合城市居民出行需求。具体问题如下。

（一）道路等级划分不合理

城市当中开展道路建设会根据道路的功能和所在区域划分不同的类型，这些道路呈现出不同的等级，从而实现不同的作用。当前阶段，很多城市都具备较为齐全的城市道路基础设施或者是道路等级，但道路和道路之间的等级划分却依然存在诸多不足，道路等级不够明确，进而导致路网整体结构不合理，经常会在早晚高峰期出现交通拥堵情况，严重情况下还会发生车祸事件。可以说，该种道路等级问题限制道路原有功能发挥，也充分体现出城市交通管理部门管理水平不足。例如，城市交通网络系统当中对各类道路等级及功能的信息记载已经和实际道路情况出现偏差，这导致部分出现偏差的道路无法受到交通网络系统的正确指挥。而不科学的交通灯提示限制车辆正常通行，也会促使人们的出行便利受到影响。

（二）路段与交叉口通行能力不匹配

和传统管理模式阶段相比，当前城市在道路交通方面的管制已经有所改善，交通路线的规划也越来越趋向于现代城市交通理念，一些不足之处正在不断完善当中。很多新的交通路线在规划设计阶段就聘请更加专业的设计人员，交通管理部门还在道路规划设计之前为其提供详细的城市交通资料。在这种情况下，设计人员所设计出的道路结构更为合理，也更能够贴近城市交通发展需求，为城市交通部门管理工作解除相应的工作负担。虽然很多城市交通规划都已经根据实际资料设计出比以前更合理的交通路线结构，但因为缺乏对应的理论支持，所以在道路规划阶段，其所设计的道路连接点或交叉点依然会出现拥堵问题，而该问题的出现要求交通部门在特定的时间派遣交警人员在路口进行车辆疏通，否则会直接耽误更多车主出行。城市当中一些原本就车流量比较大的路段需要重新调整设计，否则该路段的行人、车辆或者是非机动车辆都会在一条线路当中通行，三者不仅会成为相互之间的阻碍，还会产生安全隐患。针对上述问题，交通规划部门需要在设计过程中注意车辆分流，并且不断改造和完善路线规划设计，以增减交叉口的方式避免车辆拥堵，确保车辆顺利通行。

（三）道路功能效率低下

道路工程管理建设工作和城市交通规划工作呈现出相辅相成的姿态，二者之间缺一不可。相关部门更加关注道路建设的具体数量以及道路施工的效率，其并没有将道路施工纳入城市交通规划范畴当中。该情况导致道路工程的通行时间和实际交通规划存在矛盾冲突，尤其很多道路都存在横断面问题，该情况限制道路发挥交通功能。事实上，之所以会出现该问题，一方面是在道路设计过程中，设计人员缺乏长远考虑，其并没有对道路当中的车流量构成情况以及道路需要发挥的交通功能进行合理分析。另一方面，设计人员并没有实地考察路况，而是单纯凭借交通部门所提交的调查信息来进行道路设计，该情况导致设计人员并不了解道路实际情况就已经完成设计图纸。如此，道路建设虽然按时完成，但无法实质性的解决道路交通问题。

六、道路交通规划与建设的改进

既然当前城市道路交通在规划和建设过程中还存在诸多不合理的情况，为了改善城市交通规划结构，促使交通规划管理系统更加完善，就必须遵从特定原则做好交通规划和建设工作的改进。

(一)道路交叉口规划原则

上文提到道路交叉口在规划设计方面还存在问题，在改善该问题时，可以遵从特定的道路交叉口规划原则。道路交叉口是整个城市道路规划系统当中最为重要的组成部分，其关系到道路的通行能力，为了充分发挥出交叉口的交通功能，需要遵从下述几点原则：首先，针对性原则。交叉口的设计需要根据城市实际交通状况来完成规划设计，综合考虑影响交叉口功能的因素，设计出更为科学的方案，确保该方案对解决道路通行问题具有针对性。其次，协调性原则。道路的交叉口设计需要遵从区划规划设计方案，了解交叉口内的车道条数需求，对交叉口的空间资源进行充分利用，控制车辆在交叉口的等待时间，提高交叉口路段的通行能力，促使各个车道之间发挥协调作用。最后，系统性原则。对道路交叉口进行改造需要遵从系统性原则，也就是要保证改造的全面性，从整体交通规划入手，而不是单纯改造某个交叉口，该种改造方式不仅无法解决道路交通拥堵问题，还会让矛盾转移到其他的路口。

(二)城市道路横断面建设

横断面的建设也是当前城市道路规划当中比较明显的问题，转变该问题也需要从交通规划设计角度考虑。首先，在设计交通路线时候需要先评估道路的通行能力情况，了解该路段车辆的通行速度，掌握该地区的土地资源利用状态。在综合考虑诸多客观因素情况下，最终合理设置道路的宽度。其次，开展交通规划管理工作需要考虑到道路的畅通性，为此，先对交通量进行预测，并且依据路段的实际通行能力进行横断面设计，将原本的车道数量进行调整，促使设计完成后的车道数量满足车辆通行需求。最后，在机动车辆明显增加的情况下，道路横断面设计可以适当设置隔离带，并且优化横断面的分配比例，必要时候设置附属设施。

七、道路工程建设管控策略

(一)制订安全管理方案

国家在发展建设过程中道路工程成为重要的建设内容，其对城市化发展起到至关重要作用。在城市道路规划设计满足城市发展预期的情况下，经济产业建设才具备坚实基础。为此，道路工程施工开始之前，需要先对施工现场情况进行调研，了解可能会出现的施工问题，并且提前制订好施工员，从而最大限度保证工程施工的安全性和稳定性。道路工程制订最主要的是建立安全管理方案，通过该方案对施工行为进行规范，且安全管理方案能够有效规避一些施工安全风险，在出现突发问题时及时做出应对措施。鉴于该种情况，安全管理方案建设需要仔细衡量可能出现的风险因素，并且对风险发生概率进行评估，有针对性地制订管理措施。具体来讲，规范施工操作流程，并开展安全施工宣传培训，派遣专门监督小组，及时检查安全隐患。

（二）强化道路建设施工管控

道路建设施工管理也是道路工程的重点管理工作，其能够优化道路工程质量，并且确保各类施工工作顺利完成。鉴于该种情况，道路工程施工期间需要综合制订各类操作行为的流程规范，严格把控道路工程建设质量。例如，在施工期间开展全过程质量控制，构建对应的责任制度，将各个施工环节的职责划分清楚，要求管理人员承担岗位责任，避免出现施工问题有相互推诿责任。此外，施工期间还将构建奖惩机制，保障该机制具备透明公开性，根据管理人员工作中的表现给予对应的奖惩措施，督促其严格监督管理各个施工环节，避免出现安全隐患问题。道路工程施工需要执行详细的施工方案，根据设计图纸所规范的具体要求，透彻分析此次施工可能会出现的问题，并事先做好应对准备，保障道路工程建设顺利完成。

八、中小城市交通规划与道路工程技术优化

（一）中小城市交通道路规划工程概述

（1）道路规划开展

在中小城市中适当开展道路交通规划工作十分重要，是促进我国二三线城市发展和基础道路建设工作成熟的重要举措。交通是连通城市公共空间的道路系统规划，如常见的公路、水道和索道等，包括地上、地面和地下不同的空间范围。首先，在社会经济水平不断发展和城市化脚步逐渐加快的过程中，一些中小城市也逐渐出现大型城市商圈，在其周边落后的交通设施会影响经济的发展。城市原有的道路交通网络已经无法负荷出行压力，较为严重的城市拥堵问题，对促进和提升居民对城市的认可感、幸福感有不利影响。其次，科学完善的交通网络与交通类型相互促进，能够增加对中小城市空间的利用，使城市的规划更加立体。交通规划向地上发展有人行天桥和高架桥，向下发展有地下铁路和停车场等。多维的道路规划能够更好地提升城市交通负载能力，对土地的开发建设也更加合理。

（2）道路规划影响

道路规划工作与城市的发展之间有十分紧密的联系，作为城市交管和规划部门必须要有一定的前瞻意识，把道路交通建设作为促进城市进步的重要前提。首先，城市中的房地产建设和商圈发展都需要依托便利发达的交通体系作为支撑。在进行交通建设规划时也需要依靠不同的模式，如公共交通、城市铁路、机动车辆等。交通模式越丰富、交通网络越发达的地区，经济建设也会逐步跟上。如果道路设计过于狭窄不方便，会引发较为严重的拥堵问题，不利于提升居民对城市的认可感。其次，道路交通

的建设需要花费较长的周期，并可能产生道路围挡。在工程施工的过程中，会对周边居民的正常生活造成较大的影响。在道路规划和建设过程中也存在沟通上的一些问题，不利于道路建设如期完工。

（二）中小城市交通道路规划的问题原因分析

（1）规划理念落后

目前，在对中小城市进行道路开发建设过程中，依然存在着规划理念落后的问题，影响设计与建设工作的落实。首先，中小城市的人口数目和车流量与一线城市之间存在一定差异，在规划建设中必须要依照城市自身的特点推动建设工作的开展。中小城市由于规模小，人们出行的距离更短，采取的交通方式多以公共交通设施为主。在进行道路设计时，必须要向公共交通的方向倾斜，做好如公交车线路和站台建设规划工作。其次，由于中小城市都会用相对知名度高的规划院做规划，但是他们对城市本身的习惯和特点等了解不够全面，在设计过程中会出现交通道路与实际需求不匹配的情况，无法完全契合城市发展。在规划过程中除了要应用一些先进的技术和经验，还应该掌握城市的特点和节奏开展工作，保障居民生活的便利性。

（2）缺乏审批机制

由于中小城市地区进行道路建设时缺乏规范的审批机制，对建设质量和工程周期不能展开严格地把控。首先，受技术条件的限制，一些交管部门的管理人员对道路规划审批没有专业的认识，在落实审批工作的过程中会出现一定的延误，影响工程工作的开展。在审批规划时也会出现一些不规范和随意性大的问题，没有结合城市的具体情况进行设计，方案的科学性与完整性不强。其次，道路交通规划并不是独立于城市发展之外的工作，而是与照明、给排水等市政工程相结合的，充分考虑周边居民对道路建设的需求，合理开展道路规划工作，使交通规划为居民出行服务，并为中小型城市的进一步扩大和发展提供道路交通保障。

（三）加强交通道路规划的有效措施

（1）重视地形勘测

实地勘测是规划设计的重要前提，只有更好地掌握中小城市的地形地貌特点后才能够更有针对性地展开规划方案的优化提升。中小城市本身的地理环境特点更加复杂，可能存在着较大的地势起伏或气候条件限制等。在开展道路交通规划工作时要关注和其他发达地区工作落实的差异性，更加重视规划设计的合理性与安全性。例如，在一些陡坡或山区地带进行新的道路建设时，对路基的承重和抗力等要求更高，需要结合实际情况展开处理，延长道路建设的使用寿命。对中小城市而言，本身的道路交通负载能力有限，需要通过优化处理逐步提升，并使每条道路联系起来能够形成网络，对居民出行过程中的多项化选择提供基础保障，推动中小城市的不断发展和进步，留出充足的后续拓展建设空间。

（2）革新设计理念

中小城市的基础交通设计与大城市的设计理念之间存在一定的差异，要求设计人员不断吸纳新的理念和技术，推动对中小城市交通网络的建设发展。首先，对城市主要干道的规划布局必须要融合人流量、商圈等多方面的因素考虑，尽量优化主干道的道路，并利用一些现有的支路完善建设工作，使主干道上的汇流与分流更加合理。一般中小城市主干道的车道数目为4～6条，并把交通灯的时间结合对车流、人流量的考察进行合理设计，有条件的地区还可以引入智能检测调节设备，提升居民的便利感。其次，城市的道路也是城市形象特点的一种代表，在规划过程中还需要适度引入一些绿色环保和美观性的考虑。如在一些宽阔道路的中间可以使用较宽的绿化带进行双向车流的格挡来代替传统的栏杆，增加城市的整洁度。在人行道中也应该种植一些植被，不仅有利于吸收交通尾气和噪声，也能够美化城市，使城市的道路建设工作更加低碳健康。

（3）建立审批制度

交通道路的规划建设工作必须要有完善科学的审批制度，才能更好地促进中小城市的规范化工作开展。首先，城市的道路交通建设规划工作的规模较大，可能会对周边居民的出行生活和一些商业经营等产生较大的影响，必须经过立项审批后才能够开展建设工作。在这个过程中要求尽量以本地的设计和建设企业为主要的招标对象，其工作开展的优势相较于其他外地企业会更加突出，而一些具有新技术的企业也可以积极参加到联合规划工作中。其次，将设计、审批、建设和监管等部门的工作区分开来有利于推动城市道路规划工作的快速落实。不同的部门之间可以形成监督和制约，并在工作过程中引入一些社会技术的力量，分离行政与技术工作，分别从不同的方向展开工作，能够提升设计方案的科学性。

（4）运用环保思维

在环保与低碳逐渐被重视的今天，在开展中小城市的道路交通规划工作过程中也要加强对环保思维的运用。首先，在城市交通规划中要将公交的设计权重放在第一位。如在城市里设计公交专用道、在站台位置处合理规划尺寸使车辆能够按次排列、将斑马线的设计与公交站结合方便行人通过等。这些人性化的建设思路能够帮助提升公交出行的幸福感，对号召人们选择公交出行也有积极意义。其次，城市交通的规划和城市的发展建设之间紧密相连，要能够充分发挥道路的优势特点，提高对有限空间的利用率，为人们的出行生活带来便利。截取周围需要建立更加密集的路网，使居民在出行时能够选择步行、自行车等多种方式，并增加城市规划的完整性，将许多小街区联系起来。

（5）加强城区改造

由于历史遗留等因素的影响，在对老城区进行改造时也要充分考虑交通道路的建设工作。一方面，老城区内部的交通道路设计较为落后，存在许多道路问题，如断头路、路面损坏和设计落后等。道路改造工作要着重关注这些问题，以合理的设计方案和新进的建设理念开展道路布局工作。对于老城区内停车位规划不足的问题，可以通过建立地下停车场、立体式停车场等方式进行解决，提升对老城区空间的利用。另一方面，老城区内不具备交通循环的体系，必须对一些问题路进行重建。如将一些机、非、人混行的道路进行重新设计，建设平行人行道将车道进行区分，能够有效减少交通事故的发生并提高道路行车效率。对于一些已有的小路要充分利用，使道路之间能够联系成网络，提高道路密度，在节约建设成本的同时增加车流舒缓的途径。一些涉及老旧危房的改造工作也可以和道路建设协同进行，将一些具有安全隐患的建筑体及时进行拆除并做好路面拓宽处理，保障城市道路建设与城市发展协同进步。

综上所述，当前我国城市道路交通规划管理与道路工程建设仍然存在一些问题，要求相关研究人员对其进行探讨与分析，提出有效的安全实施方案，加大施工组织的管理力度，为推动社会的和谐、稳定发展做出贡献。"要想富，先修路"这一句话已经说明了道路的建设的重要性，然而道路与交通的发展往往不可分割。随着社会化经济的快速发展，我国的城市交通规划管理与道路工程质量是人们关注的重点内容，也是我国国民经济健康发展的基础前提。

第三节　道路路线设计

随着道路交通的快速发展和改革，道路建设的重视程度明显提升，这种新形势的发展状态下，路线设计显得尤为关键。在项目立项前，完美的路线方案是工程施工的前提保障，可持续发展的路线设计可以带来通畅的行驶环境。高效的设计方案还能直接干扰道路的安全系数，假如设计的路线不符合实际地理环境，很可能导致交通事故的发生，影响到人们的生命，威胁到社会。所以，优化设计路线，能从根本上解决道路后期使用的安全合理性。综上原因，道路路线在很大范围上降低了交通压力，避免了安全事故，那么我们需要加强管理设计路线，分析我国的工程水平和规则，引进高科技技术和设计理念，提升设计方案水平；同时结合周边建设地质建设环境，融合力学，工程学，心理学科的理论知识，运用到路线设计的实际工作中，多方面满足设计需要。

一、道路与桥梁的路线设计的隐患及解决策略

道路与桥梁会影响到我国社会经济的发展建设，并且道路桥梁的设计会严重影响到道路桥梁工程的质量以及使用，对于道路桥梁的建设来说，路线设计是其中较为重要的组成部分，路线设计的科学合理会直接影响道桥的使用性能。因此，在进行道路桥梁工程建设的过程中一定要加强对于路线设计的重视，确保路线设计符合相应规定以及当地的交通规划，确保道路桥梁的工程建设的性能，并且能够为社会经济的发展提供保障。

（一）道路桥梁路线设计中的隐患

（1）缓和曲线过短

为了有效衔接直线路段和曲线路段，必须在路段之间设置距离合理的缓和曲线路段，该路段不仅能够让车辆在行驶时具有一定的缓冲时间，而且还能让驾驶人员产生心理上的过渡感，帮助驾驶人员切换路线意识，加强行驶秩序。但是从实际情况来看，道路桥梁设计工作不到位致使缓和曲线过短的事件频发，在一定程度上干扰了汽车的正常行驶并埋下了一定的安全隐患。从形成原因的角度来看，该问题涉及的因素较多，例如受到了工程成本以及实际建设条件的限制。

（2）线路调整存在缺陷

即便是采用了合理的设计方案，道路桥梁建设依旧会受到地质条件以及周边环境等因素的影响，继而造成建设效果的下降。为此，必须对当地的道路桥梁进行调整与优化。在重新设计已经建设过程中，外界因素的影响依旧难以消除，且设计过程中缺乏重要的数据信息支持，因此许多设计人员仅凭自身的实践经验来进行判断，极有可能使道路桥梁建设再次陷入误区，最终的建设成果也难以符合正常使用要求。

（3）路线长度设置过长

在平原地区设计路桥路线期间，由于影响相应路线设计的外界因素比较少，在实际的路桥路线设计中较多地采用直线设计形式。但是在路桥路线设计中如果一味地采用直线路线形式，那么过长的直线路线非常容易使驾驶员出现视觉疲劳，如果发生突发情况，那么就容易使驾驶员无法做出应急反应，进而影响了驾驶员的人身安全。此外，如果设计人员采取了过长的直线设计形式，那么非常容易使驾驶员出现超速的情况，在一定程度上增加行车安全事故的发生概率。因此，对路桥路线设计而言，平原地区的设计优势固然比较大，但是却同样需要注意结合当地的实际建设情况，选择恰当类型的路线形式，这样才能从整体上提升路线设计的质量。

因此，相关部门必须加强设计工作的监管力度，通过建立完善的任务审核制度以及绩效考核制度激发工作人员的工作激情与学习热情，使设计方案能够符合工程建设标准。对于设计工作中可能出现的问题与安全隐患，需提前进行责任分配，以追究明确责任的方式敦促相关责任人员及时排除风险与隐患。

（5）加强道路桥梁路线维护力度

道路桥梁维护，不仅在路桥养护投入使用的过程中，而且在路桥线路的设计和养护中。通过一系列的标准化养护，不仅可以降低路桥设计过程中出现隐患的概率，而且在一定程度上延长了路桥的使用寿命，对改善我国各地路桥设计缺陷具有十分重要的作用。此外，由于一系列外部因素的影响，路桥路线会发生变化，影响路桥的整体质量和安全。在此基础上，结合路桥总体规模和线路分布趋势，制订合理的养护方案，不断提高路桥线路设计的养护强度，进而防止路桥线路设计过程中可能出现的问题。如果在路桥路线设计过程中存在严重隐患，需要相关人员在一系列养护措施的支持下，对路桥路线设计隐患进行优化，充分展示路线设计在路桥整体建设中的作用。严格控制路桥线路设计缺陷，确保路桥线路设计满足各区域交通流量要求。另外，对路桥线路设计进行有效的养护，也可以预防和控制路桥安全隐患，提高人们日常出行的安全性，对社会经济和人民财产安全也具有十分重要的作用。

（三）案例分析

某项目属于公路工程，长度是13公里。通过立交方式和原有公路衔接，在施工完成后可以直接联通省外的公路。该项目需要经过沟壑区和河谷阶区域，施工难度较大，会涉及路段深挖、路基高填的问题，进而存在工程量较大的问题。工程施工阶段容易受到地质、环境等要素的影响，因此科学设计桥梁路线和道路路线十分关键。本项目中设计工作者摒弃了直线定位技术，依据区域具体特点，采取"曲线定位技术"。该形式结合缓和曲线原理，借助地貌和地形科学设计路线，使路线设计可以契合实际地形特点。此外，由于该工程周边环境极易受到影响，因此在设计路线时需要尽量保护环境。

（1）健全路线设计方案

设计人员有必要结合区域地质条件、环境因素等要素优化设计方案，化解设计隐患。同时，在绘制路线设计图纸阶段中，需尽量降低工程建设要求和设计内容的差异性。在施工前期对设计人员加强培训，提升其处理设计隐患的能力，进而满足道路桥梁设计的程序和规划要求。应结合经济和环境因素进行道路桥梁设计。例如，针对危险区域需要增加安全设施和警示标志，使路过驾驶员留意路况，并提示车辆已经通过危险区域；曲线偏角不可太低，否则会导致驾驶员产生实际曲线长度大于判断曲线长度的感觉，对急转弯判断失误，从而发生交通事故。

在本项目中，保护工程周边自然环境是设计工作的一部分，因此在选择路线时，需要结合环境保护要素，降低挖填土方石次数，制订"大环保"理念，突出项目的环境保护价值。本项目设计方案为：路线为东西方向，经过某村庄后其纵面逐渐提升，绕过不良地质和陡立面后进入隧道。该方案的优势是对于周边环境的影响程度较低。借助现有地形，在缓坡位置设计路线，因此桥梁里程较短，但注意提前分析该区域的地质情况。

（2）创新路线设计方式

1.行车视距设计

若想使路桥工程在使用后可以确保车辆安全驾驶，应在设计阶段优化行车视距，具体内容如下：依据桥梁及道路施工规定，规范设计视距。行车视距包含错车视觉、会车视距、停车视觉、超车视距等内容。在行驶过程中当驾驶员发现障碍物后，需要充足的视距进行安全避障。在道路及桥梁路线设计时，应围绕车辆设计行驶速度、路面状况等方面开展工作。结合《公路工程技术标准》，设计停车视距。具体要求为：设计速度60km/h，停车视距是75m；设计速度80km/h，停车视距是110m；设计速

100km/h，停车视距是 160m；设计速度 120m/h，停车视距是 210m。

在行车视距体系内，超车视距较为关键，因此设计路桥行车路线时需要保证司机拥有足够的视距，留置出科学的超车宽度。围绕构造物因素、环境因素等要素进行视距设计，并结合工程实际情况避免理论设计偏差问题。在设计超车视距时，由于本项目地形条件十分复杂，若想降低安全隐患，建议巧妙变换设计路线的方向，并多次检验行车视距，确保工程质量。结合道路、桥梁周边的建筑物、人工构造物和边坡规划情况，设计工程相关视觉要素，降低设计偏差，确保道路行车安全。

2. 设计路线距离和纵断面

在纵断面设计时，应重点分析纵坡坡长和竖曲面半径，选择较小的纵坡或较大的竖曲面半径，进而提升驾驶安全性。因此，在路线设计时建议摒弃浅、连续、凹陷的曲线。在设计道路纵平面组合时，需要克服道路弯度、坡度情况，优化竖曲线长度，控制凹凸曲线的极限问题，防止线形暗凸、坡面较大的情况；健全曲线路面的横向排水系统，分析横断面的路面、路肩，围绕"以人为本"的原则，突出路线、桥梁设计的舒适度和安全性；应科学利用长直线要素，若该部分距离过长，会影响行车安全，导致司机驾驶疲劳进而放松警惕。因此，在设计过程中需要确保实际地形和线性相契合，确保驾驶员视野开阔、心情舒畅，调动同乘人员观赏兴趣，使其享受车辆行驶愉悦感，提升驾驶安全性。路桥平面设计过程中，科学控制其直线长度和曲线半径，能拓展驾驶员视野，科学控制行车方向和速度，便于结合地形、地质、气候等因素加强桥梁路线设计与环境保护工作的契合度，规避曲线和直线长度不科学问题。例如，在设计阶段，通过分析缓和曲线影响因素，防止其半径超过限制范围而影响道路运行可靠性。在设计竖曲线长度时，应保证其与平曲线相互重合。同时，在设计凹曲线和凸曲线时，建议控制其极值部分，防止出现较大的陡坡，影响行车稳定性和安全性。

3. 提升桥梁耐久性

第一，结合设计要求选择材料

决定桥梁及道路耐久性和安全性的重点是结构材料的选择，其中钢筋混凝土材料与工程结构的有效性、耐用性、安全性相关，而混凝土材料又受其材料组成的影响，例如水泥用量、强度等级和水灰比。因此，在实际设计阶段，管理人员应结合《公路钢筋混凝土和预应力混凝土桥涵设计规范》制订相关规定，设置多种条件对结构材料的差异化要求，明确工程设计中混凝土水泥用量、水灰比、碱含量、最大氯离子、最低强度等要素，提升材料耐久性，进而在后续施工阶段加厚混凝土保护层，防止钢筋锈蚀，避免结构裂缝。

第二，结构耐久化设计

以桥梁工程为例，其在设计、建造和应用过程中会对外界因素产生影响，如化学物质、环境、风力、车辆等因素，逐渐降低其结构性能，致使桥梁自身结构出现损坏。例如部分大跨径桥梁因为拉索的耐久性较差，需要提前换索，会增加工程成本，产生设计变更，影响项目经济效益。因此，在道路和桥梁路线设计时应重视耐久性问题，延长其使用寿命。

4. 加强对路线设计的安全管理

建议增加设计监督力度，防止设计人员因思虑不周产生安全隐患，精准定位项目影响因素，完成方案重构。由于本项目道路建设过程较为复杂，因此有必要构建完善的监督计划，突出设计过程的连贯性和标准性，充分发挥监督组织的作用，开展定期和不定期的设计排查工作。同时，明确责任意识，科学调配相关人员，防止设计工作分配不合理影响效率。此外，建议依据桥梁和道路工程的实际分布趋势制订维护计划，加大道路桥梁的维护力度，化解设计隐患，使项目满足区域流通量需求。

二、市政道路路线线形设计要点

目前市政道路工程对于城市的现代化建设意义重大，因此该项工程的建设工作需要市政工程规划管理部门与工程具体的承包商予以高度重视，深入到道路施工作业现场，完成道路路线线形设计工作。由于现阶段城市居民拥有车辆的数量在不断攀升，城市交通运输业发展迅速，所以依托科学合理的道路线形设计工作，能够为来往于市政道路上的全部车辆构建平稳的驾驶环境、提供指示明确的行车标识，确保驾驶者可以在相应路段安全的驾驶，不会出现种种驾驶风险，有效降低道路交通事故发生率。

（一）市政道路路线线形设计概述

道路线形设计，就是设计人员在进行市政道路工程施工方案编制之前，对于道路路幅中心线进行的纵断面、平行线形立体设计，通过线形设计便可以为通过道路的驾驶者提供舒适的驾驶视觉环境，避免不良设计对驾驶者造成诸种驾驶不便情况出现，有效控制市政道路容易发生的安全事故风险。该项设计工作内容主要涉及两个方面，首先在平面线形设计中，需要把握好直线、曲线道路的设计特点，以便设计出满足市政工程建设要求的道路中心线水平投影形态。其次在纵断面线形设计中则需要先对线形种类进行学习与掌握，之后基于线形要素开展道路中心线竖向剖面投影形态的设计。分析现阶段一些成功进行了市政道路线形设计的城市道路情况，可以了解到线形设计要素包括以下几点，需要设计人员对这些要素加强学习，从而在后续的设计工作中可以有效利用，设计出优质的道路线形设计方案。首先设计人员不可纸上谈兵，必须在设计工作期间到达市政道路施工地区做好施工路段基础条件勘察工作，根据测绘得出的相应地区地质地貌条件、气候以及水文等条件，总结出对于道路路线线形设计具有严重不利影响的因素，从而提出合理的线形设计方案以及修改、调整线路线形的意见。其次重视线形的美学设计，城市化建设中市政道路可以直观地体现出城市建设的美学特点，如果线路线形分布较为杂乱无章，则会导致城市给人以混乱无章的状态，道路整体不具有和谐性，因此美学设计在线路线形设计中尤为重要。最后则为舒适性设计，由于驾驶人员行车时局限于较小的车内环境中，线形设计时要求道路横断、水平以及竖直面均要清晰明确且协调的布设，以此可以保证驾驶者的行车安全。

（二）市政道路路线线形设计要点

现阶段基于道路线形设计要求开展市政道路优化设计的城市较多，但是最终设计出的质量效果参差不齐，对其线形设计中存在的问题进行分析总结，可知包括有各个要素经过设计后的和谐性较差，这主要是因为设计人员具体设计时采用了车辆行驶速度进行了设计工作，致使完成的线形要素难以实现协调一致，驾驶者通过道路时由于视野受限，从而会出现车速与预期车速不一致的情况。线形设计忽略安全性，在道路路线线形设计中若过多的重视美学设计，不重视安全性设计，则会导致施工建设完成的道路容易出现交通安全事故。因此具体进行的道路路线线形设计中，需要依照以下要点来设计。

（1）加强安全性设计

首先重视道路线形偏角设计，如果该设计内容缺乏科学合理性，则会导致驾驶人员行车时会按照偏移正常标准的偏角来行车，从而出现视觉错误下的交通事故，所以在偏角设计期间，需要设计人员依照市政道路偏角设计要求，确定该环节设计工作的标准参数，道路实际投入使用期间则需要工作人员再次对偏角情况作以检查，确保没有问题后才可以投入使用。设计时须注意要对偏角大小进行控制，不可出现过小的情况，如果偏角过小，驾驶人员行车时容易出现视觉疲劳，继而会在道路上发生碰撞事故。其次直线设计方面，则需要注意直线长度，直线不可过短，否则会影响驾驶人员驾车时视线的有效调整，直线太长则会致使驾驶人员在视觉疲劳之下出现驾驶安全警惕性的降低情况，所以直线设计非常重要。设计人员按照路线线形相应的设计要求与常见的疲劳驾驶事故开展的路线线形设计工作，便可以显著增强设计的安全性，给予驾驶人员道路通行的安全保障。

（2）做好道路平面、曲线、纵面以及超高加宽设计

首先在平面设计中，需要设计人员掌握城市道路的路网规划基本情况、相关路段横断面数值，还需要对相应路段上安排的车辆行驶车道、一段时间内的交通量等情况进行调查，道路两边的绿化设施、埋设的管道线路也为重要的参考依据，因此设计人员综合全部数据信息进行平面设计过程中，便可对相应市政道路的等级、使用年限、具体功能、道路交叉以及交通量等情况做出明确且科学的说明，最终生成的道路路线平面线形设计方案具有较高的可靠性。

其次在曲线设计时，则要求设计人员对于曲线道路路段的车辆行驶速度、实际地形表现等情况做出详细调查，跟据调查数据要求位于曲线道路上的路线偏角值符合标准，半径也需要为大半径，如果偏角小或者半径小，驾驶人员的车辆在通过曲线道路且行车速度不变时，易出现车辆与人员的摇摆情况；曲线设计期间尽量选择在地势较为平坦的路段进行设计，切忌进行小半径曲线、较短直线的设计工作，这两项设计内容在此种曲线道路中进行设计容易导致道路路线线形扭曲、驾驶人员查看道路路线时

的错觉问题，并且此种设计会导致城市道路的不美观问题，所以以曲线设计时需要设计人员不可随意设计；还需要注意相邻曲线在设计时，需要对曲线间的关系进行协调性的调节，坚决杜绝反弯曲线（S型）出现。若为平竖曲线的结合设计，则需要在平曲线内设计竖曲线，切忌在平曲线内出现纵坡（起伏大），以此可以保证道路平竖曲线设计后有着良好的线形，提升驾驶人员驾车行驶于道路上的安全感，不会对其造成视觉方面的误导，驾驶者可以保持平静的状态顺利的通过设计建设的市政道路；设计时须注意规避大坑大挖、地形剪切引起的平竖曲线对应缺陷问题出现。

再次则为设计纵面线形，实际设计中地形起伏条件为重要的参考依据，如果设计人员不考虑该因素则会导致设计出的道路会出现安全性差、投资金额大以及驾驶人员驾车舒适性不理想的情况。因此设计时，设计人员需要对道路路线的坡度设计工作加强重视，以此确保地形起伏情况符合要求；坡度在进行升降处理时，设计人员需要在既有的道路路面上进行设计，以免出现半坡问题或者坡长被随意拉长的情况，而且旧路面的排水性能良好，若有路面积水情况则可以顺利有效的排出；设计时不可出现路面的大肆挖掘情况，此举会造成路面平滑度下降，整个市政道路路线呈现出大起大落情况，对于人们的驾车安全会有不利影响。

最后则为道路超高加宽设计，在道路超高方面，如果道路必须要进行超高设计，则要求最终的超高坡度控制在1.5%以上、2%以下，设计横坡为标准要求，超高设计不可超过该标准。在加宽方面，则需要在车辆行驶的道路内部位置进行加宽处理，还可以依据固有的车道数据做好道路加宽，从而增加道路的使用功能。但是实际加宽作业期间，常会出现部分道路的加宽作业难度较大的问题，此时为了完成道路加宽工作任务，便可以在车道内外进行加宽设计施工。

三、改扩建道路路线设计

作为我国经济发展的重要一部分，道路交通运输网络促进了国民经济的发展，给人们的生产和生活带来了极大的便利。但是，目前我国大部分道路的路面不平坦，道路负荷超出了规定限度，缺乏必要的二级道路，这些因素严重影响了道路交通运输系统，阻碍了人们的日常生活。为了改善道路交通状况，提高道路利用率，需要设计并创新改扩建道路方案，保护原有的道路，在不断修缮的基础上强化道路的基础设施建设，健全交通运输网络，促进交通运输业的快速发展。

（一）改扩建道路路线的设计标准

（1）分析原有道路实际情况，制订适宜的路线和方案

新建道路的过程与改扩建道路的过程有所差别，在进行改扩建道路设计时，设计人员需要实地考察，了解原有道路的地理形态、人文气候、风俗习惯和环境状况，全面掌握道路的实际情况。同时，还需要重视道路的路基沉降情况，大部分原有道路经过多年的使用，承重数量比较固定，路基沉降数据也趋于稳定，但是改扩建道路会改

变路基沉降情况，影响原有道路的使用。为了更好地进行改扩建道路工程，要细致地了解路基沉降情况，将改扩建道路和原有道路进行融合，规避改扩建工程中可能出现的问题，提高道路的使用寿命，加快改扩建道路工程的进展。

（2）重视地形设计相关原则

原有道路使用年限已久，附近的地理环境发生了较大的变化，在改扩建道路工程设计时，要重视设计变化后的地理形态，以符合人们对交通运输系统的要求。比如，从前农村的道路大部分是村子与村子之间有一条主要道路，在时间的流逝中，道路附近的土地被铲平、填埋，这就给改扩建道路设计带来了一定的阻碍。这种情况下，设计改扩建道路方案时，要重视道路的平整性，结合地形设计改扩建路线，均衡处理局部和整体的设计方案，并运用环保技术，避免破坏农业耕田等资源，提出有利于长远发展的新型设计方案。此外，平面、纵面和平纵面组合设计是改扩建道路的重心，要加大力对勘探实际道路状况，保证道路的安全、平稳、连续、便捷和美观，综合运用这三个因素进行改扩建道路，从而推进改扩建工程的进行，提高道路的利用率，加快我国交通运输网络体系的完善和发展，提高人们的生产和生活水平。

（二）改扩建道路设计的思想和方法

（1）收集、汇总原有道路的实际数据和信息

设计人员要进行实地考察，调研原有道路的实际情况，收集大量改扩建道路工程资料，掌握原有道路的周边环境、地形、气候等具体资料，将获得的一手资料进行整合和汇总，从而提出符合实际情况的改扩建道路方案，满足人们对交通运输系统的需求。同时设计人员要详细的收集原有道路附近的人文习俗、地址地形、地理环境和道路运输状况资料，全面收集有关原有道路的各方面数据和资料，由点到面，考查道路的使用、破损、缺失情况，分析、整理相关数据，因地制宜，并结合人们对道路交通运输环境的需求，设计出相应的改扩建道路方案，最大限度地提高道路的利用率，解决交通拥堵等问题，最后将设计方案提交给专家，由专家进行评估和判断，选择最优方案。

（2）改扩建道路的平面设计标准

改扩建道路的目标是改善道路的基础设施建设，让车辆行驶更加平稳、快速、舒适，提高道路的实用性，满足人们对道路交通运输环境的需求。因此，在进行改扩建原有道路的平面设计工作时，要充分考虑到道路的连续性、方便性和快捷性，结合道路的环境特点和地理位置，设计美观流畅、经济适用、平稳连续的新型道路，提高道路的利用率，同时，还可以保护道路附近的生态环境，为人们营造良好的道路交通环境。改扩建道路平面设计方案中，要重视对地形的设计，让道路与地形更加契合，将改扩建道路与周围环境融为一体，提高道路的美观程度，符合人们的需求，有效提高道路的使用年限。

（3）改扩建道路的纵面设计标准

改扩建道路的纵面设计要结合宁填勿挖原则，考虑方方面面的因素和影响，综合设计改扩建方案。此外，驾驶员的舒适程度、行驶过程中的安全性、平稳性和道路的费用支出、施工人员的工程支出等都影响改扩建道路的纵面设计，为了提高设计的效率，要结合道路周边环境和地形，综合设计改扩建道路的纵面模型，满足人们对道路交通的需求。此外，改扩建道路纵面设计过程中，要注意描绘原有道路中间线上的各个点的高程，将点连成线，这条线就是原有道路的大致形状。还需要结合地理形态、运输与工程经济、路基临界高、汽车行驶性能等因素，绘制改扩建道路的新路线。将这两条线路进行融合，综合设计改扩建道路方案，可以有效提高改扩建道路的效率和质量，提高人们的生活水平和生活质量。

（4）改扩建道路的平面和纵面结合设计

在设计好平面和纵面方案的基础上，还需要进行平纵组合设计，通过分析和研究，确定最优的平面和纵面结合方法，并使用线形设计方案来合理提高平纵组合的流畅性、美观性，最大限度地提高改扩建道路的舒适性、协调性和连续性，让车辆在舒适的曲线道路上平稳、快捷、安全的行驶，优化驾驶员的体验感，减少交通拥堵现象的出现。同时，平纵组合设计可以高效融合各自的优势和长处，有机提高改扩建道路的使用性能，降低工程造价，提高资金利用率，更加满足驾驶员对道路舒适、安全的需求，提高道路的利用率，促进交通运输系统的完善和发展，提高社会经济水平。

综上所述，道路路线设计是项目建设的先决条件，也是道路施工的决定性环节，直接影响道路的后期施工及使用过程中的可行性。在道路项目竣工以后，将一直影响道路的寿命期限，并伴随整个道路使用过程，就此带来道路的可持续利用的持久影响。

第四章 路基工程

第一节 一般路基设计

一般路基是指在一定工程地质、水文地质条件下，填方高度和挖方深度小于规范规定的高度和深度的路基。一般路基设计可以结合当地的地形、地质情况，直接套用典型横断面图或设计规定，而不必进行个别论证和验算。对于工程地质特殊路段和高度（深度）超过规范规定的路基，应进行个别设计和稳定性验算。

一、路基的基本构造

路基的几何尺寸由宽度、高度和边坡坡度三者构成。路基宽度取决于公路的技术等级；路基高度（包括路中心线的填挖高度、路基两侧的边坡高度）取决于地形和公路纵断面设计；路基边坡坡度取决于地质、水文条件、路基高度和横断面经济性等因素。就路基的整体稳定性来说，路基的边坡坡度及相应采取的措施，是路基设计的主要内容。

（一）路基宽度

路基宽度为行车道路两及其两侧路肩宽度之和。技术等级高的公路。当设有中间带、路缘带、变速车道、爬坡车道、紧急停车带、慢行道或路上设施时，均应包括这些部分的宽度。路面是指道路上供各种车辆行驶的行车道部分，其宽度根据设计通行能力及交通量大小而定，一般每个车道宽度为3.50m～3.75m。

路肩是指行车道外缘到路基边缘，具有一定宽度的带状部分。路肩通常包括硬路肩和土路肩，硬路肩是指进行了铺装的路肩，常用于高速公路和一级公路；土路肩是指不进行铺装的路肩，用于各级公路。路肩的作用主要是增加路幅的富余宽度，保护和支撑路面结构，供错车、临时停车及行人和非机动车使用，为公路其他设施提供设置场地，汇集路面排水。其宽度由公路等级和混合交通情况而定，最小每边为0.5m，有条件时应取 1.0m 以上，城镇近郊行人与非机动车比较集中，路肩宽度尽可能增大，一般取 1~3m，并铺筑硬质面层，以提高利用率。

曲线路段的路基宽度需视路面加宽情况而定。弯道部分的内侧路面按《公路工程技术标准》规定加宽后，所留路肩宽度，一般二、三级公路应不小于 0.75m，四级公路应不小于 0.5m，否则应加宽路基。路堑位于弯道上，为保证行车所需的视距，需开挖视距平台。

（二）路基高度

路基高度是指路堤的填筑高度或路堑的开挖深度，指路基设计标高与原地面标高之差。假设原地面横向有倾斜，在路基宽度范围内，两侧的相对高差常有所不同。通常，路基高度是指路中心线处的设计标高与原地面标高之差，但对路基边坡高度来说，则指填方坡脚或挖方坡顶与路基边缘的相对高差。因此，路基高度有中心高度与边坡高度之分。

根据路基强度和稳定性的要术，减小或避免地面水、地下水、毛细水及冻胀作用的影响，路床顶面应高出地表长期积水位或地下水位一个必要的高度。路基最小填土高度必须保证路基不因地面水、地下水、毛细水及冻胀作用的影响而降低其强度和稳定性。因此，路基最小填土高度应根据路基临界高度，并结合公路沿线具体条件和排水及防护措施，按公路技术等级的有关规定确定，一般应保证路基处于干燥或中湿状态。

当路基填土高度受限制而不能达到规范的规定时，则应采取相应的处治措施，如，做好排水设计、换土、设置隔离层或修筑地下渗沟等，以避免地面积水和地下水浸入路基，影响路基工作区内的土基强度与稳定性。

（三）边坡

在路堤的路肩边缘以下和在路堑路基两侧的侧沟外，因填挖而形成的斜坡面，称为路基边坡。边坡与路基顶面的交点称为顶肩。边坡与地面的交点，在路堤中称为坡脚；在路堑中称为路堑堑顶边缘，其高程与路肩高程的差为路堑边坡高度。路堤的边坡高度为路肩高程与坡脚高程之差。边坡的坡形在路基中常修筑成单坡形、折线形或阶梯形，每一坡段坡面的斜率以边坡断面图上取上下两点间的高差与水平距离之比表示，当高差为 1 个单位长时，水平距离经折算为 m 单位长，则斜率为 1m。在路基工程中，以 1m 方式表示的斜率称为坡度，m 称为坡率。在路基本体构造中，边坡的形状和坡度的缓陡对路基本体的稳定和工程费用有重要影响。

二、公路路基的一般设计

（一）公路路基高度的设计

众所周知，要想使公路正常使用我们就要考虑路基高度的设计，因为公路路基的设计高度高，有利于排水，从而会改变公路路基的潮湿程度，也能大大提高公路路面的使用的时间。所以在进行路基高度的设计时要找好标高与原地面标高的差数以确保万无一失。

（1）公路路基高度之差

也就是说，如果原来的地面横着的有倾斜的，路基宽度的范围内，两边的相对高度的差就有所不同。一般情况下，路基的高度就要在路中心线处的设计标高，但是对于路基的边坡高度而言，就要找路基边缘的相对的高度之差。所以说，路基的高度就出现了中心高度与边坡高度的区分。

（2）公路路基设计的强度和稳定性

我们要根据路基的强度的大小和稳定性能的好坏的需求，来减少或者尽量避免地面水及地下水对路基的影响，因此，在设计时路床的顶面要高出地表的积水位置也就是要让地下水位一个固定的高度。我们要保证路基不要因为地面水或地下水的影响而大大降低它的强度和稳定性。故，路基的填土高度要应保证路基长时间的保持干燥或中湿的状态。

（3）公路路基设计的规范程度

我们也要考虑到，当路基填土的高度受到某种情况的限制以至于不能达到规范的要求时，我们就要采取适当的处理措施，像要处理好排水的设计、换土等等，这样就会避免地面的水和地下水浸入到路基上，从而对路基强度与稳定性产生没有必要的影响。

（二）正确处理公路路基的边坡

（1）公路路基边坡的设计

我们都知道，影响公路景观的主要原因是路基边坡形式的设计。也就是说，路基边坡形式的选择不仅会影响边坡的稳定性，同时也会影响当地的环境保护和景观的效果。所以在设计边坡时要灵活自然并且要根据当地的情况进行相应的设计，要尽量考虑使边坡的外形与周围环境相一致，确保看不出有人工修建的痕迹。在设计时尽量将人工痕迹过重的折角进行修整，而采取与自然融为一体的图案，已达到预期路线经过的自然地带的地形相适应。对于偏坡或者是直接填平的地带可以进行绿化处理。这样既有利于路堤与原来的地面融为一体，也使填修的痕迹得到了掩饰，同时公路两旁的环境也得以保障。

（2）公路路基的防滑度

现在沥青是我国大部分路面使用的材料，而当前新修的公路都是沥青路面，他们的防滑性能好，可是，使用的时间一长，由于车辆的行驶和天然的老化，大大减少了沥青路面的防滑性能。

针对当地独有的地理、地质的具体的特点，如果在设计、施工上考虑不周全，很容易发生滑坡塌陷的现象。对于这样的滑坡现象，我们要应尽可能放缓边坡的坡率和加宽边坡,加强与巩固"防、排、封"三个方面的排水设计和施工的利用,并且要帮助边坡进行加固措施从而进行综合性的处理管制。

（3）边坡的形状和坡度的缓陡

在边坡与地面的交接处,常常会出现高程与路肩高程的差,如果处理不及时会造成严重的后果,所以我们将边坡的形状在公路路基中经常修建成单坡的形状和折线的形状,有时也会建成梯形,这样在公路路基的整体构造及对路基本体的稳定性和工程的费用有重要影响。

（三）公路路基宽度的设计

在设计公路路基宽度时,通常要考虑通行的能力以及交通往来的大小而决定路基的宽度。所以根据道路的等级,我们在设有中间的隔离带、变速车、爬坡车、紧急停车、慢行等设施时,都要包括这些部分的宽度的大小。

（四）公路路基排水的设计

（1）路面排水的设计

我们要根据实际的情况进行一般路段的排水:利用分散的排水方法,即将路面水经路边沟或者排水沟排出。

（2）在高边坡排水的设计上

在满足水力的前提下,尽量采用生态型排水设施。对于地下水发育的边坡,设有斜坡式的深层的排水管。总之,我们要有效的采用生态排水设计和生态防护设计的新理念,为相同类型的公路的有利建设提供参考的价值与作用。

（五）路堤稳定性的设计

路堤施工时要注意观测路堤填筑过程中的地基的地形变化,设计时应明确观测路堤的距离、观测的内容、观测点的数量及位置等,从而来确定稳定性的观测控制的标准。

（六）公路路基设计好坏的重要性

在公路路基的设计中,我们要考虑到影响公路的安全性而起到先决的作用的诸多原因:即公路几何线形、路面设计、安全设施、构造物位置及形状设计,可见合理、优质的公路设计,会为司机提供方便,如可以提供清晰的行车方向和提供足够的视距等信息。

（七）公路路基设计的线路的重要性

人行千里,安全第一,公路路基设计的线路上要考虑到公路的平面形状、纵断面两种形状要相协调,确保视距的畅通。公路路基线形设计的好坏,对交通的流量具有极其重要的作用,如果公路线形设计的不合情理,就会大大降低公路通行的能力,这样会给通行者及运输带来不便,可能会造成时间和经济上的严重损失。

三、特殊路段路基处理

特殊路基处理是更具针对性的对工程沿线特殊地点进行路基处理，一般特殊路基处理主要包括两个方面：①路基的工后沉降；②路基与沿线主要构筑物的衔接。

工后沉降主要针对软土区域（河浜、含淤泥土层）修建的路基，由于填土及车辆荷载等附加荷载造成土层受力发生改变，造成路基进一步发生挤密、下沉，总沉降量可通过分层总和法进行计算，然后根据计算结果确定路基处理方式及处理深度。

路基与沿线主要构筑物的衔接主要针对由于在道路路基中修建各种构筑物而造成的路基局部的不均匀沉降（如：桥头跳车、管线沟槽沉陷等）。不均匀沉降的产生的原因是由于路基密实度或受力形式不同，而造成的在相同应力水平下，路基的沉降不同，主要有两种解决方法：一是通过加大薄弱处路面结构厚度、换填厚度或加大路基处理力度以减小传递至土基顶面的竖向压应变，并最终减小沉降，该方法的计算可以仿照国外为减少柔性路面永久变形而广泛采用的路基顶面竖向压应变法来进行；二是通过设置搭板或土工合成材料以避免结构薄弱处过多参与受力，力主要由结构强度高的一侧分担，使不均匀沉降在一个相对较长的范围内发生，不产生明显的错台，但该种情况对搭板或土工合成材料有一定的抗拉要求，在薄弱处底部托空时能独立承担上部荷载。

总而言之，路基设计主要指路基的纵断面（填挖高度）和横断面各部分几何尺寸的设计，但还应包括局部区段或个别点段的平面布设。因为在公路选线对着重于选择最佳方向的控制点，关于平曲线的布设是否合理，在路基设计时仍需进一步考虑。通过对公路路基纵横断面的合理设计和平面的恰当布置，达到公路不被沙埋和风蚀的目的。根据实践。不同地貌类型，对公路的危害情况是各不相同的；故，我们在进行路基的设计时，要密切结合不同地貌类型来考虑。一般要求在经济、稳定横断面的控制下，力求平面短捷、舒畅，纵断面平缓、顺适。

第节路基排水与稳定性设计

一、路基排水

路工程路基属于道路工程建设的基础。对于路基排水而言，其作为道路建设的先决条件，因此，一旦路基排水设计出现问题，必然影响道路工程整体的建设质量与进度，故针对路基排水设计常见的问题，我们需要积极探析并寻找出有效的解决方法，以保证道路工程建设的顺利运行。

（一）道路工程路基排水设计的概述

道路工程路基排水设计对于道路工程来说，其可称之为核心性的工程建设组成部分，开展该项任务的目的是为了确保道路工程排水利用、运输、收集、净化等一系列过程的科学性与完整性，有利于道路工程排水系统的有效构建与协调运行，进而积极实现道路工程建设资源的优化利用，使得道路工程排水获得最佳的投资效果，并充分发挥排水设计效果对于道路工程建设的实效性，由此可见，道路工程路基排水设计要确保科学合理，才能保障道路工程建设的持续发展。

道路路基设置完善的排水设施，可以排除可能危害道路的地表水和地下水，保证路基路面结构稳固，防止路面积水影响行车安全。道路排水可分为地表排水和地下排水两大类。路面含路肩和中央分隔带范围内的排水，又称路面排水。路基排水设计应根据道路等级、沿线自然条件以及桥涵设置等情况进行综合考虑，注意充分利用地形和天然水系，合理布置各项设施，形成良好的排水系统，确保排水通畅和养护方便。

（二）道路路基排水设施分类

路基排水设施主要包括地表排水设施以及地下排水设施两部分内容，其中地表排水设施包括排水沟、篦沟以及雨水口等内容。在实施设计时，为避免对当地民众饮用水源形成污染，应避免出现排水设施和饮用水源相连接的状况，且要按照地区降水情况，展开地表雨水径流量设计；而地下排水设施涵盖渗井、暗沟以及渗沟等内容，会通过对各种设施的合理运用，将地下水对于道路使用的影响控制在最小。

就用途层面而言，路基排水是保证道路结构性能与使用舒适度的重要设计内容，良好的排水设计，可以达到延长道路使用时长、保证成本控制质量的效果，重要性较为突出。同时，排水设计也是保证路面以及路基稳定性、承载能力的有效措施，会对道路性能水平形成直接影响。鉴于排水设计在道路建设与使用中所起到的重要作用，对设计具体情况与创新设计展开研究，十分必要。

（1）地表排水沟渠

主要用来排除降水在路界范围内形成的地表径流，以及毗邻地带可能进入路界的地表径流和影响路基稳固的地表积水。通常有边沟、截水沟、排水沟、跌水与急流槽等。

（2）地下排水沟管

主要用来排出路基范围内的地下水或降低地下水位，有明沟、暗沟、渗沟等。

（3）路面排水设施

专指为路面和中央分隔带部位排水而采取的工程措施。路面（含路肩）表面排水，一般公路由路面横坡和路肩横坡，汇集于边沟或以横向漫流形式向路堤坡面分散排放。

（4）泄水和蓄水结构物

其作用是将路基上方的水流宣泄至下方或拦蓄于路基范围以外。泄水结构物。是使水流穿越路基的设施，如桥梁、涵洞、倒虹吸、渡水槽、渗水路堤和过水路面等。蓄水结构物。有阻水堤和蓄水池（蒸发池）等，是将山坡的地表水或排水沟渠汇集的水，拦蓄在一定的地点，任其蒸发或下渗。雨量较小、排水困难地段，可利用沿线的集中取土坑或专门设置蓄水池，以容纳排出路基范围内的水。

（三）道路路基排水设计原则

（1）因地制宜

由于各工程项目在施工目标、施工环境以及施工条件等方面均存在着一定差距，所以在实施路基排水设计过程中，不可直接对其他工程或施工段施工设计展开使用，应按照因地制宜原则，按照路段差异性以及路段具体情况，合理展开排水设施安置与整体排水系统规划。设计人员要通过对分流或者疏散等方式的合理运用，对地表水集中出现问题展开阻止，以便达到预期排水效果。

（2）实地考察

为保证各项设计的顺利展开，整体施工规划能够与具体情况相符合，在正式展开路基排水设计之前，需要通过实施实地考察的方式，做好周边环境以及路面设施调研，展开各项相关数据采集与整理。设计人员需要按照采集到的数据信息，科学展开实地考察，以便达到有效提高设计适用性与实用性水平的目标。

（3）与环境和谐相处

保证工程施工与生态环境的平衡，确保工程施工对于环境所造成的影响可以被控制在最低，是现代道路工程施工关注的重点内容。设计人员在实施排水规划过程中，需要将自然环境保护与自然资源利用等方面内容考虑到其中，要通过对土地资源的高效利用，做好工程施工影响控制，保证整体施工环境和自然环境的和谐程度，进而达到良好的自然环境美化效果。

（四）道路路基排水系统设计

路基排水设计，需先进行总体规划和综合设计，将针对某一水源和满足某个要求而设置的各项排水设施组成统一完整的综合排水系统，以提高排水效果和降低工程造价。

布置路基排水系统时，应联系道路的平纵面和横断面，查明各种水源，并分析它们对路基路面的危害程度，再根据沿线的地形、地质等条件，因势利导、因地制宜布置适当的排水设施，完善对进出水口的处理，使各项设施衔接配合，形成排水网络，把有害水及时排除掉。同时，要周密考虑每一个排水设施的功能，以及在位置和构造等方面的要求，使它们充分发挥预期的效用。

在规划道路排水系统时，要注意地表、地下排水的相互协调，路基、路面排水的综合考虑，排水沟管与沿线的天然水系及桥涵等泄水结构物的密切配合。地表排水设计与坡面防护工程也要协调配合。例如，路表面水采用横向分散漫流排水时，若土路肩和边坡易被侵蚀、冲刷，就要进行有效防护处理；否则，应采用路肩纵向集中排水方式。

道路排水还应与当地的农田水利等建设规划结合起来考虑。路基排水要防止冲毁农田或危害其他水利设施，道路侵占的排灌沟渠应予恢复，可设置涵管等加以接通或进行迁移，以保证农田排灌系统正常运行。当灌溉沟渠必须沿道路通过时，如流量较小、纵坡适宜，一般公路不得已可考虑同路基边沟合并，但边沟断面应适当加大；如在路基边坡上或路堑坡顶附近通过，沟渠必须具有足够的横断面，并应采取必要的防渗措施，以免水流溢漏危害路基。对路基上侧山坡的地面水，也可结合水土保持工作，采取逐级拦蓄的措施保证路基的稳固。城镇路段的排水，应与现有的排水设施及建设规划相协调。此外，路表面水常含有有害物质，不得直接排入饮用水水源，也不宜直接排入养殖池、农田等，必要时应进行净化处理。

（五）路基地表排水沟渠设计

布置好路基排水系统后，应对各排水结构物进行具体设计。地表排水沟渠的设计内容包括：确定平面位置、沟底纵坡、断面尺寸和结构形式等方面。这几方面是相互关联的，在设计时必须统一考虑。

地表排水沟渠的平面设计，应根据排水系统设计要求加以确定。边沟和路肩排水沟等沿路边缘设置，多与路中线平行。截水沟与路堑坡顶或路堤坡脚之间应有一定的距离，以防沟内的水浸湿坡体或坡脚，但也不能太远，否则无法充分拦截山坡上的水，而对路基稳固亦不利。排水沟沿路线布设时，距填方路基坡脚一般不宜小于3～4m；填方路基设置的坡脚排水沟，距路基坡脚也不宜小于2m。排水沟渠一般应设置在地质良好和地形平缓的地方，以保证沟渠本身稳固并减少工程量。沟渠的平面线形应力求顺直，需拐弯时要尽量采用较大半径（不小于10m）的曲线，以防冲刷破坏。排水沟渠应具有一定的纵坡，使沟内的水流能尽快排出，以防发生漫溢或引起冲刷。沟底纵坡一般不宜小于0.5%。在特殊困难地段，土质沟渠的最小纵坡为0.25%，沟壁铺砌的沟渠可减小到0.12%。当纵坡大于3%时，土质沟渠常需进行冲刷防护。边沟和路肩排水的沟底纵坡，一般应与道路路线纵坡相同。但当路线纵坡不能满足排水要求时，则要调整边沟纵坡或采取其他措施。弯道超高路段的边沟，沟底纵坡应与弯道前后段平顺衔接，不允许有积水或外溢现象发生。沟渠的横断面形状，有梯形、矩形和三角形等。土质沟渠，大多采用梯形，其边坡坡度取1：1.0～1：1.5，视土质类别而定。石质沟渠或浆砌片石沟渠，宜做成矩形断面。少雨浅挖地段的土质边沟，为便于机械施工，可用三角形断面，其内侧边坡坡度常取1：2～1：3。路堑边沟的外侧边坡坡度应与路基挖方边坡一致。路肩、边坡平台和中央分隔带设置的纵向排水沟，还可采用U形水泥混凝土预制构件砌筑。沟渠的断面尺寸，应能满足所需排泄的设计流量。设计流量，可根据所在地区、设计重现期及汇水范围情况等，按小流域暴雨径流流量推理公式确定。沟渠的泄水能力，与断面情况及沟底纵坡有关，则用明渠均匀流公式求算。上述水文、水力计算，请参见有关设计规范。为防止水流溢出，路面表面排水计算泄水口流量时，水深不宜超过沟深的2/3。路基排水沟渠的沟顶，应高出沟内设计水位0.2m。考虑施工方便和满足排水要求，边沟的深度及底宽不应小于0.6m，其他等级公路不应小于0.4m；截水沟和排水沟的深度及底宽均不宜小于0.5m。一般边沟可以不进行水文水力计算，而用规定的最小断面尺寸足以排除其分内的水量。为防止沟渠内因水流的流程太长和流量过大而造成冲刷或积水，其长度应有所限制。沟渠排水长度，一般不宜超过500m：多雨地区的边沟，不宜超过300m：三角形边沟和沟底纵坡小于0.5％时，因水流条件较差，不宜超过200m。沟渠过长或纵向低凹部位，应结合地形条件，增设出水口或涵管，将水引走。路面排水的泄水口间距，可根据流量计算确定，一般为20-50m。沟槽应平整稳固、不滞流、不渗水和不冲刷。在土质松软、透水性较大的地段，或裂隙较多的岩石地段，为阻止水流下渗，沟槽应予加固防护。沟底纵坡较大的土质沟渠，为避免冲毁，也应加以防护。此外，土质沟渠容易生长杂草而淤塞，养护工作量较大，外容也较难齐整，因此，高速公路和一级公路的土质边沟应全部进行防护。常用的防护措施有浆砌片栽砌卵石、水泥混凝土预制构件等。拦水带，可采用浆砌片石、水泥混凝土预制块或沥青混凝土筑成。急流槽的槽底宜做成粗糙面，可消能和降低流速；背部设置凸榫嵌入地基中，以防槽身滑移。

（六）道路路基地下排水沟管设计

路基地下排水设计时，必须先做好调查研究，摸清地层和地下水的情况，再根据排水需要，选定地下排水结构物的类型、位置、埋深、构造与尺寸等。对地下水的处治，可分为拦截、疏干、降低和引排等。

（1）拦截

当路基范围内有含水层出露时，可在地下水流的上方设置明沟或渗沟将其截断并引离，以免潜蚀而引起坡体坍塌和上覆土层下沉。截水明沟和渗沟，应尽量与地下水流方向垂直。

（2）疏干

路基边坡坡体为上层滞水或降水浸湿而容易产生坍塌或滑坡等病害时，可采用在坡体内设置Y形或拱形边坡渗沟，以疏干和排除其中的地下水。边坡渗沟的底部应位于潮湿层、滑动面或冻结线以下至少0.5m处的稳定层内，并且做成台阶形式。如果，边坡渗沟埋得深，底部较平缓，则除起疏干作用外还能支撑坡体。

（3）降低地下水位

当地下水位较高，影响路基稳固时，可在边沟下设置纵向渗沟，以降低地下水位，使路基处于较干燥的状态。此时，渗沟的埋置深度视地下水位需要下降的高度。

（4）引排

在路基范围内有泉眼出露或汇集的地下水流时，可用地下排水沟管将水引出并排除。引水渗沟和暗沟的布置，宜使排出的通道为最短，并尽可能设在不透水层中。为保证泄水顺畅，水流不致倒灌，其出水口底都应高出地表排水沟设计水位至少0.2m。在寒冷地区，沟管应作防冻保温处理或者设在冻结深度以下，以免水流结冰而堵塞。

（七）中央分隔带排水

中央分隔带排水是排水的重要组成部分，可根据分隔带表面的处理方式、交通安全设施形式、绿化和分隔带宽度等因素选择不同的排水方式。一般采用带有铺面的横断面形式，当中央分隔带宽度小于3m时中央分隔带采用双向横坡，并人路面排水系统将雨水流向两侧路面。中央分隔带宽度大于3m使表面水流向分隔带中央低凹处，可设置内倾的横向坡度且未采用铺面封闭时，通过纵坡排流到泄水口并横向排离路基。可设置纵向排水渗沟排除渗入分隔带内的表面水，并隔一定间距通过横向排水管将渗沟内的水排引出路界。

（八）季节性冻土地区路基排水设计

（1）边沟加固设计

路基两侧必须设置边沟，使大气降水尽快排离路基。边沟形式，以通常采用阶梯形或矩形，从行车安全和美观的角度，目前部分省份采用的浅碟形边沟。高等级公路边沟无论采用何种形式，首先应满足流量要求，并应避免边沟的冲刷和边沟水向路基渗入。通常高等级公路路基段边沟全部采用浆砌片石（或水泥混凝土预制块）加固，既能防止冲刷，又能防止边沟水渗入路槽。

在季节性冻土地区，浆砌片石边沟在使用初期能起到很好的效果，由于冻融循环的影响，勾缝砂浆会很快脱落，给养护工作带来很大的困难。若养护不及时，地表水就会沿片石缝隙冲蚀片石下土层，造成片石坍塌，一部分水沿塌陷处在边沟下流动并渗入路槽。

防冲刷防护形式比较多，如植草、干砌片石防护以及近年来发展起来的土工织物防护。这些防护形式不受冻融影响，但不能起到防渗效果。

为解决边沟水向路槽的渗入问题，有以下的方法：

1. 将两段挖方改做填方形式。这样，沟底在路槽地面以下，边沟水不会渗入路槽中，从而保证了路基稳定。但这种方法，增加路基土方、防护工程量较大，而且增加占地较多，一般不宜采用。

2. 加深边沟，排除路槽排水。上部断面仍为梯形，将沟底按原宽度加深1.0m，低于路槽底面20cm，加深部分采用浆砌片石加固。在靠近路基一侧高于沟底20cm，设置泄水孔。这种做法虽能排除路槽排水，但边沟较深，不利于行车安全和养护清理。清理不及时或沟内水深超过泄水孔，都会影响路槽内积水的排除。而且，浆砌片石在冻融循环中很容易损坏。

3. 如果不考虑防渗，边沟加固设计会变得很简单。将边沟与渗沟结合，在边沟下设置渗沟，边沟加固仅考虑防冲刷，在边沟设计中是一种比较有效的方法。这样，既截断了边沟水向路槽的渗入，又保证了路槽内积水的排除。仅对可能产生冲刷的边沟加固，一般路段可按土质边沟设计。在保证流量的前提下，尽可能减小边沟深度，以保证行车安全。

（2）渗沟的设置及横断面尺寸的确定

渗沟的设置对改善路基工作条件是必不可少的重要措施。尤其在季节性冻土地区修建高等级公路时，更应引起重视。进行地下排水设计前，应进行野外工程地质和水文地质调查、勘探和测试，查明水文地质条件，获取有关水文地质参数。危害路基稳定的地下水主要有：地下水位较高，通过毛细现象上升至路槽；路基范围内的裂隙水和层间水渗出；地表水通过边沟、土路肩、路面裂缝渗入路槽。对无固定含水层的层间水采用渗沟排除。其断面尺寸主要根据渗水量大小确定，埋置深度按地下水位高程、地下水位的深度、含水层介质的渗透系数以及冻结深度等因素考虑确定。渗沟用于排除路槽内积水（毛细水、地表水渗入）时，其宽度满足施工需要即可，埋置深度低于路槽换填底面20cm，不必考虑防冻要求。渗沟可设置与边沟下，内侧与路槽下换填材料相接。沟内填筑天然沙砾、碎石等透水性好的粗颗粒材料，侧壁及顶部设置反虑层，沟底设排水管。

漠北公路工程实例可在渗沟设计时引以为鉴。

漠北公路施工中注重地下排水补充设计，在挖方边沟下或路槽边缘设置渗沟，起到了很好的效果。但在施工期间，因对渗水量、渗沟出水口考虑不足，出现了问题。漠北公路某段为挖方（右高左低），土质为风化砂。原设计仅对槽下40cm风化砂挖压实，夏季施工中发现路堑右侧侧边坡坡脚渗水，出水量大。根据现场情况采取如下工程措施：变更槽下处理设计为换填100cm天然沙砾（当年完成30cm沙砾垫层、18ccm水泥稳定风化沙砾下基层）；右侧边沟下设置渗沟（沟底设1根直径10cm排水管），通过盖板涵排向路基左侧。为使渗沟沟底位于冻结线以下，出水口与涵底高差仅1.5m。但涵洞上游为数条冲沟，水土流失严重。春季观察发现，涵洞御寒，净高仅余1.0m，并将渗沟出水口置于冰面一下40cm，同时，挖方段下基层冻胀约10cm。路基层面冻胀内水不能正常排出而涌入槽下；另一方面，渗水量较大，沟底直径据具体情况，实事求是，不能千篇一律。

在该工程项目建设期间，建设单位为保证工程质量，对路基段处理加大了处理力度，分别做出如下规定：

1. 关于路基段下处理，设计中有下处理的，干燥段不足60cm，下处理至60cm；中、潮湿路段下处理不足80cm的，下处理至80cm。路槽下填土小于80cm的根据土质类别、含水量现场认定，控制在连同填方包括下处理厚度达到80cm。

2. 填挖交界处的低填浅挖段，其交界处两侧必须做长度不小于10m范围基底处理。处理宽度为路基宽度120cm，深度为60cm。回填时分三层进行填筑，基底和每层都要加铺塑隔栅，共计三层隔栅。填筑材料采用风化沙砾、石渣或天然沙砾等透水性材料。并要加强碾压、加强排水，对挖方段出现渗水或水位较高路段，加设碎石盲沟以排出挖方渗水，防止在填挖结合处形成软弱滑动面。

漠北公路通过边沟与渗沟结合设置，在路基横断面上形成排水系统，保证了季节性冻土地区路基的强度和稳定性。

所以，在季节性冻土地区路基排水设计中边沟加固、渗沟的设置及横断面尺寸的确定横重要。特别是将边沟与渗沟结合设置，在路基横断面上形成排水系统，就更为重要了。

（九）道路工程路基排水设计常见问题和解决对策

（1）道路工程路基排水设计常见问题

1. 设计人员综合素质欠缺

对于道路工程路基排水设计而言，设计团队的整体素质将直接决定着设计作用与效果，不过就目前路基排水设计现状来看，设计团队组成人员的综合素质普遍偏低，部分设计人员学历不高，设计综合能力欠缺，设计经验与水平不足，设计理念较为传统陈旧，这些现象导致排水设计往往忽视细节方面，故无法有效利导道路工程建设，且阻碍着道路工程项目的有序推进。如道路工程路基材料随着科技发展不断更新换代，然而部分设计人员仍然运用陈旧的设计理念进行路基排水设计，导致设计的路基排水方案不能有效发挥效能，严重制约着道路工程施工的进度。可见，设计人员综合素质欠缺这一问题成为亟待解决的难题之一。

2. 设计方案审核把关不严

当道路工程路基排水方案设计完成后，必然面临着严谨的把关审核，但，目前我国大部分道路工程对于路基排水方案设计的审核不严，部分道路工程对于路基排水设计方案审核流于形式，未注重设计方案的考察研讨，忽视设计方案细节方面的核实，使得设计方案欠缺科学严谨性，导致设计方案的实施引发诸多不利于道路工程施工建设的隐患，从而不利于道路工程排水发挥实效性。如设计方案出现违背法规政策的条款，由于审核人员审核的随意性，致使设计方案进入实施阶段，则设计方案必然无法发挥其作用，进而影响整个工程施工建设进度。可见，设计方案审核需要重视，从严把关。

3. 设计内容不够科学合理

目前，大部分道路工程路基排水设计内容往往呈现出设计欠缺科学性、实用性、合理性等特点，部分设计人员重视借鉴国内外现有的经验，未结合实际工程项目具体情况进行分析设计，欠缺道路工程施工现场的考察分析，缺少必要的创新性思维，使得制订的路基排水设计内容空洞，欠缺实用性与针对性，故不利于道路工程施工开展。如设计内容未考虑气候、季节、降雨等自然因素的影响，故制订出的路基排水设计内容无法有效推广实施，致使道路工程出现质量问题，如路面积水无法减排、路基坍塌等现象。可见，针对路基排水设计内容科学合理性欠缺的问题，需要积极予以重视并有效解决。

（2）道路工程路基排水设计常见问题的解决对策

1. 积极培养设计人员的综合能力

由于路基排水设计所涉及的从业人员综合素质往往不高，故表现出设计思路不够清晰明了，设计目标模糊，设计理念较为传统保守，设计水平较低，导致路基排水设计呈现出只注重形式而无实质内容，故需要积极提升设计人员的综合能力。首先，我们可以针对设计人员岗位特点与个性特征设置相应的培训项目，借助定期与不定期、长期与短期等培训方式，对设计人员开展培训项目，借此提升设计人员的综合能力。其次，我们可以采用激励政策，定期针对设计人员的工作成果进行考核，对于工作成绩优异的设计人员给予相关奖励、针对工作实绩不如意者进行相应的惩罚，从而有效提高设计人员参与设计并提升自己综合能力的积极性。最后，加强设计团队的合作力度，运用设计团队的作用，实现设计人员经验互享、互帮互助的现象，形成良性的经验分享与学习的氛围，从而于无形中提升了设计人员的综合能力与素养。

2. 不断强化设计方案的审核力度

对于路基排水设计方案来说，方案完成直接面临着审核过程，故审核作为路基排水设计方案进入实施阶段的首要关卡，所以设计方案审核对于整个道路工程都具备极其重要的作用。在审核路基排水设计方案时，需要不断强化审核力度，认真研究道路工程路基施工现场的外在环境与工程本身的实际情况，制订出严谨的审核方案细则，严格按照制订的细则进行设计方案的审核把控，注重探析设计方案细节处理得科学合理性，针对设计方案中存在的问题，及时反馈于方案设计人员，有待于设计方案的修改完善，进而提供优质的路基排水设计方案，确保设计方案的积极运行。

3. 努力提高设计内容的实用效果

路基排水设计方案制订的目的是为了有效保障设计内容的实施，然而目前大部分路基排水设计方案内容浮于表面，缺乏科学性、严谨性、具体性与实用性等特点，因此努力提升设计内容的质量，积极促进设计内容发挥实际作用，则需要努力提高设计内容的实效性。因此，我们需要积极了解路基排水设计的相关指导性法律政策，全面考察道路工程路基排水具体要求，探寻出道路工程路基的内外影响因素，积极发挥设计人员的创新思维与能力，制订出行之有效的路基排水设计内容，充分发挥路基排水设计内容的实用性。

（十）案例分析——路基排水设计新理念在大广高速中的应用

（1）工程概况

1. 项目简介

大广高速公路深州至大名段是国务院审批通过的国家高速公路"7918"网中大庆至广州高速公路中的重要路段，也是河北省"五纵六横七条线"高速公路网络骨架中"纵三"的重要组成部分。该路段始于石黄高速公路榆科枢纽互通，终于河北邯郸与河南交界处高庄南。路线全长220.38km。起点至邓家庄段约33km，采用八车道高速公路设计标准，利用现有高速公路加宽改造，将路基加宽至42m。其余路段采用六车道高速公路设计标准，路基宽度为34.5m。

2. 区域水文地质条件

a. 气候条件

沿线属于暖温带半干旱半湿润季风型大陆性气候区，特点是：干旱同季、雨热同期、四季分明；春季干旱多风，夏季炎热多雨，秋季晴朗气爽，冬季寒冷干燥；年平均气温13.2℃，极端最高气温42.7℃，极端最低气温-23.6℃，平均气温为26.8℃。

b.地质条件

衡水段：本项目经过区域的地层从老至新为：寒武系、奥陶系、上碳系、二迭系、三迭系、侏罗系、白垩系、第三系。第四系为冲洪积、湖积成因的棕色、褐色黏土、亚黏土和砂性土互层，厚450~480m，自下而上分为下更新统、中更新统、上更新统、全新统。

邢台段：项目所在区位于中朝准地台中的次一级负向构造单元—华北断凹的三级构造单元临清台拗单元内，东西横跨两个四级构造单元，其基底地层为太古界片麻岩系。威县大部分处于威县断凹上，基底为侏罗系。

邯郸段：该区域土质类型比较简单，主要是新生代第三纪、第四纪地层的巨厚堆积，多属片麻花岗岩地层。受地表河流的影响，风化较强，侵蚀较重，颗粒较粗。土质有粉土、粉砂、粉质中液限黏土、高液限黏土、中液限黏土、粉砂等。

c.水文条件

路线穿越区地处黑龙港流域，属海河水系，古黄河、古漳河流经本区，历史上经常泛滥，现存的一些河流为古黄河、古漳河的遗迹故道。项目沿线地下水属松散岩类，孔隙水含水岩组，主要由第四系松散岩层组成，厚度一般为350~600m。

d.区域水资源及时间分布

降水量：项目沿线各县多年平均降水量为480.7~559.6mm。降水量年内分配极不均匀，主要集中在汛期6-9月，占全年降水量的80%左右。

径流：地表径流的时空分布与降水基本相同。年内、年际变化相差悬殊，年内集中在7、8月份，占全年的80%以上。自产径流量往往取决于一、二次暴雨的产流。年际变化很大，径流量的年际变化明显超过降水量的年际变化。

从空间分布看，浅层地下淡水资源呈条带状分布，新河基本无浅层淡水资源，大名最多，淡水分布面积占全县总面积的94%，其他各县淡水分布面积占4%~48%之间。衡水、邢台段浅层地下水埋深为6~10m，邯郸段为10~20m。深层地下水是该地区的主要开采层，项目沿线的深层水超采严重。衡水段和邢台段大部分处于冀枣衡漏斗区，深层地下水埋深达60~70m，邯郸段、邱县深层水埋深亦达60~70m，曲周、广平达50.60m，大名为30~50m。

（2）大广高速路基排水新理念及其工程应用

1.路基排水设计新理念

一是平原地区公路排水特点，平原区公路排水有其自身的特点，地势平坦开阔，不同于山岭、丘陵地区，其引流工作十分困难，若不能很好地结合当地气候、区域水系等合理选用边沟、排水沟等排水设施的形式，就会造成全线排水设备形式单一，不够经济、合理。在线形方面，由于平原地区地势平坦，为满足排水要求，通常人为地将路线进行交替降低和抬高，形成波浪状的线形，行车舒适性很差。故，如何平衡线形与排水的关系，也是平原地区高速公路排水应解决的关键问题之一。

二是大广高速路基排水理念，本工程以科技创新和服务生产为根本出发点，在满足工程要求的前提下，以构建融生态、环保、长寿为一体的平原地区高速公路路基防排水系统为研究宗旨，以体现以人为本和具有可持续发展特征的高速公路服务理念为最终目标。

路基排水设计的主要内容是如何减少地下水、地表汇水、农田排灌水等对路基稳定性及强度的影响。考虑河北地区的平原特点，大广高速公路贯彻落实"资源节约、环境友好、安全舒适、便于养护、经济合理"的排水设计理念，对边沟、急流槽、中央分隔带、超高段及通道排水等进行了系统的优化设计，充分考虑了当地的水文特点及排水要求，在排水设计时不仅从技术上满足工程排水的要求，而且从理念上力求生态、环保，并在材料选择及方案设计中予以体现。

2．路基排水灵活性设计

边沟设计：传统的边沟设计即使在我国南方的暴雨期间，大部分边沟流水量亦未达到其设计流量。究其原因，主要是水文计算时按最大汇水面积控制项目所在地的所有排水设施，致使小范围排水与大范围排水段落的断面采用相同的尺寸。鉴于此，在沟渠与边沟相连的路段，边沟设计应克服传统习惯上的宽、大、深，特别是不论排水距离及汇水面积，全段落单一断面的传统做法，应采取灵活自然的断面形式及尺寸。

大庆至广州高速公路深州至大名（冀豫界）段全线普遍存在水流无出处或者长距离出水口的问题。为解决这一问题，提出边沟设计的灵活性创新，具体做法如下：在无出水口的情况下，边沟主要发挥蓄水的作用，水源包括路面、边坡和护坡道的雨水径流，确保通过蒸发和下渗排水消除水患，而不致淹袭农田，同时将沟底设置为平坡；在有出水口的情况下，根据排水距离确定边沟尺寸，采用不同的边沟尺寸和形式，有效排水且节约耕地。

路缘带标线开口设计：高速公路机动车道的外侧边缘或在路缘带内侧划有实线边缘线。由于路缘带标线的存在阻碍水流较快地横向排出行车道，为了提高排水效率，分别在两侧路缘带标线的实线处开口，开口长度15cm，间隔15m开一次口，其目的是确保路面上的雨水能够较迅速地排出行车道，最终流入边沟。

中央分隔带纵向排水：传统中央分隔带纵向排水材料易碎、易淤堵，达不到较好的排水效果。采用新型土工合成材料，排水效果好，抗压强度高，克服了传统材料缺陷，可有效预防中央分隔带水渗入路基，保证路基强度，延长高速公路使用寿命。

针对旧路改建段及新建段，提出了不同的中央分隔带排水方案。

方案一：仅铺设防水土工布，严格要求施工防渗。适用于旧路改建中央分隔带宽度为2m的路段。

方案二：鉴于防渗土工布对施工和材料要求较高，另有护栏柱穿透土工布后，达不到预期的防渗水效果，仍考虑盲沟和横向排水管，适用于新建路段。

暗埋式急流槽：为排除路面积水，在集中排水处的坡面排水通常采用现浇混凝土边坡急流槽。其不足在于对高速公路景观的不利影响和长期水流作用下底部掏空问题。本项目除完善普通急流槽设计外，增加暗埋式急流槽设计，达到公路与环境和谐统一的目的，并延长使用寿命。

一般情况下，采用暗埋圆管代替急流槽更为合理。第一，施工简便快捷，质量易保证；第二，圬工量和占地均小于急流槽形式；第三，在中小流量时，采用急流圆管具有一定的优势，特别是在石料匮乏的地区。

a. 超高段排水

外侧排水：超高路段外侧的路面排水参照城市道路和苏州绕城的设计经验，提出超高路段路面排水的创新设计，即采用缘石预留过水口方案，大幅增加汇水能力。为提高重车行车安全性，在纵向排水沟上铺设预制 C25 混凝土盖板，板内配筋，确保具备一定的承载力。路缘石每 100cm 预留两个泄水孔，尺寸分别为 30cm 和 4cm。

路面内部排水：超高段路面内部排水设计时，本项目采用在面层之下靠近纵向排水沟处设置碎石盲沟的方案，将面层与基层之间的渗水排入纵向排水沟管，在合适段落通过横向排水管，有效排除层间积水。具体方案为：在路缘带内侧面层与上基层之间设置纵向碎石渗沟，鉴于层间水流量不大且考虑施工方便，盲沟设置为 10cm×10cm 的矩形沟，同时，用防渗土工布包裹碎石，防止水分外渗，并每隔 10m 设置一道 PVC 横向排水管，横向坡度为 2%，同时在横向排水管处增设反滤土工布，防止水流携带路基细料，造成局部掏空。目前国内常规横向排水管直径为 30cm 和 50cm 两种。经过对比分析，当超高段矩形沟深度为 40cm，横向排水管选用管直径为 50cm 的结构尺寸时，横向塑料管间距取 200m。通过合理的增大横向排水管管径，进行计算确定的布设间距将有较大范围的提高，进而可以减少施工期间反开挖的工程量，同时可以适当降低运营期间因开挖导致的不均匀沉降，进而影响行车舒适性的问题。

b. 下挖通道排水

为了合理降低路基填土高度，本项目在设计过程中采用部分通道下挖形式。

根据被交路的性质，本项目沿线通道共分为三类：

I 类通道：被交叉道路能通行联合收割机时设置；

II 类通道：被交道路通行农用汽车时设置；

III 类通道：被交道路通行拖拉机时设置。

I 类及 II 类通道的设计以桥式通道为主，设计中一般以加大孔径或增加孔数来达到设计目的。常规 II 类通道的净宽及净高分别要求为 4m 和 3m，但对下挖通道的设计中，将其净宽的尺寸调整到 6m，净高调整到 3.2m。

综上所述，在经济高速发展的今天，人们对于道路等基础设施的要求逐渐提高，道路工程施工质量需要依托道路设计方案的指导有序进行。因此，我们需要意识到路基排水设计对于道路设计的影响，明晰路基排水设计的重要意义，针对路基排水设计中突显的问题积极面对，并全方位探析出解决问题的最佳方法，从而有效保障路基排水设计方案的实施，积极利导道路工程的稳健运行。

二、路基稳定性设计

公路在整体的工程建设上属于一种线形的构造物，其设计不仅要参考公路地质的整体荷载量，还要考虑对公路路基设计中的稳定行进行分析，其中不乏对公路路基建设的整体的规范性要求。路基是公路路面的根本，与公路的整体的稳定性的设计是分不开的，因此，在公路的建设上，保证公路有坚实而稳定的路基状态，是路基设计过程中必不可少的任务。加强公路整体的性能，在路基设计中提高路基设计的强度与稳定性，最终减少路基病害的发生。

（一）影响路基稳定性的病害分析

路基是贯穿于公路整体路面的基础，在整个交通运输中占着重要的地位。随着自然的荷载能力的控制进行分析，在长久的高荷载力的破坏下，路基的基础产生变形的现象。对于路基病害的控制的影响因素是多种多样的，但这在整体的病害原因分析中，对路基的稳定性控制也起着重要的作用。路基的病害因素主要分为：地理因素、地质因素、气候与水文的因素，在整体路基病害控制上，加强对其影响路基病害的因素分析，对路基设计的条件进行控制，保障路基的整体的施工控制。

（1）路基的沉降控制

在交通运营中经常会出现由于路基摊铺的材料配置不均、公路的高荷载的破坏以及公路交通维护不力导致的路基的病害的发生。平原地区的路基的病害的沉降的后果影响较小，尤其是在山区的公路上，几乎是普遍的病害的现象。因此，在路基的稳定性的控制上加强对路基的整体调控，保证路基的整体的施工条件，防治出现路基的下陷或沉陷的情况。针对整体的路基的设计情况对路基进行分析，保证路基的施工质量。

（2）路基边坡

路基边坡的塌方或者滑动是山区的路基经常发生的病害之一，其中的一部分原因，就是由于雨水的冲刷以及水的浸泡导致的，路基边坡的病害表现主要剥落、碎落、滑塌或者崩塌。在整体的病害处理的路基设计行，将路基的整体的边坡控制进行相应的分析，在有些坡度的路堤的边坡防护的路基加固工程中，山体较为陡峭，再加上地面光滑的原因导致未经处理的坡脚没有进行相应的支撑物的支撑，在雨水以及排水管道的冲刷下填方或者挖方的路基边的松软，而且相对的修筑的路基与原地面之间的摩擦阻力减小，容易导致坡体的滑落的情况。路基边坡由于自重的影响下，将路基的整体或者局部都沿着地面进行移动，使路基失去整体的稳定性，致使路基的整体的强度与稳定性受到破坏，进而导致整体的坡体滑动。

（3）不良的水文地质

由于有些特殊的路线的设计，公路的修建有时必须在道路与山体的交汇处施工，有些山体虽在施工之前检测、勘察试验表示稳定，但由于自然条件的影响以及天气的变化导致的某些山体的不稳定，多出现一些特殊的水文地质现象，是人们无法预测的。主要如滑坡、泥石流、地震等自然灾害，导致路基的大面积的毁坏。若出现这中水文地质灾害的话，主要是整个路基的坡面的损坏都要进行维修，工程量较大，而且相对耗费的工时较长。因此，对于一些特殊地区的路基的填筑工程主要是针对工程的施工性质进行的，对于整体的路基设计也要参考在山区坡体的滑坡状况进行相应的控制，最终保证整体的工程实施情况的实施控制。相应的之前的公路设计只是针对当前的地质活动状况，针对施工前的勘察工作设计不合理，再加上施工操作工序不合理导致的路基病害的发生。

（二）　加强路基稳定性的实施情况

路基的整体的稳定性不仅由保证路基填筑物的整体控制进行的，不仅要对路基控制，还要对路基的边坡以及坡体进行相应的控制，保证路基整体的施工状况。有些的砂石以及水的稳定性保证路基的稳定性设计考虑。

（1）路基的受力情况分析

在一般的情况下，针对路基的荷载能力的控制进行相应的规整，保证路基施工时整体的路基施工控制，对于路基承受的荷载能力包括的自身的荷载能力与车轮转动的摩擦荷载能力，在他们共同的施力的作用下，路基多处于受力的状态。但相对的，路基在车轮的荷重作用下，路基随着车轮的垂直荷载的作用力以及垂直应力的深度进行相应的分析，将整体的路基土随着自重的能力进行相应的控制分析，垂直应力与深度主要是成正比的关系。圆形的荷载压力的控制主要是针对的是地基的垂直应拉力。

相对的路基的整体的垂直应力，在一定的深度下，路面的质量自重远远低于路基自重引起的应力，所以对于地基的自重引起的垂直应力的整体表示情况，就是垂直应力与深度成正比。

（2）路基强度的控制

对路基的强度的控制同时也是路基的稳定性的整体调控，对整体路基的相对滑动设计对策进行分析，保证路基的整体的抗剪强度和路基的回弹模量进行统一的调整。对于路基的强度与稳定性的分析，也是基于路基的整体设计过程中对于路基铺筑所要的整体的工程的实施情况。保证路基不会由于整体的相对移动导致的边坡的稳定性破坏，最终导致整体的稳定性丧失。

1．土体的抗剪能力。土体强度的控制取决于土的黏结力，在整体的填筑土中，土的颗粒越小，黏结性越大。而砂土的黏结性较小，土的颗粒越大，抗剪能力就越大，抗剪强度就越强。

2．回弹模量的控制。对路基的整体的垂直压力的整体的控制就是针对土体的垂直压力的整体的操控，使土基能够产生一定的回弹模量的整体的控制，在圆形的整体的分布的情况下，应力与应变能力变成直线时，针对整体的弹性理论进行个体的操控来解决荷载与变形之间的关系问题。而相应的土基在弹性变形阶段内，在垂直的荷载作用下，来抵制竖向荷载的能力。这也是路基在设计的过程中考虑其稳定性的因素分析。

由于整体的路基的强度与稳定性的控制来保证工程的整体的施工状况，其稳定性主要是由路基的本身以及天气的影响以及水文地质灾害的病害控制，在控制路基的稳定性设计的过程中对于路基的相关季节性的变化进行控制，将路基的自然地影响因素以及客观的影响因素结合起来，采取必要的措施进行路基的设计。

（三）确保路基强度和稳定性的手段

（1）路基强度

先进的设计施工是确保路基强度的先决条件，而严格检查、测试才能使好的设计和施工落到实处，所有的路基填料都要经过施工监理人员检验并认可才能使用。此外，在合理使用路基填料方面，对于用不同强度的土所填路基的部位也是很讲究的，特别是土质变化较多的路段更应引起注意，不允许将透水性较大的土填在透水性较小的土层上面，也不允许将透水性较小的土填在路基顶部。在检测路基填料的含水量和压实度时，除按规定挖坑取样试验外，还应找薄弱环节取样试验，有的施工监理人员使用螺丝刀在路面上插捣，发现弱点后再决定取样试验的位置，以确保路基填方都能达到规定的压实度和强度。这也是施工规范中规定要用轮胎压路机和平地机配合振动压路机进行压实的原因。因为轮胎压路机是受压力控制而自动调节轮胎的高度和压力，使路基填土的压实度达到均匀一致。

1. 确保路基强度的有效措施

高等级公路沿线及附近的水文、地质和筑路材料的调查、试验是保证路基强度和稳定性的基本条件。因此，不论是施工监理人员，还是承包单位，都必须集中全力，认真细致地做好沿线土质调查和取样试验工作。关于水文地质调查和试验方面的工作，除调查当地的气温和降雨量外，还应调查地下水的深度、流量、流向，以便采取相应的处治措施和选择合适的路基材料。关于土质调查和试验，主要是调查挖方路基顶部和填方原地面以下的土壤类型。对于软土地段，还要做贯入度、沉降、固结试验，并根据试验结果，提出相应的处治方案。关于筑路材料的调查和试验，主要是对沿线挖方及附近的各类土壤进行全面的调查和试验，摸清可用作填料土的质量和数量，以便合理地调配使用。尤其在丘陵和山区地段，土质变化是很大的，每个山头挖方的深度不同，土质也不一样，切不可草率行事。

2. 压实度是填土工程的质量控制指标

先取压实前的土样送试验室测定其最佳含水量时的干密度，此为最大干密度。再取压实后的土样送试验室测定其实际干密度，用实际干密度除以最大干密度即是土的实际压实度。用此数与标准规定的压实度比较，即可知道土的压实程度是否达到了质量标准。

公路路基的压实度是体现整个公路结构质量的关键。以路基能够达到最大干密度、最佳压实度为目标，来确定实际施工操作方法及目标，提高了对填土厚度控制、含水量控制、碾压程序及压实度检测的系列控制措施，确定了最少碾压遍数，达到最佳压实效果的方案，保证公路路基的结构质量。在路基施工过程中，为控制好路基压实质量，提高现场压实机械的工作效率，需要重点做好四个方面工作：

第一通过试验准确确定不同种类填土的最大干密度和最佳含水量。

第二是现场控制填土的含水量。实际施工中，填土的含水量是一个影响压实效果的关键指标，路基施工中当含水量过大时应翻松晾晒或掺灰处理，降低含水量；当含水量过低时，应翻松并洒水闷料，以达到较佳的含水量。

第三是分层填筑、分层碾压。施工前，要先确定填土分层的压实厚度。最大压实厚度一般不超过20厘米。

第四是加强现场检测控制。填筑路基时，每层碾压完成后应及时对压实度、平整度、中线高程、路基宽度等指标进行质量检测，各项指标符合要求后方能允许填筑上一层填土。

（2）水的防治

路基失稳的一个很重要的原因就是水的影响，因此我们要对水采取相应的防治措施。

1．中央分隔带排水及护坡道

中央分隔带排水设施是由于高等级公路的修建才出现的。中央分隔排水设施由纵向排水沟（明沟、暗沟）、渗沟、雨水井、集水井、横向排水管等组成。至于采用何种形式，可视公路等级及排水条件设计适合于本地区的中央分隔带排水沟管形式。

2．排水设计对于公路路基的稳定性及路面的使用寿命有着显著的影响

公路排水设计应包含以下两个方面的内容：其一是要考虑如何减少地下水、农田排灌水对路基稳定性及强度的影响，一般称之为第一类排水；其二是要考虑如何将路表水迅速排出路基之外，最大限度地减少雨水对路基、路面质量的影响，减少因路表水排水不畅或路表水下渗对路基、路面结构和使用性能产生的损害，这称为第二类排水。

第一类排水设计通常采用适当提高路基最小填土高度或在路基底部设置隔水垫层等办法。施工期间一般都考虑在施工前开挖临时排水边沟，排除施工期地表水并降低地下水，同时在路基底部掺加低剂量石灰处理，设置40cm厚的稳定层等。采用这一系列措施可起到事半功倍的效果。

第二类排水设计一般包括：（1）通过路面横坡、边沟、边沟急流槽等，将路表水迅速排出路基以外；（2）设计中央分隔带纵向碎石盲沟、软式透水管及横向排水管，

将施工期进入中央分隔带的雨水及运营期中央分隔带的下渗水迅速排出路基之外；（3）设计泄水孔以迅速排除桥面水；（4）设计中采用沥青封层、土路肩纵横向碎石盲沟或排水管，将渗入路面面层的水引出路基之外。

公路路基边坡的质量和状态能否持久而稳定、能否经得住各种因素的影响而不损坏，通常用边坡稳定性来评价。边坡的地质条件、水文条件、地形地貌和新构造运动等自然因素是对边坡稳定性起决定作用的关键因素，而地下采掘、开挖坡脚、人工削坡等人类的工程活动对边坡稳定性负有重大影响。路基边坡稳定性（或状态改变及损坏）是上述因素综合作用的反映，边坡稳定性和各种因素构成一个相互联系、相互影响的整体、其中任何一个因素的改变往往会诱发其他因素改变，进而引起边坡原有稳定状态发生改变。

（3）坡面防护

种草和铺草皮防护适用于边坡稳定，坡面冲刷轻微，且宜于草类生长的土质路堤和路堑边坡，用以防止表面水土流失、固结表土、增强路基的稳定性。铺草皮的方法常用的有平铺草皮、平铺叠置草皮、方格式草皮和卵（片）石方格草皮等四种形式。

选用草籽应注意当地的土壤和气候条件，通常以容易生长、根部发达、叶茎低矮、枝叶茂密的多年生草种为宜，最好采用几种草籽混合种植，使之生成良好的覆盖层。

总之，为确保路基的稳定性，我们要对不同的路基采取相应的措施，确保行车的安全。

（四）案例分析——填石路基稳定性设计

随着我国西部大开发建设的深入和公路建设的发展，填石路基已经成为西部高等级公路常见的路基形式。尽管我国很早就出现了采用石料修筑的公路，但是总的来说，采用石料修筑高等级公路建设的时间不长，对填石路基设计的诸多问题认识不充分。相关规范不够完善：（1）现行《公路路基设计规范》要求填石路基高度不宜超过20m，边坡坡面应选用大于25cm的石块进行码砌，码砌厚度为1～2m，边坡大小及断面形式采用典型标准断面进行设计，未要求进行稳定性分析，显然，对于不同高度和不同填料的路基均采用同一边坡大小和形式进行设计有失设计的科学性；（2）未从力学角度将边坡码砌层作为填石路基的结构看待，仅停留在边坡码砌的作用是保护填石路基边坡表面不被外界环境侵蚀的认识上；（3）对不同高度填石路基码砌厚度的设计，没有相应的设计方法；（4）对工后，甚至在施工过程中就发生诸如沉陷、路面层次裂缝、边坡鼓胀、坍塌，甚至路堤整体沿地表滑移或失稳等破坏现象，造成工期的延误和较大的经济损失。因此，深入认识填石路基的工程特性，完善填石路基的设计方法，提高填石路基的稳定性，已成为修筑山区高等级公路的迫切问题。

（1）填石路基填料工程与力学特点

《公路路基设计规范》将填石路基定义为"用不易风化的开山石料填筑的路堤"。

澳大利亚道路研究局（ARRB）道路技术委员会把填石材料分为块石填方和不规则填方，其定义如下：1. 块石最大尺寸达到1m，通过0.075ram筛的材料含量少于10%的为块石填方；2. 粒料最大尺寸为0.5m，通过0.075ram筛的材料含量在10%～20%之间的为不规则填方。填石路基对于填料选择的标准是比较低的，工程中一般不对填石材料的级配范围、岩块强度进行限制，其适用填筑材料的级配范围是很广的。填石路基主要填筑材料为开山石料，来源于公路路堑切方开挖、爆破出的石料，其级配、强度变化很大。另一方面填石路基填料来源广泛，经济运距内的挖方均可填筑在路堤段内。因此，用于路堤填方的填料工程力学性质变化很大，不但同一路段内填料变化大，即便在同一层次内，亦不能保证填料质地均匀、来源单一。

压实后的填石料的工程特性是工程技术人员最为关心的问题。填石材料是由各种不同粒径无黏性颗粒组成的半刚性体，压实后的填石层的力学强度来源于颗粒间的挤压、摩擦和嵌锁作用。工程中一般采用抗剪强度表征粒料的力学性能。填石料的抗剪强度受以下几个方面的影响：1. 填石料的级配越好，抗剪强度越大，级配越不均匀，抗剪强度越小；2. 压实越充分，抗剪强度越大。有资料表明，质地、级配良好的岩石内摩擦角可达到50°以上；而页岩及软弱砂岩的填石料内摩擦角则会低于30°。另有研究表明，压实后的填石层即便在上部25m填石的自重荷载作用下的压缩沉降量依然很小。大坝方面的资料显示，碾压堆石坝坝顶的工后沉降量仅为坝高的0.1%～0.2%，而普通填土路堤的工后沉降量达到1%～5%。在某高速公路上，对一段坐落在不可压缩的基岩上的20m高填石路基顶面进行的为期近1年的沉降观测，结果显示，填石路基本身沉降量很小（≤1cm）。这说明，压实后的填石体有着很好的工程性能，可以认为是半刚性体。但是，仍有不少填石路基在工后和施工过程中发生诸如沉陷、路面层次裂缝、边坡鼓胀、坍塌，甚至整体失稳等破坏现象。这与相关规范对工程实践的指导作用不强、设计人员对填石路基认识不足，导致设计粗糙不无关系，工程技术人员必须对填石路基的稳定性问题进行重新认识和研究。

（2）提高填石路基稳定性的措施

1. 提高码砌厚度与码砌质量

鼓胀是码砌常见的病害之一，一般发生在路堤中上部，其发生的原因一般是由于内部填石不稳定、码砌厚度不够或砌体本身稳定性不够造成的。应用上述方法，可以对码砌较薄的上部路堤进行稳定性分析。

当边坡坡度大于填料内摩擦角时，没有设计码砌层的边坡是不稳定的，增加0.64m厚的码砌层后，边坡就可达到极限平衡。这说明较薄的码砌层也能对路堤边坡的稳定起到较大的作用。在施工中对于码砌的石料不但要求粒径大，强度高、不易风化，还应该对形状有所要求，用于码砌的石料要求形状方正，至少有两个面较为平行，保证块石安放稳定，滑动面AB段的走向水平。（2）如果采用了质量较差的材料填筑路堤或码砌边坡，增加码砌厚度可以提高边坡的稳定性，因此，在高填石路基填料来源复杂的情况下可以考虑适当增加边坡码砌的厚度，以保证其稳定性。

2.科学控制内部填石压实质量

填石路基的内部填石压实越充分，填石体内摩擦角与抗剪强度就越大，路基相应的稳定性就越高。内部填石的压实质量主要由施工工序配合质量检测进行控制。在施工工序中，特别是对填料强度、级配、最大粒径、压实厚度、压实遍数、压实功能、压实沉降差等都应科学控制，以提高内部填石的内摩擦角。《公路路基施工技术规范》规定：填石路基的压实质量，以通过12t以上振动压路机进行压实试验，当压实层顶面稳定，无明显轮迹，可判为密实状态。这种轮迹检查法受主观因素影响太大，不能通过数据说明填石体压实质量，可操作性不强，应采用力学或变形指标对填石体的压实质量进行控制。在施工实践中可采用钢球法测定填石路基的压实质量，具体做法如下：每20～40m选择一个断面，每个断面设6个点；平地机粗平后，在选中的6个点上布置钢球，钢球露出松铺面2～3cm；压实机每压一次后测出钢球的沉降值，当钢球的沉降值不大于2mm时，可认为路基已被压实。此方法中钢球的刚度足够大，压路机的碾轮与钢球始终保持是点接触，钢球的变形量可忽略不计，因此钢球的沉降值较为真实地反映了路基的沉降值，可以作为填石路基判定压实质量的依据。

3.严格控制地基沉降及不均匀沉降

填石材料的工程性能与土质填料有较大差异：土质路基本身抗剪强度低，颗粒之间具有黏聚力，土体具有较强塑性，如果地基发生较大沉降及不均匀沉降，路基的沉降可以随着地基沉降性状共同沉降。但是，填石路基依靠嵌锁和摩擦作用形成强度，填石颗粒之间没有黏聚力，颗粒之间的嵌锁结构遭到破坏后不能像土质路基一样逐步恢复。当路基内部产生的剪应力超过路基极限抗剪强度时，即产生剪切破坏，其剪胀效应将导致边坡鼓胀使路基失稳。可见填石路基对地基沉降的敏感性较土质路基高，地基的沉降及不均匀沉降易引起填石路基坍塌和失稳。因此，对于填石路基《公路路基设计规范》只规定地基压实度不小于85%是不够的，建议在填石路基特别是高填石路基的设计中，应加强地基勘察，增加地基承载力这一指标，并按桥梁基础的要求进行地基勘察和设计，以控制地基产生过大沉降及过大不均匀沉降而导致路基失稳破坏。

第三节 路基的防护与加固

防护和加固是提高公路路基质量的重要方式，其中公路路基的防护方法主要以绿色生态植被防护、浇筑混凝土防护、碎石的防护等，而且需要防护和加固工作同时的进行。也就是说防护工作就是加固工作，但是两者的目标都是一致的，都是为了公路路基的整体质量，而且还需要确保在公路质量的情况下，才能实施加固工作，否则很容易出现公路路基的质量问题。这时进行防护和加固工作也无法起到很大的作用。最后还需要公路路基的防护和加固人员认真对待防护施工过程中存在的问题，并且对问题进行及时的解决，从而让整个公路路基能安全稳定的进行。

一、路基防护和加固的重要性分析

公路路基的加固和防护是确保路基稳定性和强度的重大举措之一，其防护和加固的重点是强化路基边坡。其中包括加固路肩表面以及近旁河流的边坡处理，其稳定性直接影响到道路的稳定性，甚至关乎来往车辆和行人的安全。其中，路基加固和防护的重点主要是针对几种不良的地基进行处理，确保地基能够有足够的面积和承载能力，方便车辆和行人的使用。

如果修筑路基的材料选择岩石，其大面积暴露在自然环境中，长期经受各种自然环境的影响，不利于长期保存，岩石和岩土也会在物理力学的作用下发生巨大的变化。路基一旦浸水，岩土的强度会大大降低，饱水后路基的强度也会削弱。岩土质量较差，水温一旦发生变化，会增加其风化的程度，整个公路路基的表面也会在温差的影响下出现膨胀现象，从而使路基的强度大大削弱，甚至形成侵蚀的情况，路基浸水表层失去稳定性，从而造成路基的水毁病害。同时，在道路两旁河流的侵蚀下，路基会沉陷，出现边坡塌滑的情况。伴随着公路技术水平的提升，为了能够确保道路的正常运营，保证过往车辆和行人的安全行使和出行，同时，美化公路环境，提升维护公路建设的工作效率，路基的防护和加固具有重要的意义和作用。因此，需要相关部门加强重视程度，提升对公路路基防护和加固措施的质量，从而促进整个公路系统的建设和发展。

二、路基防护与加固的基本标准

（一）满足承载要求

承载量是检验公路路面质量的重要指标，因为公路的承载量主要体现在路面的承载程度上，也就是说，公路路基的质量越高，那么公路的承载量就越大，出现安全事故的情况就越少、反之、如果公路路基的质量较差那么承载量就会较低，出现安全事故的情况也会大大增加。因此、要想进行公路路基的防护和加固就必须保证公路的整体质量。而满足公路路基防护和加固的具体要求就是路基的稳向性、公路路基的稳定性越好，防护和加固的效果就越好。

（二）满足坚固安全要求

公路路基的坚固性和安全性是路基防护和加固的另一重要指标，只有整个公路路基具有较强的坚固性和安全性，才能让施工人员更加放心地进行防护和加固工作。而且路基的防护和加固工作的施工也需要秉承着坚固和安全的准则，因此，这就要求施工人员认真仔细地完成路基防护和加固工作，确保整个防护和加固工作满足公路建筑单位相应的施工标准和要求。

（三）满足生态要求

在公路路基的防护和加固过程中，还需要满足生态管理方面的要求，这种要求就是利用天然的植物作为防护和加固的素材，而且通过天然绿色植物不仅能减少建材和资金的使用，还能让整个公路看起来更加环保。因此，这就需要公路路面的施工人员加强对绿色生态植被的使用，让这种生态防护和加固的路基工作得到广泛地使用。而且公路路基生态防护和加固施工的过程中，和一些混凝土、碎石等材料的结合，可以让整个公路路基的防护和加固工作更加完善。

三、路基防护与加固存在的问题

（一）缺乏防护与加固观念

这是公路建设中普遍存在的问题，人们只重视了公路建设的技术与施工，总认为只要施工过程中提高施工技术，做好路基施工就可以完成公路建设任务了，这种公路管理观念只能延误公路路基的防护与加固。在实际管理当中更多的是加固工程，而防护措施基本没有。路基加固也是出于路基路面出现裂缝、塌陷、断裂之后才做出的维修加固，否则路基加固仍然不会提前主动去做。因此从这个意义上来说，加固观念仍然没有赶上。

（二）路基防护与加固的关系没有深入认识

防护与加固措施都是为了提高公路工程质量而做出的选择。但是由于缺乏防护与加固观念，导致对防护与加固的关系没有深入理解和认识。事实上公路路基防护是基础，只有在做好防护的前提下，路基加固才能有效进行，否则防护赶不上，一旦出现路基质量问题，则在进行加固，那么加固也就变得没有任何意义了，意味着整条公路就得重新修筑。在防护实施的有效前提下，公路路基不会变得太差，因此在此基础上进行加固，那么加固措施才能达到目的。其次，加固是防护工程的提升，防护做到位，那么还有必要进行加固维修，这样防护工程才能起到效果。由于人们对公路路基防护与加固认识不到位，因此，公路质量长期处在危害当中，路基路面质量变得非常脆弱。在实际公路建设当中，甚至长达数几十年的公路仍然没有采取防护和加固措施，仍然沿用几十年前的公路在使用。

（三）路基防护与加固技术比较落后

在快速发展的公路建设当中，人们只重视了公路建设技术。二队防护与加固技术研究还比较落后，主要表现在：①仍然沿用原始的防护加固方法，如路基开挖填充碾压、机械电夯、浇筑混凝土等。这些原始的加固方法其施工量大，成本高、加固效果虽然当时来看有效，但是随着车辆的碾压和温度雨水的作用，公路路基仍然出现裂缝、断裂、塌陷的现象，导致路基变得非常脆弱，这就说明原始的防护加固方法没有起到良好效果。②在很多地方对于公路路基的防护采取铲除路基两边的花草进行防护，这种防护措施是极其错误的。路基两边的花草是生态防护路基的有效措施，一旦花草铲除，不但不利于防护加固，反而造成路基受雨水的冲刷，使得路基变得非常脆弱，形成水土流失现象，并不断蚕食路基，最终破坏整条公路。

四、路基防护和加固的措施

（一）生态防护

生态防护是我们较为提倡的公路路基防护和加固的方式，它不仅能起到绿化环境、绿化公路、防护加固的效果，还能大大减少汽车带来的尾气污染，这种一举两得的事情简直再好不过。所以在进行生态防护工作时，不仅可以选择一些花花草草，还可以进行一些树木的种植。树木的根系更加发达，加固效果更好，同时也在一定程度上减少了铁栅栏的使用，因为铁栅栏长久的使用后还需要更换，而树木则是公路的永久栅栏。

（二）生态网格的防护和加固

生态网格是一种生态技术和建筑施工技术相结合的内容，不仅能起到防护和加固的效果，还一定程度上节约了施工人员的时间。因为这种方式也是进行花草树木的种植，然后再进行网格的划分。网格之间会使用混凝土进行浇筑，这样不仅能进行路基的加固，还可以进行水分的吸收，让网格中的花草生长得更好。

（三）化学加固

除了以上的加固方法，当前我国还实施过化学加固法，这种方法主要用化学溶解或胶结剂等化学用品，然后通过压力灌注或搅拌混合等方式将整个土面进行土颗粒胶结，从而达到对公路路基加固的效果。这种化学加固的方式相比其他方式更加方便、快捷，而且实施起来也不像其他工程那样复杂。

五、路基的具体防护的方式

（一）坡面防护

公路路基的坡面会因为雨水会遭到不同程度的腐蚀和冲刷，而且不同情况的温度和湿度也会给公路路基的边坡产生一定的影响。所以要想保护公路路基的边坡，那么首先需要保护坡面尽可能地减少冲刷和腐蚀；其次，还需要减轻湿度和温度给边坡带来的影响，让整个边坡的稳定性大大提高，这才是坡面保护的主要目的。而进行防护的过程中，可以使用一些特定的设施进行防护，像喷浆、砌石、植被等方式进行坡面防护。而根据调查研究表明，植被、草皮等有生命防护属性特征的防护方式，要比喷浆、砌石等无生命体防护的效果高出很多。就拿稳定性这一项来说，是无生命防护无法比拟的。所以这也是大家为什么这么青睐天然绿色植物防护的原因。这里针对以下几种生态防护方式进行了简要的分析。

（1）植物防护

植物防护主要是在边坡上进行草坡、树木等植被，以此来覆盖暴露在外面的土地，而且通过植物还能有效地保护边坡土表上的土质、水分在自然环境下的流程。例如，雨水的冲刷、暴晒等等。而要想充分发挥出植物防护的优势，首先，需要对影响植物防护的因素进行考量，例如，气候条件、土质条件、含水量等等因素都和植物防护有着重要的关系，并针对这些因素进行适合植物的选择，从而使这些植物能更好地在边坡土地上生长。此外，对于植物防护的主要目标是防止边坡土壤、岩石等遭到破坏，因此植物防护达到一定的效果后，可以进行植物防护成本的降低和施工工艺的简化。另外，这里针对植物防护的类型进行了以下的分析：

1. 种草：种草是植物防护过程中使用最多的防护方式，而种草主要适用于一些坡度较小的土地。因为坡度的高低与土地表面的流速有着很大的影响。根据研究表明，种草要的土地要低于水流的 0.6m/s，而坡度一般在 1：1.0 或 1：2.0，这类型的土地更容易进行草类生长，而根部发达、生命力强、枝繁叶茂，能很好地对边坡进行保护。

2. 铺草皮：铺草皮通常会使用在坡度较陡、冲刷、侵蚀严重的土面附近。这种坡度的土地流速一般会在 0.6～1.8m/s 左右，而且如果想更好的铺设草皮，还需要对边坡周边进行平整处理，像一些坑坑洼洼的地方要进行土壤的填充，从而达到土地表面平整的要求。此外，在进行草皮选择时，要寻找一些根部发达、劲短叶茂、耐寒性强的草皮，铺设方法也要以网格式为主，从而使整个草皮铺设发挥作用。

3. 植物的种植：一些等级较低的公路，可以使用植物种植的方法进行公路的保护，这样不仅能起到防尘、绿化、诱导视线等作用，还能大大提高对公路的保护程度。因此在选择植物时，需要选择一些生命力旺盛、枝繁叶茂、易成活的低矮灌木。

（2）工程防护

工程防护主要采用砂石、石灰、混凝土等矿物质材料，用这些材料对一些风化的软质岩石进行防护。而这种工程防护更适用于一些植物防护无法开展的地方，工程防护主要通过石砌护坡、砂浆抹而等实施形式，然而各种形式开展的空间、种类、责任都是不相同的。就拿石砌护坡来说，这种防护类型主要适用于暴雨比较集中的地方，石砌防护能大大减轻雨水对边坡的冲刷。而砂浆抹面的使用类型则是石质挖掘坡面种类，能有效地保护坡面，而且很多施工人员会在砂浆内增加一定量的卤水盐，这样不仅能加速抹面硬化的速度，还能防止抹面的开裂。

（二）堤岸防护

堤岸防护主要是对一些河滩路堤、沿河海堤、公路路基的堤岸等类型进行冲刷防护，因为这钟类型的堤岸常年受流水的冲刷，腐蚀得较为严重，给周边的路基带来很大的影响，也极容易出现边坡塌陷和路基失稳的情况。因此，在此进行冲刷防护十分重要，但是利用的防护和加固的设施和形式有很大的区别，这里针对其中的区别进行了以下的分析。

（1）直接防护

直接防护是公路路基防护过程中稳定且稳固的措施之一，而且直接防护还具有不被干扰和干扰性小的效果，这种防护措施在公路路基防护过程中效果最佳。但是从目前的公路路基防护来看，直接防护可以分为植物防护、砌石防护、抛石防护、石笼防护等内容。植物防护、砌石防护上文中已经简单地描述过，在此就不再详细说明，下面主要针对抛石防护和石笼防护进行详细的说明。

1.抛石防护：主要针对河岸进行的防护措施，为了防止河岸和构造物受到剧烈的河水冲击，在河岸附近抛填大量的石块，以便达到防护的效果。而在抛石防护的进行下，通常会选择直径50cm的石块进行抛填，而且抛石不受气候、环境以及路基沉实因素的影响，所以抛石防护表现出了很多特点。

2.石笼防护同样也是防止河岸或构造物的冲刷而进行的一种防护措施，它和抛石防护的意义是相同的，但是形式上是不同的。石笼防护主要利用钢丝编制成框架，然后在框架内部填充上石料，这种方式很像古代祭祖用的猪笼，所以大家称它为石笼，这种石笼通常会放置在河岸的坡脚处，以防止大风浪、激流给河岸带来的破坏，同时也加固了河床。

（2）间接防护

间接防护就如字面意思一样，通过间接的方式进行防护。例如，防洪堤坝、拦水提拔、顺钡等方式，都是通过改变流水方向，减少河流水给公路路基带来的冲击。但是这种间接防护的工程量相比直接防护难度上要大许多，因此，针对这种情况，需要施工人员根据公路路基的实际情况进行分析，并且要明确出可能对公路路基产生破坏的因素，例如，水流的速度、河道的宽度、防护的要求、土质的条件等内容，都需要施工人员提前进行计划。

（三）湿软地质的地基加固措施

（1）机械碾压法

对于大多数土地来说，水分能够以多种多样的形式存在于土壤的缝隙中，在强大外力的作用之下，水分会受到一定的排挤作用，使土壤更加密实，机械碾压的方法就是利用上述原理对地基进行加固，但是这种方法需要在具有一定含水量的土壤中才能进行。在实际操作之前，需要施工人员根据实际的边坡大小，选择合适的碾压设备，先使用小吨位的碾压机进行静压，然后再启用大吨位的设备进行振动碾压，利用边线和中间线的原理进行实际操作，碾压的痕迹需要保持在部分重叠的基础之上再进行二次碾压。

（2）夯实法

夯实法与碾压法具有类似的特征，需要利用一定的外力将土壤中的水分排除干净，在实际施工前需要平整现场的土壤，按照实际的图纸对整个夯实布局进行定位，瞄准定位点，使夯实的高度与实际测量夯锤一致，从而将地基中的水分充分排出。

（3）化学加固法

利用化学溶液和凝固剂，对地基进行灌注，使土壤颗粒能够紧实地结合在一起，加固土壤。其比较常见的方法是深层搅拌法和注浆法，一是将化学溶剂搅拌到土壤的颗粒结构中，从而进行深层的加固；二是运用注浆的压力扩大地层空隙，将浆液注入其中，从而加固地基。

（4）排水固结法和挤密法

排水固结法主要适用于沼泽等土质较软的特殊地基，采用这种方法能够加固软性地基，提升整个公路的抗碱强度；挤密法则是在松软的土层结构中注入石灰等矿物质材料，减少土壤中颗粒的空隙，提升土层的稳固性能。

总之，防护与加固是相互依存的，在防护施工中充分应用生态植被防护技术、框架锚杆防护技术等，同时也可以两种混合使用，以提高公路路基防护效果。其次，在做好防护基础上进行路基加固，其加固方法有注浆加固、锚杆加固、土钉加固方法等。为了取得良好的路基施工效果，必须严格按照施工程序进行，也可以在施工过程中不断钻研分析，以提出更好的防护加固技术。

第四节　挡土墙设计

随着我国近年来基础建设的大力发展和"一带一路"策略的提出，道路工程的建设步伐也日益加快。路基的防护设计、施工是道路工程建设的关键环节之一，会对道路工程的建设质量和运营期间的安全性产生很大程度上的影响，严重情况下可能产生一定的伤亡。目前，道路路基的防护措施主要有刚性防护、柔性防护和复合型防护等几种。道路路基挡土墙的防护作为一种防护效果好、工程造价低、施工简单的刚性防护措施，在道路路基防护中的应用也最为广泛。道路路基挡土墙在设计过程中，务必要依据公路工程的建设规范和设计文件的要求进行，从而确保道路工程有序的运营。

一、道路路基破坏形式及挡土墙作用

（一）路基破坏形式

道路路基破坏有三种破坏形式，不同的破坏形式有不同防治措施。

道路路基的整体滑移破坏是最严重的一种破坏类型，这样会造成整个路基的失稳，路基失去原本的功能，水是造成路基整体滑移破坏的最直接因素。原因在于：道路路基土体抗剪强度在干燥状态下能满足要求，当遇到水分之后路基强度快速下降。道路路基的崩塌破坏不是直接形成，是逐渐发展形成。此外，当道路路基内的水分增加时，土体内部的土压力增加，黏聚力减少，支撑物不足以抵抗荷载，垮塌后对路基产生破坏。

（二）挡土墙作用

道路路基工程中采用挡土墙防护，能够提高路基的稳定性，延长公路的运营寿命，尽可能地降低或消除因路基变形而出现地质病害的可能性。道路路基挡土墙在设计过程中，一定要依据公路工程的建设规范和设计文件的要求进行，可以充分发挥其保持道路稳定、安全运营的作用。

二、挡土墙的构造

（一）墙身构造

挡土墙的墙身包括墙背、墙面、墙顶和护栏四部分。在挡土墙的墙身构造中主要有以下几种常见的形式：如俯斜、垂直、凸形折线、仰斜式等，这几种方式主要是按照墙背的倾斜方向的不同来进行不同的分类的。墙身一般是平面结构的，当然，在墙身构造的设计中，要充分考虑坡度和墙背坡度的相互协调，在此基础上也要对其他方面加以考量，例如，墙址处地面的横坡度等等。施工时墙顶宽度也是需要注意的，它是要根据施工的变化而转变的，比如干砌时不小于60cm，浆砌时不小于50cm；护栏是保证交通安全的，在弯道或地势险峻处的路肩墙，必须设置护栏。

（二）基础构造

挡土墙基础是挡土墙质量的关键，实践证明，挡土墙的破坏，大多是由于基础处理不当而引起的，挡土墙的基础的设置是挡土墙计算的重中之重。挡土墙的基础埋深应按地基陡质、承载力要求、地形地质等条件确定，如有冲刷时，要埋置在冲刷线以下，且不得低于冲刷线1.0m。

（三）排水设施

墙身排水：布置墙身泄水孔，以疏干墙后填料中的水分，防止墙后积水致使墙身承受额外的静水压力等。地面排水：在地面设排水沟，截引地表水；为防地面水或雨水下渗，要对地表松土进行检查夯实。

（四）沉降缝和伸缩缝

地基的不均匀沉陷，可能会导致墙身开裂，应当综合地质、墙高、墙身断面等具体因素设置沉降缝；砂浆的硬化收缩和温度变化都会使圬工砌体产生裂缝，需设置伸缩缝，沉降缝和伸缩缝是设在一起的。

三、挡土墙的布置

（一）位置的选定

路堑挡土墙多设在边沟旁，路肩墙和路堤墙应进行技术经济比较后，确定墙体的合理位置，在墙身高度等基础情况相差无几时，优先选用前者。

（二）纵向布置

在纵向布置时，主要分四点进行，即：确定起点和墙的长度，选择与其他构造物的衔接方式；根据地形及地基情况分段，确定沉降缝和伸缩缝；布置各个分段的挡土墙基础；布置泄水孔，包括数量、尺寸、间隔等。布置后绘成挡土墙正面图。

（三）横向布置

绘制起点、墙高最大处，墙身断面和基础形式变异处，以及其他有关桩号的挡土墙断面图；图上应按计算结果布置墙身断面，确定基础形式和埋深深度，布置排水设备等。

（四）平面布置

主要用于个别的较为复杂的挡土墙，像曲线挡土墙等。

四、道路路基挡土墙防护设计分析

（一）挡土墙设计原则

挡土墙在设计时一方面要遵循"分项安全系数极限状态"的原则，另一方面要遵循"恢复自然、生态环保"的原则。

道路路基挡土墙在运营过程中可能存在两种极限状态，即正常使用极限状态和承载力极限状态。如果路基挡土墙超过前者，挡土墙的表面会产生裂缝或变形，严重的话可能产生局部破坏，且挡土墙的耐久性会很大程度的降低。如果路基挡土墙超过了后者，挡土墙就会出现较大的不可恢复的塑性变形，挡土墙局部甚至整体的原有应力平衡状态遭到破坏，从而导致其失稳。与此同时，近年来生态环境保护理念逐渐普及开来，工程建设过程中来自节能环保方面的压力越来越大。因此，道路路基挡土墙防护设计时不可以盲目的追求工程效应，还要将生态环境保护理念应用到设计作业中，在保障经济效益、道路安全的前提下，促进我国工程建设水平的持续发展。

（二）挡土墙类型

道路路基挡土墙的类型较多的从结构形式上进行划分主要有以下几种：

（1）衡重式的道路路基挡土墙。这种类型的道路路基挡土墙要求道路墙体之间有衡重台的存在，然后通过墙身与衡重台的密切配合所产生的衡重力与自身重力之间发生相互作用来支撑路基墙体的稳定。

（2）悬臂式的道路路基挡土墙。墙趾板、墙踵板、立壁共同组成悬臂式的道路路基挡土墙，它作为钢筋混凝土结构的重要组成部分，其墙身的稳定性主要是通过墙体自身重力与墙踵板上的填土重力相配合来保证的。

（3）重力式的道路路基挡土墙。重力式的道路路基挡土墙所起到的稳定路基的效果主要是通过自身的重力来实现的，具有应用范围广泛、使用材料易得、施工程序简单等其他类型挡土墙所不具备的优点。但是这种挡土墙的设计方式较为传统，由于墙体重力较大的缘故，对道路地基的承载力也有较大的要求。

（4）半重力式的道路路基挡土墙。这种类型的道路路基挡土墙对墙背拉应力的需求量较大，因此需要将钢筋应用于主要由片石和浇混凝土浇注的墙体中。因为其具有的墙体越高、墙面重力越小的反比例特点，这就需要施工人员在具体的施工过程中不能因循守旧，摆脱传统施工经验，以半重力墙或低墙来保证路基墙体的稳定。

（5）扶壁式的道路路基挡土墙。这种类型的道路路基挡土墙与悬臂式道路路基挡土墙有着极大的相似性，同样是组成钢筋混凝土结构的工程，这种挡土墙则主要适用于大型填方工程。

（6）剁式的道路路基挡土墙。剁式又称框架式，主要用于对土体推理的抵抗，它的主要组成材料是钢筋混凝土预制杆，大多数情况下应用于缺乏石料的施工场地。

（三）挡土墙设计方法

道路路基挡土墙类型多种多样，不同类型的路基挡土墙的设计方法、施工要求差异较大。但是，道路路基挡土墙的设计内容往往都含确定挡土墙面坡、挡土墙背坡、土压力计算、挡土墙稳定性验算等。

（1）确定挡土墙面坡

道路路基挡土墙在设计时往往会考虑到挡土墙的环境协调性、施工便利性等，这样通常就会设计一个墙面坡，以此来提高路基挡土墙设计的科学性。特别是对于山区道路路基的挡土墙，如果设计的墙面坡坡度较大，就能够在很大程度上降低路基挡土墙的高度，从而降低路基挡土墙施工材料的消耗，减小其工程造价，缩短施工工期。根据路基挡土墙设计的相关规范要求可知，不同类型的挡土墙，其墙面坡的设计坡度也有较大的差异性，具体要求如下：重力式挡土墙和衡重式挡土墙的墙面坡的设计坡度一般为 1：0.05，仰斜式挡土墙的墙面坡的设计坡度是 1：0.25。

（2）确定挡土墙背坡

道路路基挡土墙在设计时，墙背坡的设计坡度往往保持在 1：0.3，但是在挡土墙的实际施工过程中，一般要按照道路路基开挖的临时边坡来确定。与此同时，如果提高路基挡土墙的高度，则其墙顶的宽度也应当扩大。

（3）土压力计算

道路在运营阶段，往往是土体挤压挡土墙，使得挡土墙产生向外位移，此时路基挡土墙所承受的土压力为主动土压力。当路基挡土墙的基底恰好处于失稳状态，此时挡土墙墙身的相对位移达到最大值，而墙后的填土会保持主动极限平衡状态。因此，道路路基挡土墙在设计时应当按照主动土压力来验算。

目前，道路路基挡土墙主动土压力的计算方法主要包括郎金土压力理论和库伦土压力理论。郎金土压力理论适用条件为：第一，挡土墙的墙身应当直立、光滑；第二，挡土墙的墙后填土水平且无限延伸。库伦土压力理论的适用条件为：第一，挡土墙的墙后填土为砂性土；第二，挡土墙的墙后填土的破裂面是一个通过坡脚的平面。

此外，如果道路路基同一位置处坡度变化较大，挡土墙土压力计算应当选择力多边形法或墙身延长法。墙身延长法计算方便，计算结果相对于实际情况是偏安全的。力多边形法计算依据是在极限平衡条件下作用于破裂棱体上的诸力应构成闭合力多边形的原理。

（4）挡土墙稳定性验算

道路路基挡土墙的稳定性验算的一般包括抗倾覆稳定性验算、抗滑动稳定性验算、挡土墙基底截面强度验算、基底合力偏心距验算等内容。

（四）挡土墙设计控制要点

在道路路基挡土墙发挥作用的过程中，挡土墙所承受的压力主要是来自挡墙填土，故在路基挡土墙的验算环节，应当加大对挡土墙稳定性和挡土墙抗倾覆能力的计算。例如，在衡重式挡土墙设计时，挡土墙稳定性容易满足，此时应当将墙身断面强度作为挡土墙设计的主要控制指标之一。与此同时，为了进一步改善挡土墙的墙身强度，在墙身砌筑时应当选择强度较高的石料。

五、道路路基挡土墙施工方法

不同挡土墙类型对施工方法的要求。道路路基挡土墙类型极多，应用范围复杂多样，这无疑为工程的施工增加了难度，因此在具体的施工过程中需要施工人员依据具体的挡土墙进行相关的技术选择，保障工程施工的效率与安全。这里列举几种类型的挡土墙施工方式。

（一）衡重式挡土墙

（1）基坑、基地的施工方式

在进行此种类型的挡土墙施工时首先要进行基坑的开挖，此项操作需要通过人工与机械的相互配合来进行。其中人工的使用主要在边线、中线、起点、终点的确定方面。挖掘机主要通过人工设置的标注以及对开挖深度和高程的测量来进行施工，并在开挖过程中时刻测量基底的宽度与高度，以避免超挖现象的发生。在开挖工程完成之后，对基底的摩擦力的提升需要通过铺设20cm厚度的碎石垫层，根据地质情况浇筑水泥垫层。

（2）模版的安装

为保障挡土墙的性能最好使用钢模版，在擦脱模剂之前需要对钢模板表面进行除锈和抛光的处理，以方木作为钢模版的外衬，使其对四种墙壁形成支撑作用，并在内部以增设拉杆的方式进行工程加固。在墙体高度较大的情况下，墙身模板可以选择竹胶板，安装时选择吊车作为辅助。侧模板的定位主要通过螺栓来实现，螺栓的间距、直径都要根据具体的工程状况进行计算。将海绵条粘贴于模版的拼缝能够有效地避免漏浆。

（3）混凝土的浇注方式

挡土墙的墙身浇注一般分为多次分别进行，而挡土墙的基础则大多需要一次性浇注完成。在每次浇注进行之前，需要将底层的混凝土凿薄，以从低到高的顺序进行基础浇筑。为避免过振或漏振情况的出现，需要做好捣振工作，当出现混凝厚度基本稳定并且没有泛浆的情况，可以视作捣振过程基本完成。此外，为避免松顶的情况，对高度较大的挡土墙进行施工时需要充分考虑到泌水的排放情况。

（二）扶壁式挡土墙

（1）基坑、基地的施工方式

扶壁式挡土墙的基坑在进行开掘时同样需要人工与机械的配合，但需要注意的是基坑的开挖进度要与基础施工进程保持相对一致，以避免出现基坑长时间暴露的情况。要对基槽高度进行及时的监测避免超挖现象的出现。对基地的处理只要碾压夯填密实即可，这个步骤一般通过冲击夯和小型压路机配合完成。

（2）混凝土的浇注

扶壁式挡土墙的混凝土浇注过程与衡重式挡土墙的相关过程基本相似，只是需要注意联系相关数据来确定挡土墙的厚度。

（3）钢筋的绑扎

钢筋绑扎基本按照由主干到枝叶的原则进行，先架设骨架然后再进行细部的处理。钢筋的接头处要注意进行错开处理，以同一截面上街头的面积不应超过50％为宜。选择钢筋时要根据设计的具体要求对钢筋的品种、级别、粗细、用量进行精密的计算，要注意钢筋的绑扎工程要做到牢固、准确。

（4）模板的安装

选择合适材料的模板进行墙身与扶壁之间模板的安装，为防止工程出现漏浆的情况，在进行模板安装时版面必须平整，并将玻璃胶嵌入接缝之中。要注意使线条流畅，保证工程外表的美观。拆模的时间应当跟据具体情况与实践经验，可以通过混凝土强度与浇注时间来把握，要保证工程棱角及表面在拆模的过程中不会受损。为方便模板的拆卸，在进行模板安装时要将隔离剂涂刷于模板内测。

（5）混凝土的浇注

混凝土的浇注分为地板与上层结构两部分，其中进行上部结构的浇注时采用隔断式浇注方式并分多次进行，而对于底板浇注则一般采用分槽入模的方式。对于扶壁及墙面的混凝土浇注施工大多利用混凝土泵车直接进行。浇注时要利用振捣器进行振捣，采用的厚度需要根据具体的工程施工来确定。

在进行混凝土的浇筑过程中模版支撑可能随时发生变化，因而需要密切关注发现异常情况要及时处理，保证成型构件的规范性。因此具体施工情况需要进行混凝土二次浇灌时要处理好工缝，保证新旧混凝土的牢牢结合。

总而言之，在公路工程的施工建设过程中，路基挡土墙的使用可以有效降低危险路段工程施工的事故率，所以在相应路段进行挡土墙的建设是不可避免的，这就要求在进行道路路基挡土墙的建设时需要以绿色环保的设计理念拟定科学的设计方案，并在挡土墙施工的各个程序中采用有效的施工方法，在保证道路路基挡土墙工程质量达标的情况下兼顾挡土墙的外观设计，努力做到尽善尽美。

第五节　路基工程施工技术

我国建筑行业正在不断发展与进步，人们对道路、桥梁工程质量方面的要求越来越高，不仅是在外观上要求更加美观，在质量上的要求更加严苛，然而为了保证道桥工程的质量问题，延长其使用年限，就需要我们对道桥的路基工程进行严格把关。路基工程是一项综合性非常强的工程项目，且在工程的设计阶段、施工阶段、维护阶段都相当的复杂，需要我们谨慎的对路基工程施工技术及质量控制进行严格管理，以确保道桥工程的顺利完成。路基是道桥路面建设的基础，其对稳定性、承载力要求很高，路基施工质量的优劣直接决定了路面的平整度和使用寿命。因此，为了保证道桥路基整体施工质量，增加道桥的使用寿命，就必须要加强对道桥路基工程中的施工技术与质量控制管理。

一、道桥路基工程的施工特点

（一）统筹规划

道桥路基工程是否能顺利完工，需要我们对整体工作进行科学、合理的统筹规划，只有这样，才能真正地确保道桥工程的顺利开展。道桥路基工程的全面统筹规划，是有效增强各部门之间相互配合的协调能力，对路基工程各项工作科学合理的分配，在统筹全局的情况下相互合作，共同努力以促进道桥路基工程的施工进度符合原计划的进度，最终获得最大化的道桥工程的经济效益与社会效益。

（二）对路基施工要求高

随着科学技术的不断进步，专业水平的不断提高，对路基工程的施工要求也越来越高，在确保道桥工程质量上没有问题的同时，尽量依据专业技能，还有当地的实际情况延长道路、桥梁工程的使用寿命。在路基工程的施工中，我们必须要采用先进的施工技术，在整个道桥工程的基础，也就是路基工程中，严格把关，防止整个工程出现塌陷、裂缝等质量问题。

（三）对施工人员综合素质要求较高

道桥工程具有一定的难度，而其中道桥路基工程也相对比较复杂、困难，因此这就需要更专业的施工人员来进行操作。我们在不断提高施工人员专业知识、技能的同时，也要加强提升施工人员的综合素质水平，使参与路基工程建设的施工人员不仅拥有丰富的专业技能，还拥有合作精神和责任心，对道桥工程中的路基工程加强重视程度，加强监管力度，严禁偷工减料等行为，一旦发现，严重处理，只有这样，才能确保道桥工程为交通运输业做出的巨大贡献。同时，我们还需要经验丰富的施工人员根据当地的实际情况，对道桥的路基工程施工情况非常了解，促进道桥工程的顺利完工。

二、路基工程施工前的要点分析

（一）合理选择施工机械

机械设备是公路桥梁工程中必不可少的施工装备，尤其是路基施工的特殊性。为了保证路桥工程的顺利进行，应该选择适宜的机械设备，根据施工现场地质环境特点以及对施工技术的要求，合理的选择施工机械。根据计划的工期进度，合理安排机械设备的进出场时间，对于使用时间短、机械成本高的机械可以根据实际状况租用。合理的机械设备的选择，是促进施工效率和质量的基础保障，因此合理的选配，是工程得以顺利进行的动力。

（二）对施工现场进行科学调查

调查研究施工沿线的地质状况以及周边的环境非常重要，如果施工地为软性土，要采取有效的预防措施，经勘查后，制订合理的施工方案。对于换填土的质量要严格选择，确定合理的施工工序。对于施工现场的环境进行检查，如果在地下有管线的铺设，要了解具体状况，并且与相关部门取得联系，在不影响正常运行的基础上，协商解决。

（三）对地质水文进行勘查

路基施工技术与施工现场的地质条件有密切的联系，根据地质水文状况的不同，要采取适宜的施工工艺，以保证施工的顺利进行。所以在施工之前，应该对施工现场的地质水文状况进行详细的勘查，使用先进的仪器设备，制订科学的勘查方案，将获得的数据进行准确的分析，为后期施工工艺的选择提供有利的依据。

（四）施工场地及其他准备

对施工现场进行布置，保证场地的平整性，确保人员车辆的畅通无阻。在路基的一侧要做好排水工程，防止地下水以及雨天对路基施工造成影响。对于施工材料要做好保管工作，根据施工材料自身的特点，分类存放，设置专人管理，并且做好防护措施，避免阳光曝晒、雨林等因素影响材料的质量。

三、路基工程施工技术

（一）软土地基处理技术

当前很多公路桥梁工程中遇到的地质状况呈现多样化的特点，其中的软土性地基在施工中比较常见，如果处理不当，将会对工程质量有很大的影响，在后期使用中会出现安全事故。所以对于软土地基，要提高施工质量，加强施工管理。（1）土工合成材料的应用技术一般小于3m厚浅层的软土地基可采用先在地表铺筑上工布，再填筑路堤，土工布起分隔、过滤、排水和加速固结等作用，从而取代常规的置换方法。软土层厚度3-5m，采用土工布与砂垫层联合处治，排水砂垫层的厚度可由50cm减薄至30cm。也有在路堤下面与地表之间铺设多层土工织物，利用材料的高抗拉强度克服地基的滑动变形来保持稳定，通过控制填土速率，配合超载预压，使地基迅速固结。（2）轻质材料的应用技术。对于路基填筑的材料要不断地更新，采用对施工有利的材料。轻质材料是近年来研发的一种新型材料，材料本身的重量较轻，可以减少自身的重量负荷。轻质材料在软土性路基填筑中应用，自重可以得到30%左右。

（二）路基填筑与压实技术

目前改进填筑要求与压实条件是保证路基质量最有效与经济的方法。（1）路基填筑。规范规定了对路基填料应有条件的选用。对路基填料的最小强度和最大粒径给了量化的标准，采用CBR值表征路基土的强度，引入了路床的概念。当路基填料达不到规定的最小强度时，应采取掺合粗粒料，或换填，或用石灰等稳定材料处理。（2）路基压实。在路基压实作业中，应该根据对公路压实的规范要求，使用适宜的压实机械，公路桥梁施工中大多数采用大吨位的压路机对路基碾压，使碾压效率得到大大提升。利用压路机碾压路基是保证压实效果的关键内容。因此，使用压路机施工时，应该按填料的密实度以及填料性质选用合适吨位的压路机，再根据其性能决定松铺厚度。当压路机施工时，应当先使用平地机将混合料整平，同时调整路基填料含水量，使其保持最佳状态。最后，对路基压实度进行检验，检验合格后让监理工程师验收，然后再继续进行下一步路基填筑施工。

（三）路基防护技术

因为岩土修建的路基，要长期受到自然力的影响，例如雨、雪、日晒以及冲刷再加上汽车的压载等，导致路基的岩土力学性质发生很大的变化，使路基发生各种变形甚至破坏。路基防护是保证路基强度以及稳定性的重要措施。通常情况下，路基防护有两种形式，首先是路基坡面防护，坡面防护有护墙、喷浆、抹面等，但这些防护形式大都适用于洁净的坡面。所以，进行路基防护工作前，应该对坡面清理，若存在积水现象，应该先进行引水工作。此外，路基坡面防护时还可以采用植物坡面防护措施，只不过这种防护形式易受外界环境影响，包括气候、土壤以及水分等。如果使用植物坡面防护形式，应该选用成活率高、性价比高的植物。其次是路基冲刷防护，该防护形式主要针对沿海或靠近河流地区。由于此类型地区的边坡容易受水浪冲击，因此，施工单位可以使用护坡模袋等对路基进行有效防护。

（四）公路桥梁路基路面排水施工技术

加强公路桥梁施工排水设计，先要进行行车道排水、人行道排水以及道路缝隙排水设计工作。设计行车道排水时，分为单坡排水和双坡排水，应该将两种形式结合起来，使排水效率大大提升。当设计人行道排水时，应该注意往车行道处略微倾斜，让水流顺着车行道流向排水。设计挖方段位置时，要在道路两旁设置水沟与矮墙，并用于排水。此外，路面并不是绝对平整的，通常会存在一些较为微小的裂缝，当雨季或雨天时，路面积水会顺着这些细小缝隙逐渐渗入土壤内部，并向下延伸，久而久之就会使土壤结构发生变化。由此可见，裂缝排水工作的重要性。因此，公路桥梁每一层结构施工时，要遵照道路路面纵横坡度进行施工，在路面及路基中间应该铺设一层乳化沥青。在最后的工序上设置一层排水层，并维持相应的纵横坡度。

（五）混凝土技术

混凝土施工技术是路桥工程施工的基础工作。对于桥梁桩基和道路的施工环节而言，务必保证工期混凝土的强度，保证护壁浇筑的质量；在进行桥梁施工时，确保对护壁施工的高度高于地面50cm，做好桩基和护壁的防水工作。对于桥梁建筑工作而言，需要对其水下施工的浇筑技术进行应用，保证其浇筑质量。除此之外，在进行路桥施工的过程内，需要保证施工严格按照施工标准进行，保证施工质量符合施工标准。

（六）体外预应力加固技术

一般在预应力安装之前，其施工单位需要对每个锚具的性质和质量进行严格的检查，保证其符合施工标准，同时对于预应力的螺母和螺杆进行配合度的检查，通过试拧方式进行详细的试拧。由于水平筋都是以粗钢筋为主，而斜筋车主要是以斜杆型钢为主，具体为对斜筋与其上的锚固点进行先一步的固定工作，随后对水平滑块进行固定。在进行滑块固定环节中，通常是利用临时性支架在垫板的区域进行定位，同时通过水平筋穿入，其中需要注意的是务必保证水平筋两侧丝头长度，还需要保证滑块滑移的预留量，随后对滑块位置检查。

（七）过渡段施工技术

当前设置桥头搭板是处理路桥过渡段桥头跳车的主要解决手段，主要是为了能够有效地消除产生的沉降差，在选择搭板的时候需要结合过渡段的实际情况，并可以负载起本路段的最大行车荷载。桥梁两端常出现路堤沉降，其大部分原因是在路基、路面、地基发生的压缩变形。而在这些原因中，地基的变形主要是由于路基、路面的恒载以及道路行车荷载发生改变所造成的。在填筑面层中，桥面和搭板面层在结构以及厚度两方面必须保持一致，仅当两者完全相同时，才能有效避免沉降差的问题。

四、道路高填方路基工程施工技术

随着道路建设数量的增加，高填方路基也逐渐增多，为了满足工程质量及标准，需通过科学合理的方式提升路基强度，增强整体稳定性。在工程施工中为了降低沉降等多种因素产生的影响，需综合实际合理设计分析，切实提高工程质量。

（一）道路高填方路基工程施工特点与要求

（1）施工特点

道路高填方路基工程施工相对于其他施工环节具有显著差异性。路基是道路工程施工的重点，其对于施工工艺要求严格。在施工中要通过多种方式做好机械设备辅助管理。在工程施工中要耗费大量的材料，为了保障材料要加强对材料装载输送管理。

完成填装之后要做好压实处理，在整个处理中要应用不同类型的机械设备。填方路基受到诸多因素影响，其工程量较大，在施工中需大量的人员。为了保障工程质量要重视人员管理，保障工程质量。

（2）施工要求

道路施工中高填方路基投资较大、工程量大，施工中如果处理技术不当会影响工程质量，致使其出现边坡滑塌、路基下沉、路基开裂等问题，这些问题会影响工程质量，降低其应用效益。因此，在工程施工中要加强对道路高填方路基工程施工管理与控制。

在道路高填方路基工程施工中，根据施工标准要求，分析地质特征以及地形条件，研究合理的优化方案。通过机械化作业方式进行基坑开挖以及填料运送管理，做好路基排水以及压实处理，应用安全的技术、工艺以及材料提升路基稳定性，尽量降低对施工现场产生的破坏与影响。

在施工中要根据具体的填挖位置、台背等特殊位置科学管理，强化沉降检测，进而提升路基强度，增强结构的稳定性。

（二）道路高填方路基工程施工技术

（1）准备工序

施工之前要做好人员、材料以及设备的准备工作，保障其符合规范要求。在施工准备中要根据要求进行施工流程的系统分析，及时处理完善。加强对材料的选择以及准备，根据施工方案确定材料内容，保障其符合规范要求。在施工环节中做好人员的安全与设置，以工作任务量为基础，确定工程人数，合理配置各项资源，细化内容可以有效降低冗余影响。

（2）道路高填方路基上料施工

施工中要做好上料施工准备，按规定做好材料的装卸以及运输。在材料卸载中要合理控制卸载量，保障其符合要求并且满足施工的要求，避免材料出现剩余等问题而影响施工作业。

（3）排水与固结作业

施工中积水是较为常见的问题。夏季降雨量较大时要做好积水的防范处理，根据要求合理进行排水沟的设计，使积水可以快速流出，保障整个施工范围区域的干燥性，提升平整度，增强路基稳固性。填方路基材料要做好固结处理，保证各个成分可以充分接触，保障材料硬度、黏合度符合标准要求。

（4）摊铺整平作业

规定区域中的道路路基材料充足后要做好摊铺处理，在施工中通过机械设备进行处理。在外力碾压之下可以及时排除在材料中含有的空气，使得道路材料分布更为均匀。

填方路基整平处理之后进行摊铺，摊铺后通过专业人员进行道路路基检查，整平突出以及凹陷的位置，提升路基平整度。

压实是提升路基稳固性的重要内容。压实的主要目的就是降低不同材料之间的密度，有效缩小材料之间的缝隙。路基具有承载道路荷载的作用，保障路基材料稳定性才可以确保路基在外界压力作用下的整体稳定性，提升道路安全性。

压实过程要根据实际状况反复开展，掌握路基材料的含水状况，在其符合相关标准之后进行压实处理，避免路基表面在外力作用下破坏整体的凝结状态。通过反复的压实处理可以提升、巩固效果。在实践中要加强对外力均匀性控制，避免路基断裂等问题的出现。

（5）压实度检测

完成压实度之后要做好整体压实效果以及压实度的检测分析。我国主要通过探测的方式进行处理，通过对不同位点之间的探测分析，分析不同位点的频率变化，进而获得精准的压实度结果，根据结果可以分析各个环节是否可以满足施工的标准。

（6）提升路基摊铺压实质量

分析道路高填方路基工程填料摊铺内容，每卸完一层填料后选择合适的履带式推土机摊平，通过反复的碾压进行初平整理，加强对边角以及障碍点等位置的人工处理，保障中间与两边形成3%的横坡进行排水处理，在正式碾压之前做好松铺厚度、中线、边线以及含水量等各项参数的检查分析，在其符合标准要求后对其进行后续的碾压处理，根据实际情况确定型号等各项参数。

为了提升压实效果，要根据实际状况选择聚乙烯、聚丙烯等高密度材料，通过对其进行挤压、冲孔以及拉伸处理形成耐用的土工格栅，固定四端的位置，达到提升路基承载力，增强稳定性的目的。同时，可通过大吨位的起重机进行夯实，增强地基强度。

（7）沉降稳定性观测分析

路基材料通过多种不同的成分共同构成，通过对其进行一定配比混合之后可以起到良好的连接作用，这样其各个成分则可以形成稳定的混合状态。随着含水量的不断变化，经过一段时间填方路基会出现不同程度的沉降，造成路基表面出现不平整等问题，这些问题的存在会影响各项工作的开展。

在完成压实工作之后要做好路基沉降性的观测分析，通过水平测定工具做好路基表面测量，保障其在水平状态没有受到影响之后再根据标准要求开展相关工序。

五、案例分析——公路路基工程施工技术应用分析

路基在公路工程中属于主体内容，同时也是结合路线位置以及一定技术需要构建形成的带状构筑物，路基使用过程中，承受着路面荷载，如果公路路基工程施工过程中遇到了软土路基、黄土路基等，则需要进行科学处理，否则在道路后期使用过程中，会出现严重病害，影响道路正常运行，给车辆行驶安全性带来影响。因此，针对施工技术在公路路基工程中的应用进行分析意义深远。

（一）工程概况

该段路基原设计地质：覆盖层主要为黄色黏土夹碎石，厚 2～3m，该段右侧边坡岩层为逆向边坡，下伏基岩为泥盆系上统高坡场组（D/3g）白云岩。该段右侧为逆向边坡，因此 YK19＋219——K19＋400 段右侧边坡原设计最高挖高 51.11m，共设置五级边坡，第一级坡比 1：0.75；第二级坡比 1：0.75；第三级坡比 1：1；第四级坡比 1：1.25；第五级坡比 1：1.5，第一、二、三级坡面设置挂主动网防护，第四级、五级坡面设置框架锚杆植草防护。

（二）路基施工准备

进行路基施工之前的准备工作关系到整个路面质量，务必要高度重视。施工人员做好施工准备工作，一方面需要在工程所在地对区域情况进行详细调查，制订出科学可行的施工方案，避免具体施工过程中出现盲目性，同时也防止施工方案和实际要求出现偏差，导致工程变更。此外，施工人员需要在施工之前公开施工部署、整体安排以及施工规范等内容，进行技术交底，促使相应施工人员全面了解施工要求以及施工重点，充分落实施工方案以及施工计划。另外，施工人员必须彻底清理场地，填方路基之前需要进行压实处理，若存在的松散土过厚，则需要翻挖之后再进行分层压实处理。

（三）施工技术在公路路基工程中的应用

（1）抗滑桩施工

结合施工图纸，对桩位以及尺寸进行准确放样，同时对技术进行认真复核，进行具体挖桩之前，需要将桩中心位置向四周引出相应的控制点。在开挖时，需要将两端向中间位置开挖，等到桩身混凝土灌注完成 7d 之后，再对邻桩进行开挖处理。具体开挖过程中，施工人员需要在桩孔的周围吊垂线，检查桩身垂直度，确保桩身截面尺寸以及开挖深度在设计值之上，不能出现尖角。

对于地下水集中渗透的位置，需要在护壁上方预留泄水孔。开挖期间，排出桩孔中的地下水，保证在干燥环境下作业。如果有地质情况与设计不相符，需要和有关方合作处理。对混凝土进行浇筑过程中，可以使用竹木棒插实技术，同时也可以应用混凝剂，使其尽快达到设计强度。如果检查期间发现其中诱发蜂窝或者漏水现象，则对

其进行及时堵塞，并对水进行疏导，确保混凝土强度以及安全性。拆除护壁混凝土内模应结合气温情况，一般情况下在24h之后进行。

抗滑桩施工完成后，一定要对桩身施工质量进行严格检测，抗滑桩钢筋笼绑扎时，一定要对声测管和钢筋笼主筋靠桩内侧进行共同绑扎，同时还需要和钢筋笼共同下人到桩井当中。布置声测管需要将其设置在抗滑桩的四角。声测管选择50mm内镜的无缝钢管，通过焊接方式对声测管进行连接，要求焊缝一定要封闭，与此同时要确保管内侧没有突出的焊疤。管的底部位置一定要对钢板焊接牢固，管顶孔需要使用塑料盖盖严，避免水泥进入管内。

（2）挡墙施工

挡土墙施工之前，需要对地面进行排水处理，对挡墙进行跳槽开挖，并且采用分段浇筑方式。每挖一段，需要浇筑一段，要求每一段的长度均控制在10～15m之间，而针对部分地质较差的位置，需要控制在10m以内，不能出现全基坑开挖形式。两端之间设置伸缩缝，地基地质变化位置设置相应的沉降缝，要求缝的宽度在2～3cm之间，缝内使用胶泥进行填塞。对于高出地面30cm以上的位置，需要设置泄水孔，泄水孔之间的间距设置为2～3m，采用上下交错设计方式。要求泄水孔的长度控制在10cmx10cm，要在泄水孔入口位置设置30cmx30cm的碎石反滤层。控制挡土墙强度，要求强度在75％以上。

（3）锚索施工

锚索施工需要结合锚固地层的类型、钻孔直径以及钻孔工地场地条件对钻孔设备进行选择，针对岩层破碎或者松软位置，可以使用跟套管钻进技术。应用套管钻进技术，能够保障锚固方向和水平面、竖向夹角等之间存在的偏差得到控制。具体钻进期间，需要对每个孔的地层变化情况、钻进状态、地下水和部分特殊情况进行现场记录。钻孔孔壁不能出现黏土或者粉砂，一定要清晰干净，通过高压空气吹干，防止导致水泥砂浆和岩体之间的黏结强度降低，并且避免锚索难以下到预定深度。

等待锚固段强度满足设计要求后，开始进行预应力张拉。锚具的底座顶面需要和钻孔轴线之间相互垂直，保证锚索张拉过程中千斤顶拉力结合锚索在同一个轴线上。进行正式张拉之前，一定要进行预张拉处理，促使锚索体能完全垂直，然后对锁定值进行设计，分别为0.3、0.5、0.75、1.0、1.1倍进行逐级张拉，每级张拉时间间隔10min，并保持张拉时间25～30min。应力稳定后方可进行锁定。在安装之前，需要对千斤顶、电动油泵进行标定，结合标定的数据进行实际张拉。张拉过程中需要先对油泵阀门工作情况进行严密检查，同时还需要检查油管的畅通情况，以防止张拉期间油泵不能正常工作，导致张拉失败。锚索张拉顺序应考虑邻近锚索的相互影响。锚索张拉荷载要分段逐步施加，并做好加荷和观测变形记录，严禁一次加至锁定荷载。锁定作业必须严格执行《岩土锚杆（索）技术程》与《岩土工程预应力锚索设计与施工技术规范》要求，锚索张拉时采用双控法，以控制油表读数为准，用伸长量校核，张拉完成后锁定，严禁立即切割张拉段的钢绞线。必须等待整个坡面锚固完成后，经监控达到稳定、检测预应力达到设计要求后，方可切割封锚，锚头钢绞线预留长度不小于10cm，达不到设计预应力的锚索必须进行补张拉。封锚时必须用混凝土把锚头封闭，以防止风化侵蚀，禁止出现不封锚导致锚头和钢绞线锈蚀的现象。

第五章　路面工程

第一节　沥青路面设计

目前，我国超过 92% 的沥青路面平均寿命周期大约是 7～8 年，比美国和加拿大道路的平均寿命低了一半。根据美国统计数据，绝大部分沥青路面使用 15 年以上才需要维修，很多沥青路面使用 20 年以上才出现明显的损坏，这与我国沥青路面的使用寿命相比形成了鲜明的对比。沥青路面耐久性差、使用寿命短已成为阻碍我国道路建设发展的主要问题。路面设计不合理是导致我国沥青路面出现早期损坏和耐久性不足的重要原因之一。

一、沥青路面设计

（一）沥青路面

沥青路面主要是指在矿质材料中掺入公路使用的沥青材料铺设建筑的各类路面。

沥青具有三大基本性质。其一是对温度敏感，外界温度发生一定程度变化，沥青性质会出现不同程度变化，在炎热夏季，由于城市温度高等因素，沥青路面会出现一定程度的软化，降低路面的黏附性能，而冬季稳定相对低，路面材料会变得脆弱，因此具体设计和施工时需根据城市气候控制沥青的组分，从而获得较好的平衡性能。其二是黏附性，指沥青吸附其他集料间的能力，将间接影响沥青耐久性，这是由于沥青的憎水性质使道路在雨雪等湿润天气不易黏附石料，进而影响道路使用的耐久性。另外沥青是依靠无聊吸附来与其他材料结合，因此施工中需要添加消石灰等材料提升其黏附性。其三是耐久性，除了黏附性影响沥青道路施工，进而对其长期使用产生的不利影响，沥青材料本身对于各种大气环境的腐蚀有很强的抵抗能力，从而使路面等结构获得了较强的耐久性。另外由于长时间的稳定变化和车辆荷载的影响，沥青容易老化，为进一步提升其耐久性和其他性能，施工中可添加防老化添加剂。

沥青路面不仅提高了铺路时用粒料抵抗行车以及自然因素对于路面产生损害的能力，而且使公路路面更加整洁平整、经久耐用。沥青路面是现代公路建设中广泛使用的主要路面结构和形式，且沥青路面因其在成本、效率、性能等方面独特的优势普遍应用于各个等级的公路中，成为目前我国铺筑面积最多的路面结构。

（二）沥青路面设计

沥青路面设计主要是指在公路沥青路面建设前期准备阶段，合理地利用科学技术和严谨的管理手段在沥青路面设计时使其消除沥青路面的病害，注重对于裂缝、坑槽等病害现象进行分析研究，设计出预防病害、应对病害的相关方法，以确保沥青路面设计达到对沥青路面性能和质量的保证。沥青路面的广泛应用提高了公路建设，在对沥青路面进行设计时，需全面综合性地设计合理方案，使其一次性地达到质量标准，确保质量合格过关，减少路面病害的产生。

（三）沥青路面设计流程

（1）进一步有效掌握相关方面的影响因素

具体来说，影响沥青路面设计的因素中，气候环境、道路路基的具体情况以及交通量等内容都是特别典型的因素，在设计的过程中要充分融合各类影响因素，以此为基础做好科学合理的设计，同时重点掌握与之相对应的各类设计流程。

（2）要针对该道路具体交通量进行严格细致的调查和分析

在具体的设计过程中，要以相应的调研结果和分析数据为基准，做好数据的勘察和参考工作，以此进行科学合理的设计，同时根据具体的交通运输量和实际的车辆行驶情况，根据相关标准和要求，在重载、超载等相关指标方面要全面深入的分析，并做出科学合理的处理，做好前瞻性针对性的预判工作，这样才能充分确保沥青路面的设计方案更科学合理，具有相对应的可行性和指导性，以此充分满足具体的道路运行需求。

（3）全面深入调查和分析该类型道路区域的具体气候情况

要全面深入分析道路区域的具体气候条件和土质情况，同时要着重把握各类气象资料并有效通过相对应的气象预报的形式，为实际的沥青路面设计工作提供切实可行的参考依据和数据支持。在实际的操作过程中，所涉及的各类因素主要包括温度、湿度等相关情况，有针对性地选择与之相对应的温度和湿度，同时对具体的指标进行不断的修正和完善，使相应的系数符合既定的标准，然后在实际的沥青路面设计过程中，进一步有效调整相关方面的方案和规划，对各项举措进行科学合理的调整和优化。

（4）严格细致勘测道路沿线的土基以及安全系数等相关情况

在实际的设计过程中，也要进一步勘测道路沿线土基的相关情况，然后以此为基准制订出切实可行的土基处理方案，针对土基的模量进一步有效明确。同时也要有效试验和检测道路沥青路面以及基层材料，有针对性的进行检测和试验，进一步深入掌握相关材料的性质和功能，同时要进行相对应的疲劳寿命、模量分析等相关内容，在确保各类技术安全稳定的情况下，对各个层次的厚度进行有效明确。

（5）完成路面结构组合设计

在路面结构组合设计过程当中，首先，充分结合工程项目所在区域的地质水文条件和气候环境等确定出最为科学合理的路面基本结构类型和施工过程中所需要用到的施工材行龟裂、拥包等严重问题，应挖掘整个路段后重新铺设，并路基等结构进行加固等处理。

（6）具体结构设计

1. 面层设计。沥青路面一般面层偏薄，在城市高温条件下易因软化出现裂缝或车辙印，因此设计时需考虑以下措施：①增加集料的公称粒径，防治沥青路面前期出行裂缝，根据车流量等调查数据和技术标准确定面层的总厚度、压实厚度，适当增加面层厚度，更好的防病害；②面层间设置黏层，使各面层间拥有更好的粘连性，还应设置透层、下封层，提升路面的整体性和水密性；③结合工程实际需求，合理选择沥青、混凝土等材料，城市主干路等重要道路，应选择改性沥青，有效的提升沥青路面的整体性能。

2. 基层设计。面层设计后，应处理基层，具体措施如：①根据现场环境，结合地区车流量等特点，选用碎石等基层材料，并选择煤灰、水泥等材料稳定基层碎石，获得较好的基层密实性和抗压强度；②若考虑施工成本等因素，可选用一般的底基层，施工时则通过设备达到预期抗压强度。

三、季冻区重交通沥青路面设计

我国地大物博、幅员辽阔，有着比较广泛的季节性冻土区，在这种区域中，所涉及的沥青公路建设过程中面临十分重要的难题就是冻结、融化破坏的问题，尤其是在客观因素的影响下，沥青混合料性能会有所变化，因此在设计沥青路面的具体操作过程中，要全面深入的分析相关因素，从根本上有效结合路面的实际交通量、车辆荷载以及气候气温等相关因素。

（一）季冻区温度循环对沥青混合料性能的主要影响

虽然我国国土面积广袤，但从整体情况来看，跨越了很多的气候带，我国不同地区所涉及的冻土类型也有十分显著的差异。季节性的冻土类型是最为典型的冻土类型，要想针对各种类型的冻土沥青路面进行科学合理的设计，就必须对季冻区温度循环为沥青混合料整体质量及性能的改变带来的重要影响。

结合季节性冻土地区的气候条件等，对不同的温度条件下的冻土条件展开相对应的探究，能够充分明确此地的昼夜温差比较大，季节不同所呈现出的温度也有很大的差异，对沥青混合料的相关质量和性能也有至关重要的直接影响，具体来说，相关影响因素主要包括：①在很大程度上降低其抗压强度。受到冻结水的直接影响，沥青混合料空隙率就会大幅增加,尤其是空隙间的相互贯通情况,同时对于整体的抗压强度也会造成很大程度的降低;②在很大程度上降低其抗压回弹模量。温度有了大幅的升高以后,会在更大程度上扩散或者融化沥青混合料内部所具备的各类冻结水,在这样的情况下就会恢复其空隙,但是不能恢复到原本的状态;③有效降低劈裂强度。随着冻融过程进一步增强,水就会慢慢渗透,并接触到集料,而伴随着时间的推移,集料和沥青的黏结强度就会有所降低,再加之温度的多次重复循环,混合料的劈裂强度就会大幅降低,导致公路整体质量得不到保障。

(二) 实例探析

(1) 工程概况

在本文中所列举的工程案例主要是某季冻区重交通公路沥青路面设计的一系列相关内容,这条道路的全长为1.5km,宽度为40.5m,在该工程的运行过程中,所涉及的重载交通车辆主要包括货车和重载车,所涉及的各项交通甚至是重交通,针对这样的情况,就需要充分根据当地的具体气候特点,交通状况等进行深入的分析。

(2) 沥青路面结构设计方案

结合当地的季冻区公路路面的具体运行情况和一系列相关因素,设计出切实可行的方案和路径,相应的方案类型主要包括三种:①方案1在路基方面进一步保证其安全性,稳定性和均匀密实,在基层和底基层方面增厚了半刚性粒料层、增加了防冻垫,通过这样的方法,针对该地区的冻融问题进行有效解决,与其他的两个方案进行对比,可以看出,这种方案的造价比较低廉,相对来讲沥青层也比较薄;②方案2是在结合了具体情况之后有针对性地采取一系列的措施使防反射裂缝层变大,通过这种路面结构来有效避免冻胀病害、裂缝等相关方面的问题,同时,在此类方案的运行过程中,进一步有效应用Sup-25混合料,以此确保整体材料的耐久性和抗疲劳性得到充分的增强,从而呈现出更加完善,更符合要求的施工效果。同时在路面结构中的面层相对来说更厚,这样可以对于沥青结构层的损伤进行相对应的缓解和处理;③方案3在路面结构中,针对上面层采用的BLSMA-16,是充分结合贝雷法进行相应的设计而有效获取的,在这样的地区的土质条件和大纵坡的路段中,能够呈现出十分良好的应用效果。可在更大程度上提升其抗滑耐磨、抗剪切、耐高温等相关性能,路面结构中的上基层采用的柔性基层,这样可以更有效的减少反射裂缝等。

(3) 现场试验情况

选择试验路段Ⅰ、Ⅱ、Ⅲ并运用方案1、2、3进行铺筑试验,并对各试验路段进行严密监测,监测结果公布如下:①应变响应:分别选择重25.3t、35.0t、42.6t的车辆分别以10km/h、35km/h、55km/h车速进行重复试验,应变传感器都设置在车辆轮迹处。试验结果表明3段试验路段的沥青层底应变响应结果都完全符合设计标准;②土基顶面压应变:为精确测量出路面顶部压应变情况,试验中将压力传感器埋入顶面,通过一系列的试验,当轴重为25.3t或35t时,各路段的拉应变都为>200με,

随着轴重的增大，当增加至 42.6t 时，出现拉应变＞200μɛ 的情况明显增多。其中，试验路段Ⅱ、Ⅲ的拉应变占比＜20%，而路段Ⅰ的占比则高达 30%～50%。通过上述试验我们不难看出，在相关因素相同的情况下，载重小的路段明显呈现出良好的成本节约效果，因此可以看出最为理想的方案是方案 1；载重比较大的路段，能够满足相应要求的是方案 2、3，针对具体的应用优势和综合性能而言，方案 3 具有更为显著的可行性和高效性。

四、沥青路面病害与应对措施

（一）沥青路面病害

（1）沥青路面常见病害类型

在沥青路面工程施工期间，常见的路面病害有裂缝、坑槽、沉陷等。这些路面病害的存在严重影响公路的整体性与稳定性，破坏公路外观，还对行车安全造成严重影响。

（2）沥青路面病害成因

1. 裂缝成因。这主要是由于沥青路面基层水泥剂量高产生了水化作用，且与含水量、矿物成分、环境温度等原因具有密切联系。

2. 车辙成因。由于高温高压以及车辆荷载的作用致使沥青路面的车辙发生永久性变形，施工企业必须确保沥青路面结构层的设计高于交通承受力，确保公路交通的安全。

3. 沉陷成因。沉陷现象主要是沥青路面因分布不均匀、受自然因素影响以及车辆荷载的反复作用下导致的沥青路面局部沉陷。

4. 坑槽成因。坑槽现象的主要原因就是混合物黏结性能的下降，车辆荷载的反复作用的影响下导致沥青路面的集料剥落，从而形成路面局部坑槽现象。

（二）沥青路面病害的应对措施

（1）裂缝病害的治理

针对裂缝的治理，可以采用铣刨、灌缝、铺设玻纤格栅这三种治理方式。针对水泥剂量的使用应在有限值内，选用水化热较低的水泥进行沥青砼的配制，并加厚公路基层，提高沥青路面对于车辆荷载的承载力。

（2）车辙病害的治理

车辙病害主要是由于高温高压以及车辆荷载的作用导致的沥青路面车辙的永久性变形。因此，在沥青路面设计时，应选用性能较好的抗车辙剂，提高相应的施工工艺技术，进行针对性的调整。

（3）沉陷病害的治理

沉陷病害是由于沥青路面分布不均匀、受自然因素以及车辆荷载的反复作用影响而导致的。因此做好沥青路面的排水工作，采取只疏不堵的原则，加强路面排水设计，防止雨水聚集流入地基。

（4）坑槽病害的治理

由于沥青路面中混合物的黏结性能下降，在车辆荷载的反复作用影响下导致沥青路面的集料剥落，从而形成路面局部坑槽现象，且沥青路面的结构层是密集配，需要消除水害，做好路面排水工作，及时清除路面积水。

总而言之，沥青路面具备许多优点，也存在些许不足之处，沥青路面设计作为一项重要环节，是工程高质量、高效率的保障，沥青路面设计的程度决定着沥青路面建造的程度。加强沥青路面设计，结合实际参数以及路面情况制订严谨科学的路面设计，有效控制质量造价以及沥青路面病害的防治，确保公路工程的建造。

第二节　水泥混凝土路面设计

水泥混凝土路面又称刚性路面，俗称白色路面，是一种刚度较大、扩散荷载应力能力强、稳定性好和使用寿命长的路面结构，被广泛地应用到各种等级道路，飞机场道路几乎全部采用水泥混凝土路面。但因其容易出现裂缝、开放交通较迟、修复困难，设计或施工稍有不慎就将会带来很多麻烦或不必要的浪费。因此，我们完全有必要对水泥混凝土路面设计关键问题再次进行探讨。

一、水泥混凝土路面结构组成

水泥混凝土路面结构是由多个层次组成的复合结构，各结构层由不同类型和性质的材料组成。

（一）影响路面结构组成因素分析

（1）公路等级和交通荷载。在确定路面结构组成之前，首先得明白公路等级和交通荷载情况，再去验算面层采用素混凝土还是钢筋混凝土。一般而言，高等级或重交通公路都采用钢筋混凝土路面或连续配筋路面。

（2）路基条件。路基对整个路面结构是最基本保障，也是影响路面结构组成的重要因素之一，应首先保证路基满足规定的最低支撑要求后再考虑路面结构，也就是路基顶面的路基回弹模量必须满足相关规定，否则就先处理路基，比如软土等不良路基。

（3）当地温度和湿度状况。这个因素直接关系到路面结构是否设置垫层，如季节性冰冻地区需考虑防冻层最小厚度要求，多雨潮湿地区需考虑采用路面结构内部排水设施等。

（4）已建成公路的使用经验。由于水泥混凝土路面设计理论还在不断完善中，每个地区的自然环境差别比较大，所以参考当地已建成路面的结构是比较科学的一种做法。在我国某些发达地区已经有其固定的路面结构组成，比如天津市等。

（二）选择和组成路面结构时应注意问题

（1）上下层刚度（模量）比是否会引起上层底面产生过大的拉应力，是否会使混凝土面层产生过大的温度和湿度翘曲应力。

（2）无机结合料的上层和下层的集料粒径和级配是否会引起水或细粒土的渗漏。

（3）下面层次的透水性是否会引起渗入水的积滞和下层表面的冲刷。

（4）面层与基层之间是否采用隔离措施，隔离层主要是降低面层与基层的结合度，减少层间的摩阻力，减少水泥混凝土面板的早期破坏。

二、水泥混凝土路面病害

水泥混凝土路面有很多的优点：路面强度高、承载能力大、耐磨耗能力强、能见度好、使用寿命长、养护费用少，行车的油耗也较沥青路面少10%-15%，正因为有这些优点，所以水泥混凝土路面在许多省市广泛使用，也取得了比较好的效果。

在长期使用过程中，水泥混凝土面板的裂缝引起了人们的广泛注意。设计理论的不尽完善、对施工工序和施工质量要求不严格是造成水泥混凝土路面裂缝的主要因素。

由于车辆的重复作用加上面板的抗弯强度低于抗压强度，混凝土面板会在长期的荷载作用下没有达到极限抗弯强度就已经破坏。另外面板顶面和底面的温差也会引起翘曲应力，地基的变形对面板的影响也很大，不均匀的地基沉降等变形会使混凝土板局部脱空。所以混凝土路面设计时，为了使路面能够经受车辆长期的重复荷载、抵抗温差产生的翘曲反应、具有较强的适应地基变形能力，混凝土板压要具有足够的抗弯、抗拉强度以及足够的厚度。

混凝土路面在外界影响下容易产生的破坏形式主要有五大类：裂缝、变形、接缝损坏、表层损坏和修补损坏。从破坏类型可以看出混凝土路面性能受到各种因素的影响，例如轮载、温度、水分、基层、接缝构造、材料、施工技术以及养护条件等。混凝土路面设计必须从多方面采取措施以保证其正常的使用寿命。

破碎板：指的是水泥混凝土路面局部板在建成通车后短时间破碎，不是在设计期内水泥混凝土路面疲劳损坏问题，而主要是在车载作用下强度破坏问题，其原因是路基下沉变形，车辆荷载过大。

坑槽、面层剥离、露骨：指的是水混凝土板表面脱落而形成的一种损坏，面层剥离往往是随着网裂而发生的，反复交通荷载、不良的施工工艺以及钢筋过于靠近路表都会引发网裂区域的面层剥离损坏。

错台：指的是在路面接缝或裂缝部位出现前后两板之间的高差。发生错台的接缝或裂缝处，后板的板底积蓄了被水冲蚀而来的松散集料而被抬高。前板的板底则被冲蚀脱空而沉降，因此两板之间出现高差。错台的根本原因是荷载作用下的唧泥现象，以及基层材料自身的耐冲刷性不足。在错台形成的过程中，由于温度和湿度梯度分布造成的板的向上翘曲，助长了错台的发展速度。当前板的脱空大道一定程度后，前板的板中易发生横向断裂。

沉陷：指的是水泥混凝土板因为路基不稳定，不均匀沉降造成的沉陆损坏。其原因主要是前期路基处理达不到要求所致，可能是路基填料控制不好、湿软地基处理不当、土石方填土不实、填挖交界处压实标准不一致、构造物台背回填压实度不足以及路段地质变化处路基处理不当造成的。

网裂：指的是仅在水泥混凝土板表面开展的一系列纵横交错的裂缝。大的裂缝主要以纵向开展为主，中间有细小的横向裂缝相连。水泥混凝土面板铺筑时表面的浮浆过多可引发网裂。

边角碎裂：指的是在纵缝、横缝或裂缝两侧 0.6m 范围内出现板边磨损、起皮、裂缝、掉块的现象，使板边参差不齐。边角碎裂不会向板底方向发展贯通，而是以一定的角度斜向缝断面，对板边形成斜切效果。其原因通常是一些不可压缩的硬物掉人缝内，在混凝土板自身膨胀或交通荷载的作用下造成板边处的应力集中。混凝土解体、强度不足，或传力杆设置不当也会发生边角碎裂。

角隅断裂：指的是在板角的两个直角边约 1.8m 内出现的斜割板角的断裂，断裂与纵缝和横缝的夹角均约 45°。不同于边角碎裂，角隅断裂纵贯整个板厚，使板角与板体分离。造成角隅断裂的原因主要是板角脱空、接缝传力失效、温度翘曲，及其与车辆荷载的综合作用。虽然角隅断裂是一种明显的荷载相关型损坏，但却与水泥板下基层的耐冲刷性能有很强的相关性，由于基层材料的流失所造成的板底脱空使板角失去支撑，是角隅断裂最主要的影响因素。

三、水泥混凝土路面病害处理

为使加铺层处于良好稳定的工作状态，要求板块必须稳定地支撑在基础上，对破坏严重的板块要挖除后进行重新铺筑，对裂缝、接缝、脱空、错台等病害也要进行处理。处理情况主要有：破碎沉陷板严重脱空板处理（清除旧板、挠筑新板）、土基及基层处治、接缝错台处理及原路面一般接缝处理等。

对于其他非结构性破坏，如表面露骨、起皮、剥落等，由于在其上层有铺拥青面层，且铺前有对原水泥混凝土板表面进行锐刨，所以这些形式的损坏对城市道路的整个路面结构承载力以及行车基本没有影响，可以不予特殊处理。

四、混凝土路面结构设计原则

（一）要根据当地的气候、水文、地质等条件

结合当地的实践经验，满足使用要求下完成混凝土路面的设计，保证工程的质量以及使用耐久性。并尽可能在满足设计的要求下尽量使用本地的材料进行施工。

（二） 在满足使用要求的前提下尽量地做到节约投资的方案进行施工

遵循因地制宜、合理选材、方便施工、利于养护的原则，完成技术先进、经济合理、安全可靠的设计施工方案。

（三） 在结合当地的实践经验的基础上

积极的推出成熟的科研成果，谨慎的使用新技术、新材料、新工艺达到工程的质量和使用要求。

（四） 路面设计以及施工时要考虑到沿线的环境问题

并做到施工和养护人员的身体危害较小的目的。选择有利的机械施工，保证工作人员的安全等问题。

（五） 对于地质条件差的路段

要采取措施加快路基的沉降稳定，达不到要求时要先铺筑沥青路面，等地基沉降稳定后正式铺筑混凝土路面，施工时一定要按照设计要求进行，不能盲目地更改设计方案。

五、水泥混凝土路面设计中的问题分析

（一） 水泥混凝土路面设计指标可靠度的分析

道路工程结构的设计安全等级为3个等级，路面工程的安全等级仅考虑高速道路。一级道路和二级道路的路面，相应的安全等级要求规定为一级、二级和三级。为三级和四级道路路面增加一个设计安全等级——四级，并规定了相应的设计基准期为20MPa；而设计安全等级为四级的路面结构的目标可靠指标和目标可靠度，是按前三级的数值级差递降得到的。按施工技术、施工质量控制和管理要求达到和可能达到的具体水平，选用其他等级。降低选用的变异水平等级，须增加混凝土面层的设计厚度要求，从而提高选用的变异水平等级。则可降低混凝土面层的设计厚度或提凝土的设计强度要求。可通过技术经济分析和比较予以确定但对于高速道路的路面，为保证优良的行驶质量，不宜降低变异水平等级材料性能和结构尺寸参数的变异水平等级。按施工技术、施工质量控制和管理水平分为低、中、高三级。由滑模或轨道式施工机械施工并进行认真严格的施工质量控制和管理的工程可选用低变异水平等级。由滑模或轨道式施工机械施工，但施工质量控制和管理水平较弱的工程，或者采用小型机具施工，而施工质量控制和管理认真、严格的工程可选用中低变异水平等级。采用小型机具施工，施工质量控制和管理水平较弱的工程可选用高变异水平等级。

设计时可依据各设计参数变异系数值在各变异水平等级变化范围内的情况选择可靠度系数。目标可靠度是所设计路面结构应具有的可靠度水平。它的选取是一个工程经济问题：目标可靠度定得较高，则所设计的路面结构较厚，初期修建费用较高，但使用期间的养护费用和车辆运行费用较低；目标可靠度走得较低，初期修建费用可降

低，但养护费用和车辆运行费用需提高。通常采用"校准法"来确定目标可靠度。

"校准法"是对按现行设计规范或设计方法设计的已有路面进行隐含可靠度的分析，参照隐含可靠度制订目标可靠度，则所设计的路面结构接纳了以往的工程设计和使用经验，包含了与原有设计方法相等的可接受性和经济合理性。

（二）交通量计算取值的分析

轴载换算公式是以等效疲劳断裂损坏原则导出的。对于同一路面结构，轴载和标准轴载产生相同疲劳损耗时，才能等效换算。在交通调查分析双向交通的分布情况时，应选取交通量方向分配系数，一般可取 0.5；并依据设计道路的车道数，确定交通量车道分配系数（应剔除 2 轴 4 轮以下的客、货车交通量），即为设计车道的年平均日货车交通量 ADTT，然后用轴载当量换算系数法或车辆当量轴载系数法求得），再根据设计基准期和轮迹分布系数、交通量增长率求得累计用次数，确定交通分级。

（三）水泥混凝土路面结构组合的设计分析

对于路基用土，高液限黏土及含有机质细粒土不能用做高速道路和一级道路的路床填料或二级和二级以下道路的上路床填料；高液限粉土及塑性指数大于 16 或膨胀率大于 3% 的低被限黏土，不能用做高速道路和一级道路的上路床填料。因条件限制而必须采用上述土做填料时，应掺加石灰或水泥等结合料进行改善。

对于基层材料选择时特重交通适宜的贫混凝土、碾压混凝土或沥青混凝土时，设计计算应按复合式路面分析且强度以试验为准，对水泥混凝土面层下基层的首要要求是抗冲刷能力不耐冲刷的基层表面，在渗入水和荷载的共同作用下会产生淤泥、板底脱空和错台等病害，导致行车的不舒适，并加速和加剧板的破裂。混凝土面层下采用贫混凝土基层，主要是为了增加基层的抗冲刷能力，并不要求它有很高的强度。高强度的贫混凝土并不能使面层厚度降低很多，反而会增加混凝土面层的温度翘曲应力，并产生会影响到面层的收缩裂缝。

对于面层板来说，我国绝大部分混凝土路面的横向缩缝均未设传力杆。不设传力杆的主要原因是施工不便。但接缝是混凝土路面的最薄弱处，PHP 泥和错台病害，除了基层不耐冲刷外，接缝传荷能力差也是一个重要原因。同时，在出现 PHP 泥后，无传力杆的接缝由于板边挠度大，容易迅速产生板块断裂。此外，接缝无传力杆的旧混凝土面层在考虑设置沥青加铺层时，往往会因接缝传荷能力差易产生反射裂缝而不得不加大加铺层的厚度。为了改善混凝土路面的行驶质量，保证混凝土路面的使用寿命，便于在使用后期铺设加铺层，新规定了在承受特重和重交通的普通混凝土面层的横向缩缝内必须设置传力杆。

基层对提高水泥混凝土路面强度作用不显著，通过加强基层强度来提高水泥混凝土路面结构强度的做法是不经济的。但我们不能忽视基层的设计，基层设计应重视抗冲刷能力，水流对基层的冲刷是导致水泥混凝土路面破坏的主要因素。基层应为面层提供一个均匀、稳定的支撑，明白了基层强度和板厚对路面结构强度的影响之后，设计人员在设计中应该根据实际情况，进行最优设计。

六、水泥混凝土路面设计重点

（一）改进路面设计方法，提高路面整体性能

传统路面设计方法存在缺陷，后期设计时必须转变观念，对传统设计方案做出合理的改进。混凝土路面设计的难度较大，且对路面施工计划的安排有着重要的指导作用。在设计过程中必须要结合现有的设计条件，不断优化传统的路面设计方案，这样才能保证混凝土路面结构的质量符合交通运行的要求。混凝土路面设计必须满足，结构、性能、质量"三大核心指标。

（二）路面设计参照标准

传统路面设计缺乏一定的参照标准，从而导致传统路面设计缺乏科学性，编制出的路面设计方案无法在实际工程中得到合理使用，或者造成施工难题发生，致使路面设计方案失去了利用价值。目前，国内路面设计的参考标准文件是《公路水泥路面设计规范》，在设计过程中要结合公式完成理论计算，如下：该公式能把车辆的具体轴载换算为标准轴载，为设计人员提供了重要的参考。结合该公式可弄清路面能够承受的最大荷载，再根据调查统计的车流量大小，合理选择路面的荷载承受范围。

（三）做好实地勘测

水泥混凝土路面设计前期，要求设计人员到施工现场做实地勘测，以便对工程现场情况有所掌握。勘测时要注意各项资料的收集，并保证在收集到足够资料以后再进行方案设计，确保路面设计方案的实用性。如：对路面区域的交通流量进行为期1周的勘察弄清交通流量的大小以确定路面承担的最大荷载；对路面的地质构造实地考察，选择合适的路面结构等。

（四）合理做好路面数据计算

路面设计与数据计算紧密相关，在设计阶段可通过对路面有关的数据合理计算。如：在性能计算方面对设计参数、计算公式等适当选择，让所设计的路面厚度达到标准要求在尺寸计算方面，对路面的宽度、深度、长度等详细计算；在年限计算方面要结合交通等级进行数据计算。

（五）优化路面排水系统的设计

排水系统是路面设计的一个重点。据调查，我国大多数路面都受到雨水冲蚀的破坏，路面平均使用寿命减短了3～5年，而多雨季地区的路面受损情况更为严重。导致雨水冲蚀路面的最大因素是由于排水系统设计不合理所致，如：管材管道、管槽等设计失误，大大降低了排水系统的功能作用。根据这一点，设计单位要优化混凝土路面排水系统的设计方案，提高系统的设计性能。

总而言之，我国对基础设施投资的增加，使得道路建设事业得到持续高速发展的

同时，也出现了一些质量问题，有因为施工过程监督不足引起的，也有设计阶段考虑不周全留下的隐患。水泥混凝土路面作为高级路面，虽然具有使用周期长、养护工作量小、耐久性好的特点，但一旦破坏，其破损就会迅速发展，且修补较其他路面困难。为此，要因地制宜，有计划、有步骤地逐步实现养护维修机械化，以降低劳动强度，提高工作效率和养护与修补的质量。

第三节　路面工程施工技术

公路桥梁路面工程是维系我国交通运输体系的重要枢纽，对促进我国经济社会的发展发挥着不可或缺的作用。若想完善公路桥梁路面工程施工质量，则应该从公路设计、公路施工、公路监理以及公路养护等工作着手，完善施工质量控制，保证公路质量达到相关标准。

一、完善公路桥梁路面技术的重要意义

（一）降低施工投资成本，促进社会可持续发展

公路桥梁路面本身的舒适性与耐磨性较为良好，具有较多的优势：保证车轮在路面行驶平稳，并且减少颠簸感；公路路面使用材料质量高，施工便捷，施工时间段，养护维修便利。公路桥梁路面在我国交通运输中承担着重要责任，因此优化公路桥梁路面施工技术有助于促进社会和谐发展，提升公路桥梁路面质量能够有效延长施工期限；同时减少施工投资成本，增加公路桥梁路面工程的经济效益与社会效益等。

（二）提升公路桥梁路面工程质量，确保交通安全

在一些公路桥梁路面工程中，由于监管不严格，导致路面质量、路面技术存在严重问题，增加了交通事故发生的概率。优化公路桥梁路面施工技术，有助于保证公路桥梁路面质量，保证社会利益、人民利益与国家利益等。因此，公路桥梁路面工程施工队伍，应该提前完善施工计划，加强对施工人员的指导，科学分工，保证施工工程质量。

二、沥青路面施工技术

（一）沥青路面施工主要技术分析

（1）混合料配比技术

施工企业必须在公路沥青路面施工开始前，按照要求做好沥青混合料的配比与搅拌工作。在搅拌混合料时，按照沥青集料颗粒的实际情况，调整冷料仓的转速。沥青混合料搅拌完成后，质量检验人员应该及时地采取抽提实验与马歇尔试验相结合的方式，进行沥青混合料质量的抽检工作，然后根据实际的检测数据，测算混合料压实的

效果，为后续沥青路面工程施工的顺利进行做好充分的准备。

（2）沥青混合料运输技术

施工企业在运输沥青混合料时，必须使用吨位相对较大的运输车辆，同时做好运输过程中的保温与防污工作，避免因为运输途中出现问题，影响沥青混合料的性能。在沥青混合料运输的过程中，运输人员应该采取不断移动运输车辆的方式，降低集料发生离析的现象。在沥青混合料运输至施工现场后，现场施工人员必须根据沥青路面摊铺的标准和规范，合理的开展沥青混合料的摊铺作业。

（3）沥青路面摊铺技术

施工人员在开始沥青路面的摊铺施工作业前，必须先做好预热工作，在路面摊铺的过程中，做好熨平板与摊铺机振捣速度控制的工作，才能确保路面摊铺的紧实性，促进沥青路面摊铺质量的有效提升。施工人员在使用摊铺机开展沥青路面的摊铺作业时，应该采取连续摊铺的作业方式，避免因为摊铺终端或者随意改变摊铺速度，导致混合料摊铺出现折痕问题，影响路面的平整度。另外，在沥青混合料摊铺的过程中，施工人员必须将摊铺机的摊铺速度控制在2m/min左右，同时在摊铺过程中，借助摊铺机的自动找平功能找平。根据沥青公路工程施工标准和要求，不同层面采用的控制方法与手段也各不相同，虽然下面层与基层可以采取钢丝绳牵引的方式达到控制路面高程的目的，然而，上面层却可以采取不同的方式控制，但是不管采用暗中控制方式，施工人员必须采取积极有效的措施，避免沥青材料沾到摊铺机上。

（4）碾压技术

公路沥青路面摊铺施工完成后，施工人员必须及时地进行路面的整体碾压工作，通过对沥青路面的碾压，不仅有助于沥青里面承载力与强度的提高，同时也确保了沥青路面的平整性与统一性，降低了后期使用过程中，各种外部受力因素对路面使用效果产生的不利影响。这就要求施工人员在进行路面的碾压施工时，应该使用静态二轮压路机进行施工作业，按照规定的时间进行碾压作业，因碾压方法不当，影响沥青路面的碾压质量和效果。在一次碾压完成后，施工人员应该及时地进行路面施工的质量，并在确定检测数据符合标准后，再进行二次碾压作业。另外，利用双钢轮胎式碾压机进行终压，不仅起到了巩固路面碾压效果以及提高路面强度的目的，而且避免了公路沥青路面凹凸不平现象的出现。

（5）接缝施工技术和养护

沥青混合料的配比与路面压实是沥青路面工程施工中最关键的两个部分。在确保混合料配比科学性的基础上，沥青路面的压实效果是影响路面整体性能发挥的重要因素，路面压实实际上就是一种缩小混合料缝隙的施工技术，应用这一技术的最终目的就是为了达到提高路面的耐久性。由于沥青路在施工的过程中存在着横向与纵向两种不同的施工缝，所以，施工人员在沥青路面施工过程中，必须针对两者施工缝采取不同的施工工艺，但是不管是哪种施工裂缝在施工开始前，都必须先清除接缝部位的杂质，然后添加沥青，最后再进行摊铺碾压作业。同时应设置相应的指示牌，避免刚刚完成施工的沥青路面因为受到外部压力的破坏而出现质量问题。

（二）沥青路面质量的控制措施

（1）严把入场材料关

沥青路面施工需要使用大量的沥青、砂石、石屑以及矿粉等施工原材料。为了确保施工材料的质量满足沥青路面施工的质量要求，施工企业在沥青路面施工时，必须做好以下几方面的工作：（1）施工原材料采购管理力度的加强。沥青路面施工中使用的所有施工材料，必须经过严格的筛选，确保经过筛选的施工材料与沥青路面施工的标准和规范保持一致。然后合理地进行施工材料质量、服务以及价格方面的对比，通过货比三家的方式确定性价比较高的材料供应商，并与之签订施工材料供应合同；（2）所有进入施工现场的原材料，施工企业必须在材料到达现场后，安排专门的工作人员进行原材料型号、质量等的对比和筛查，并在检查合格且相关责任人签字确认后才能允许其进入施工现场；（3）施工人员在领用施工材料时，必须向材料保管人员提交施工材料的领用说明，并做好施工材料的出入库登记工作，避免因为施工材料领用混乱，而影响到沥青路面工程施工的顺利进行。

（2）注重施工机械设备的质量检测

由于沥青路面施工中使用的机械设备种类繁多，所以机械设备性能的优良与否则成了决定沥青路面施工能否顺利进行的关键。所以，施工企业在公路工程施工开始前，安排专人检查所使用的绩效设备，并在确保机械设备性能以及运行状态正常后，才能开始公路工程的施工。

（3）加大现场监管力度，注重施工技术

为了确保沥青公路工程的施工质量，相关部门必须根据沥青公路工程施工的质量要求，加大工程施工过程中施工质量的监管力度。由于沥青路面具有施工环境与施工流程复杂程度较高的特点。所以，一旦施工企业在沥青路面施工过程中出现管理不到位的现象，都会对公路工程的整体质量产生不利的影响。针对这一问题，施工企业应该根据沥青路面施工质量的要求，提高施工过程中质量控制工作的力度，要求县城施工人员必须深刻的意识到自身肩负的责任，才能在确保沥青路面施工质量的同时，促进公路工程整体施工质量的全提高。

（4）加强竣工验收

沥青路面铺设完成并不意味着沥青路面工程施工的完工。施工技术管理人员在沥青路面铺设完成后，应该及时的针对路面所有部位进行全面的质量检查工作，如果在检查过程中发现质量问题的话，必须在第一时间予以处理和解决，只有经过全面的检查确定路面的平整度以及各个施工环节达到标准后，才能组织相关部门开展沥青路面的质量验收工作。

（5）完善制度建设

施工企业应该在及时汇总沥青路面施工中出现的常见施工质量问题的基础上，根据企业自身发展的实际情况，制订科学合理的公路工程施工质量管理制度，规范施工人员的施工行为，提高施工人员与管理人员的责任意识，促进公路工程施工现场管理效率的稳步提高。

三、水泥混凝土路面施工技术

在公路建设中，路面是核心以及关键工序，当前，水泥混凝土已经成为主要施工材料，其具有稳定性强、强度高、施工简单以及便于维修等优势，在公路建设中获得广泛应用。因此，施工单位需要以高度重视路面施工，并且采取有效措施提升路面施工效率和质量，为城市交通事业发展做出贡献。

（一）水泥混凝土路面概述

（1）技术概况

其主要是以水泥混凝土为主要施工材料，通过专业设备和相关技术，将各种物料按照一定比例进行搅拌，在完成搅拌作业后，将混合料摊铺在路基上，通过碾压、振捣等方式压实和摊平混合料。在现场施工中，水泥混凝土路面主要分为带钢筋路面和普通路面，带钢筋路面造价和后期维护费用较高，多用于市中心繁华路段或者交通枢纽地段，普通路面造价低、施工便捷，可满足城市居民日常出行需求。

（2）应用优势

当前在我国城市公路建设中，水泥混凝土路面是最为常见的形式，其具有以下优势和特点：第一，水泥混凝土主要是由纤维混凝土、钢筋以及水泥等材料构成，具有较强的稳定性和强度，可以满足城市交通的需求，承受较大的压力，能够延长公路使用年限；第二，该技术对各种物料的配合比具有较高的要求，可以保证路面施工质量，在公路投入使用后，路面光滑平整，可以提升司机驾驶体验，避免发生安全事故；第三，该技术具有施工周期短、工艺简单、操作便捷等优势，能够缓解城市交通压力，防止由于长期使用而导致交通堵塞；第四，该技术成本低廉，后期维护较为简单，便于施工单位进行成本控制。

（二）水泥混凝土路面施工技术

（1）组织人员现场勘察

在开展路面施工之前，施工单位要组织人员进行现场勘察，通过勘察掌握现场情况、收集相关数据，进而为路面施工提供数据支撑。首先，在现场勘察中，要对现场周围的自然环境进行调查分析，确定当地的土壤、水文以及地质情况对施工可能带来的影响；其次，在完成现场勘察后，结合收集的数据制订水泥混凝土路面施工方案，合理选择施工技术、确定施工量以及材料类型和数量，保证施工方案的实用性以及科学性；最后，在完成方案制订后，设计人员和技术人员要对方案进行优化和完善，针对其中存在的不合理细节进行改进，并且综合考虑施工进度、施工安全、成本控制以及施工质量等因素，提前做好安全应急措施，避免发生安全事故，影响施工活动的有序进行。

（2）落实施工准备工作

由于水泥混凝土路面施工涉及大量的人员、设备机械以及材料，在开展施工活动之前，施工单位要落实各项准备工作，避免拖延进度，为城市交通带来压力。首先，落实材料准备，施工单位要结合施工方案中的材料清单，采购砂石、水泥、钢筋、添加剂等材料，在材料进入施工现场后，组织人员进行质量抽查，核对各项材料的型号、数量以及规格，在完成质量抽查后，按照材料分类进行妥善保管；其次，落实设备准备，设备是路面施工的物质基础，常见设备包括挖掘机、推土机、压路机、混凝土输送泵、混凝土泵车、洒水车以及平地机等，对所有机械设备进行安全检查，保证其处于正常使用状态下，如果发现安全故障要及时组织人员维修；最后，落实人员准备，施工人员是开展路面施工的主体，在组织施工活动之前，施工单位要组建一支能力强、素质高、经验丰富的施工队伍，保证施工活动的有序进行。

（3）安装模板

在路面施工前，施工单位需要搭建模板，为施工的有序进行提供辅助，保证路面边缘整齐、厚度均匀、平整度高。首先，在安装模板中要保证其平整度，对接头位置进行优化处理，保证支架安全稳定，防止在施工中出现形变，影响施工安全；其次，规范施工人员行为，要求其按照既定的程序和流程进行安装，对存在的质量缺陷进行及时处理。

（4）配置水泥混凝土

配置混合料是路面施工的核心工序，其质量与路面质量具有密切关系，因此，施工单位需要对混合料配置进行科学控制。首先，明确所需添加的物料，确定细沙、水泥等物料比例，按照既定的程序将砂石、碎石以及水泥装入到搅拌车中；其次，在混合料搅拌中，需要注重控制搅拌时间，通常情况下，搅拌时间为15分钟到20分钟左右，只有经过长时间搅拌，才能保证各种物料混合充分，同时，搅拌时间不能过长，会影响其稳定性；最后，在确定混合料比例后，不能随意更改或者调整，如果发现配比存在问题，要组织技术人员尽快找出原因，并且采取相关措施优化和改进。

（5）混合料运输

在完成水泥混凝土搅拌后，需要将其运输到施工现场。首先，根据施工进度合理安排运输计划，保证每个施工路面混凝土供应及时充足；其次，如果需要远距离运输混凝土，要对其质量进行综合考虑，结合运输时间和距离安排运输工作，选择驾驶经验丰富的司机负责运输工作，以最安全、最快速的方式，将混合料送到现场。

（6）摊铺以及碾压

在完成运输作业后，施工单位可组织人员进行摊铺以及碾压作业，首先，在混合料摊铺之前，洒水保持路基湿润，按照分段形式将混合料均匀摊铺到路基上，由现场工作人员进行指导，防止出现混合料浪费；其次，在完成摊铺作业后，使用压路机进行碾压作业，为了保证路面的平整性，需对其进行反复碾压，包括初压作业、复压作业以及终压作业，进而提升路面平整性和强度。

（7）设置伸缩缝

在完成路面碾压后，为了避免热胀冷缩情况，需要科学设置伸缩缝。首先，使用切割机在路面切割出一定宽度的缝隙，在发生热胀冷缩后，不会对路面平整性带来影响；其次，对伸缩缝的宽度和间距进行科学设置，并且结合混合料性质，由专业技术人员进行现场指导，规范施工人员的操作行为。

四、公路沥青混凝土路面施工技术

（一）公路沥青混凝土的运输工作

当得到沥青混凝土材料后，需要在大吨位自卸车的辅助下将其运输到指定的施工区域。在运输作业时，首先应对运输车厢做个深度清理，确保车厢内足够干净，同时，应采取密封箱尾盖措施，必要时还可以在车底板上刷涂1层油水混合液，避免混合料出现粘连现象的必要基础。此外，应做好防雨工作，可以使用较厚的帆布进行覆盖处理，这也是避免温度散失过快的重要举措。应确保自卸车的运输能力达到工程摊铺施工所提出的材料用量要求，尽可能挑选平坦的路面，由此避免材料抖动现象。

（二）沥青混凝土路面的摊铺技术

做好摊铺之前的准备工作，即需要对模板的位置以及支撑状态进行检验，做好基层杂物的清理工作，在指定专员的指导下完成原材料的堆放处理。此环节施工需要使用摊铺机设备，基于提升沥青混凝土路面平整度以及厚度的目的，需要引入走雪橇方式，这是确保这2大指标达到工程标准的必行之举。当展开多层铺筑施工时，必须要将上下层的接缝错开；当完成摊铺施工但未进行碾压处理时，不允许任何人员进入施工现场。

（三）沥青混凝土路面的碾压施工

为了全面提升沥青混凝土路面质量，必须经过初压、复压以及终压这3大环节。具体来说，应使用三轮压路机进行一次静压处理，在此基础上引入振动压路机做进一步压实处理。对于高速公路工程而言，以钢轮压路机为宜。此外，轮胎压路机也是必不可少的设备。在展开分段碾压施工时，隔断长度以30～50m为宜，应安排人员做好对各段的标记工作。关于压路机加水，此时，应将其置于已经完成复压作业的路面上，而后再采用来回碾压的方式离开加水区。

（四）沥青混凝土路面的接缝处理

必须做好沥青路面接缝区域的处理工作，这是工程整体质量的重要体现，一旦此环节未做到位，则会对路面的平整度带来明显的影响，并影响行车舒适性。关于接缝的类型，其主要有纵向与横向 2 种。于前者，其需要设置一定的搭接区域，各个搭接区域的宽度应相同；于后者，其又可细分为斜接缝以及平接缝 2 种形式，对于高速公路或一级公路项目而言，较为常见的是斜接缝的形式。严格控制上下层的错开距离，对于纵向接缝而言，该值应达到 1m 及其以上；对于横向接缝而言，该值应达到 1.5m 及其以上。当做好接缝错开工作后，需要将接缝区域刨齐，并使用一定量的热沥青对产生的断面进行处理。

（五）沥青混凝土路面的表面处治施工

需要做好路面表面的处治工作，重点体现在沥青以及集料两大方面，基于层铺的方式进行施工，所得到的铺筑厚度应控制在 1.5-3cm。从原理层面进行分析，沥青路面之所以具有高度的稳定性，其主要借助的是颗粒之间的摩擦力，所以在展开处治工作时宜采用层铺法进行；在实际施工过程中，当结束沥青喷洒处理后，应随即撒上一定量的石料，彼此之间应足够均匀。

（六）沥青混凝土路面的养护维修工作

当结束上述施工后，应做好养护与维修工作。大量经验表明，洒水是一种极为可行的养护方式，其所需要的工程成本较低，所带来的效果较好，可以大幅度避免水分蒸发现象。当现场水资源缺乏时，可以在完成浇筑的路面上铺上 1 层塑料膜，这也可以达到养护的目的。在进行维修作业时，最为常见的是局部修补法。在当前的公路工程中，横缝是极为常见的一种形式，在修补过程中首先应将残留在其中的杂质清理干净，而后使用合适的材料进行填充灌注施工。相较之下，大面积修补的难度明显更大，此时，采用超车道钻排水法进行处理，在钻孔过程中应确保孔道的坡度，其需要与路面坡度保持一致，同时，孔道内的坑槽高度也应满足工程所提出的排水要求，确保其能够以通畅的状态进行排水。

五、当前公路桥梁路面工程施工中存在的不足

（一）公路桥梁路面平整度较低

一些公路桥梁路面经常出现不平整的情况。在施工检测中，如果没有控制好操作程序，便容易削弱路面的平整度，加剧了车辆行驶的颠簸感，甚至使车辆车轮磨损较为严重，交通运输埋下安全隐患。究其原因在于：对于路面基层平整度控制不当、路面施工控制力度不足、施工人员技术水平低、操作方法不正确等。

（二）公路桥梁路面出现严重破损

一些公路桥梁路面工程投入正常使用不久后，路面便出现各种断裂甚至破损的情况。究其原因在于：施工人员过于注重路面平整度，忽略路基控制，路面施工材料配比不科学，沥青质量不过关；同时受高温因素的影响，导致路面出现膨胀收缩现象，因承载力不足导致路面的弯沉值较大，路面断裂；路面因积水深入路基土层，腐蚀损

害路基；由于超载车辆的碾压导致路面出现裂缝情况，减少了公路使用寿命。

（三）桥梁伸缩缝与桥头搭板连接不牢固

在一些公路桥梁工程中，可以看到在桥头接口位置出现阶梯状，这是因为桥头和桥台沉降填土存在差异，回填利料的排水性能以及压实性能比较差，使压实度无法达标，从而出现沉降现象，影响了桥头搭板与梁伸缩缝之间连接的牢固性。这种现象在车辆行驶过程中会对桥梁造成很大冲击，并且出现跳车现象，严重影响行车速度和行车安全。

六、公路桥梁路面工程施工技术的优化策略

（一）加强公路桥梁路面路基填筑

公路桥梁路面工程在填筑之前，应该对工程施工现场进行彻底清理，提高工程的施工质量，加快施工进度。路基范围内，可以运用分层填筑方案，如水平填筑、竖向填筑两种，主要作用在于压实地基，保证公路桥梁路面工程的质量。为了使路基填筑强度均匀，避免出现水毁现象，在路基水平填筑工作中，对于一些透水性相对较差的路段，应该运用土层填铺到路基的底层，保证路基表面的平整性。如果出现双向横坡现象，则应该借助于斜坡搭接法实现连接。

（二）合理控制公路桥梁路面排水技术

通常来讲，在公路桥梁路面工程施工进程中，施工部门应该充分考虑到道路中间的地形地势条件，保证道路两侧的地势要低于道路中间，便于路面排水。这样当遇到大雨天气，雨水能够自然排放到路面两边，不会对交通造成任何的不良影响。同时，为了促使道路的正常排水，施工部门应该在公路桥梁路面工程两侧设置相应的排水设置，例如排水管、边沟等。现阶段，一些公路桥梁路面受积水影响，破损较为严重，尤其是酸雨较重的区域范围内，路面积水严重损害侵蚀路面，阻碍交通正常运行。

（三）完善公路桥梁路面底基层与基层施工技术

在公路桥梁路面工程中，路面底基层与基层主要运用石灰或者水泥进行稳定结构，为了保证施工强度符合路面施工设计的基本标准，施工部门应该及时改善施工材料质量，并且要求施工人员按照科学比例控制施工材料的使用，并在开工前应该严格验收材料的质量。施工人员在控制路面含水量时，为保证路面的压实度，避免路面受到干缩裂缝的影响，则应该将混合料加以搅拌压实，保证混合料中的含水量符合相关标准与要求，进而提升路面的压实程度，使路面含水量达标。除此之外，在施工材料混合与压实阶段，应对施工材料含水量加以验证，保证施工状态。

（四）优化公路桥梁路基防护技术应用

由于公路桥梁路面工程极易破坏地层平衡状态，所以对于公路路基应该加强防护与保护。通常情况下，加强路基坡面的防护与保护主要目的在于：防止地表水对路面

冲刷导致岩土风化病害现象，推动环境的协调性发展。现阶段，在加强公路桥梁路面工程防护中，主要采取石砌圬工防护法，对于不同路基坡面采取护坡防护，并且运用混凝土预制块结构促进路堤的护坡作业，保证路基的防护效果。在开展路堑边坡防护作业中，可以运用连片带窗孔的墙型护坡，并且针对经常出现风化的破裂岩石边坡，应该借助于高强塑料网格喷浆或者喷射纤维混凝土等材料加强路面的防护。

（五）强化公路桥梁路面摊铺碾压技术应用

在公路桥梁路面工程摊铺施工中，主要以沥青混凝土路面为主，按照工程的规模以及路面情况等配比相应的沥青混合料，将混合料搅拌均匀以后保证抽检过关便可以投入使用。在开展公路桥梁路面摊铺碾压工作中，首先应该对工程的表面进行清理杂物，同时在面层混合料摊铺前5～9h在路面铺上一层透层油，保证沥青的乳化。当摊铺机开启达到铺设温度便可以正常摊铺，在摊铺中应该保持连续性，运用夯锤将路面压实。当路面压实后应该及时进行封层工作，保证公路桥梁路面的耐磨性、压实性与安全性等。

七、路面施工管理

公路工程施工管理涉及很多方面，贯穿于公路建设的整个过程中，主要包括工程投资决策、质量管理、技术管理、物资管理、成本管理等环节。路面施工作为其中的关键环节，对公路工程的建设质量影响是非常大的。路面施工的主要控制目标包括：提高路基的坚固性与耐用性、保证路面的平整度、密实性，完好无破损，公路绿化要与周围环境相结合，收费系统配套、合理、先进，交通工程服务设施造型美观、新颖、实用。重视路面施工管理是保障路面施工质量的前提。

（一）路面施工管理过程中存在的问题

（1）项目工期短，施工难度大

现阶段公路建设任务十分繁重，很多的公路工程都在紧张的建设施工过程中，大批公路项目也正在紧张筹备或等待审批过程中。然而，由于我国公路施工的测绘管理方式落后，施工管理模式粗放，导致在施工过程中经常因为测量而耽误工程进度，影响了路面施工质量。测量工程事故也频频发生。

（2）项目变更大、施工浪费多

我国各地的公路施工环境存在很大差异，部分地区存在地质条件复杂，自然环境变化频繁的特点。这些自然原因对勘测带来了巨大的难度，导致了很多工程计划无法执行，实际施工过程中往往必须修改原设计，对路面施工质量造成负面影响，也给工程项目造成了许多不必要的开支和浪费。

（3）对项目施工监管不严

路面施工管理中，有些公路监理责任心不强，对施工监管不严，违反施工监理程序的现象时有发生。很多工程中存在先开工，后报告，或者边施工边做开工报告的情况；一些工程承包人没有预先提出质检申请，而监理缺做了质检工作；有的承包商一味强调施工进度，不按规定频率做出自检，监理不按规定频率进行抽检。这些现象往往导致路面施工质量的低下。

（4）施工人员的影响

一些施工人员安全意识淡薄，施工现场缺乏安全防护装置，在桥梁、隧道等危险作业中时有事故发生。在施工现场的变电房等危险区常常无人看护，容易产生安全事故，引发纠纷。遇到农忙、雨季、酷暑等情况下，施工人员收到自然因素的影响，从一定程度上对工期造成了不利的影响。

（5）工程资料不规范

工程承包人往往存在工程资料缺、假、乱的现象，再加上承包人技术资料管理员的经验不足，存在不能按时进行技整性较差的问题，导致资料真实性和可靠性不足，致使在路面施工存在技术性障碍。

（二）提高路面施工管理质量的策略

（1）做好公路路面管理的前期准备工作

工程施工前，组织路面施工人员认真学习合同文件和技术规范，落实岗位职责。进入施工现场后，制订全体路面施工人员的质量责任制度，明确岗位职责。加强安全意识培训，防止施工事故出现。加强路面施工人员的岗前培训，明确标准规范的概念。提高路面施工人员技术水平，严格考核施工技术和操作规范，实行全体员工持证上岗、挂牌作业制度。工程开工前组织路面施工人员对原材料、施工设备、施工工艺和检测方法进行具体的培训，对可能遇到的困难和问题进行评估，确保工程质量和进度。

（2）健全管理机构，落实管理责任制

工程设计阶段，处于加强公路施工路面施工质量管理的考虑，路面施工部门应按照分级管理、层层负责的原则，相应建立监理项目经理部、工程施工处、专业工程施工队三级质量管理体系。该阶段采取以项目负责人、质检负责人负责，施工处处长、施工队队长、施工处质检员实施的层层落实的质量管理规章制度，使工程质量落到实处，有章可循。

（3）严格执行质量控制程序

路面施工中，工序质量是施工质量的基础，是工程进度的保障。为了达到路面质量的要求，对工序质量的控制必须严格。首先，根据工程的合同要求，严格制订质量控制程序。每个单项工程在开工前，必须上报开工报告。工程施工过程中，落实施工企业质量自检、现场监理工程师抽检的检验机制，只有各项检验都符合要求的情况下方可进行下道工序的开展；其次，在各项工程以致各个单项工程施工前，认真研究施工设计，编制详细的施工工艺方案，明确路面施工技术标准，严格落实各项工程的质量目标；再次，认真完成试验路段的路面施工，在全面施工前确定切实可行的施工方案，遵照公路施工技术规范和标准，明确各项工程的技术方案和质量控制方案，指导全线工程的施工；最后，要加强对原材料质量的控制，提升工程设备的自动化程度和先进程度。只有以先进的设备做后盾，才能更好地发挥技术和管理上的优势。

（4）重视对路面施工方法的控制

在施工方法的控制中，必须重视对路面施工方法的选择，施工单位选择的施工方法应具有先进性、经济性、适用性，而且应当考虑其对质量的保证程度。可以设铺筑试验路段验证施工方案的可行性，通过铺筑试验路段来修改、充实、完善施工方案和技术练兵，以指导生产。恰当的路面施工方法是保证路面质量、节省工程成本、按期完成施工的最好办法。此外，施工方法选择后也不是一成不变的。在路面施工过程中，施工单位应当随时检查其适用性以及对路面质量的保证情况，若发现与现场条件不符或对质量无法切实保证时，要及时提出改进意见，适当更换，确保施工质量。

（5）加强路面施工管理创新

我国公路现有路面施工管理的模式和方法与国际先进水平有很大的差距。在具体施工环境中，现有模式并不能完全适应公路建设的需要。因此，改革创新路面施工管理方法刻不容缓。首先，改革公路路面施工管理必须要有观念创新。企业高层管理者必须充分重视管理创新，并加大经费的投入，同时加强人才培养、引进和凝聚，切实增强员工创新意识，以创新的思维方式对企业进行管理；其次，改革公路路面施工管理必须要有机构创新。通过对项目全过程的有效管理来建立健全项目部的组织机构，协调企业、项目、职工之间的利益关系，把路面施工管理的内容进行延伸，不断创新来加以解决的问题；最后，不断的技术创新是路面施工管理创新的重要组成部分。企业可以通过应用新技术、新工艺、新装备，采用新的生产方式和经营管理模式，来提高施工的技术含量，提升企业市场竞争力，从而占据市场并实现市场价值。

（6）加强机械设备的管理

机械设备是进行公路路面工程机械化施工的重要物质条件，也是现代化施工当中不可缺少的，对于路面工程的进度、质量与效益等都会产生最直接的影响。在施工机械设备的管理中，应当更加全面地实施全员机械设备管理机制。这一机制主要是指运用一系列的技术、经济与组织管理措施，对施工机械设备实行全过程综合管理之方法。其目的在于努力实现施工机械寿命周期的费用最低化与综合效能的最高化，强调的是经济性；其手段在于是综合应用工程技术、财务、经济及管理等学科内容及方法，强调的是科学性；其范围包括了从施工机械的选择、应用，一直到宣告报废的整个过程，强调的是全面性；其参与人员主要有施工工人、专业技术人员及管理人员，强调的是全员性。

八、案例分析——公路路面施工中沥青摊铺的施工技术应用

（一）工程概述

某公路工程全长 45km，路面宽 24m，设计时速 80km/h。该工程路面结构为 16cm，其中上层厚度 4cm，中下层厚度为 6cm，本工程为了提升是质量，在施工前进行现场勘查，同时确定了合理的施工技术方案，按照施工要求进行操作，确保整体路面工程质量满足设计目标。

（二）沥青混合料配合比设计工艺

（1）沥青选择工艺

沥青选择工艺首先要求沥青自身的质量必须得到有效把控，从而保障混合料配合比的科学性与可用性等，比如保证沥青本身的黏度，从而控制其拥有稳定性和低温韧性的能力。一般情况下，在我国目前的沥青选择工艺中多数施工方均以石油沥青或改性沥青作为主要材料，很大程度上推动了施工稳定。在本次工程施工中，相关人员结合施工需要以及施工区域的相关信息等。

（2）集料选择工艺

集料对于路面稳定而言，其重要性不言而喻，在一般情况下，多数施工方均会对集料的使用做出适用性的要求，保证其颗粒镶锁的合理性，推动路面结构的自身协调性。由于集料本身的形状和表面纹理影等对于其使用效果而言至关重要，所以本工程施工中严格按照相关要求，并以实地施工为根据，选取石灰岩碎石进行试验，且规定其试验平均压碎值为 18.2%。

（3）填料选择工艺

在现阶段我国的公路工程填料施工中，强基性岩石由于本身具有高低的稳定性且杂质相对于其他材料而言，其清洁施工更加便捷，因此被我国建筑行业广泛使用，即如石灰岩、岩浆岩等。其中，强基性岩石的杂质清理工作必须得到高度重视，以此，方可保证其石料在磨碎后得到充分的搅拌。

（4）矿料级配选择工艺

该沥青路面施工中，经过多方面的数据对比后确认原材料质量的实用性后，以配合比设计等为基础进行了马歇尔试验，确认了以 4.5% 作为其沥青使用的最佳效果，其中，其相对密度为 2.473g/cm3、稳定度 9.30KN、流值 3.1mm、空隙率 4.3%，满足 JGTF40-2004 的要求。

（三）公路路面施工沥青摊铺施工工艺

（1）沥青搅拌运输

沥青的搅拌施工要求必须以配合比设计为前提，在整个搅拌施工中接受严格地把控，从而保证从材料承重，到搅拌施工的具体配合比等符合设计要求。通常沥青的搅

拌施工也必须以马歇尔试验为前提，使得施工人员能够有效掌握配合比的具体信息，在发现不合理现象时能及时调整。当试验确认无误后，方可正式进行沥青混合料的搅拌施工，但该过程中的温度、搅拌时间等均必须得到严格管控，且其出场时现场温度也必须符合标准，即大于130℃。

（2）沥青摊铺工艺

摊铺施工作为承上启下的关键环节，将直接影响至沥青搅拌的效果，以及后续的碾压施工效果，从而直接影响整个施工的质量。在本次施工中，为保证沥青摊铺施工的完善性与科学性，经过相关人员分析后决定以人工、机械等复合施工的方式进行摊铺施工，且以机械施工为主、人工施工为辅的形式进行。本次摊铺施工中以LTU125自动找平沥青摊铺机作为主要设备，设置最大摊铺宽度12.5m。

（3）沥青碾压工艺

由于沥青碾压施工本身对于压实度等的具体要求，且工程对于行车稳定性的考虑，因此本次工程将轻型钢筒式压路机作为主要碾压设备进行施工，且设定稳定于130～145℃之间。在碾压施工中，本次工程将各个碾压施工人员自身的专业素质作为重点进行了加强培训，且全过程接受监督与把控，因此保证了其具体的碾压施工符合要求，即碾压施工的不间断性、稳定性、均匀性等等。

（4）接缝处理工艺

在沥青路面的使用过程中，接缝的处理工艺合理与否将直接影响其具体的使用寿命与美观程度，因此在本次施工中将接缝处理的施工进行了有效控制，一方面推动了路面的平整度完整性，另一方面，也为后续的摊铺机施工提供了基础与保障。

（四）摊铺机的控制要点

（1）温度控制

由于沥青混合料本身的材料特性，其对于温度等外界因素较为敏感，所以这就要求相关人员对于沥青混合料的温度把控必须到位。首先，本次工程施工中的摊铺机和汽车卸料机受要求将其两者距离控制在一定范围内，从而保证了摊铺机施工完成后的材料存储施工连贯性；其次，本次工程施工对于施工场地的环境整理进行了大力保障，即如派遣专人进行现场温度以及沥青混合料温度等的监测与记录，从而大幅度提升了沥青混合料的使用度。

（2）做好材料检查工作

当沥青混合料施工完成后，必须以专人检测的方式进行沥青混合料可用性的确认工作，以此保证其摊铺施工的顺利完成。即首先，本次工程施工中的检测工作将材料的厚度作为前提进行专门检验，从而将设计厚度与实际材料厚度进行对比分析，避免了沥青混合料的不科学使用；其次，在其后的摊铺系数等数据均以该环节为具体基础进行，从而避免了沥青混合料的不稳定现象出现。

（3）摊铺质量检测

　　摊铺质量检测作为施工的尾声环节，其合格与否将直接对前期所有施工产生影响，因此本次施工对于该环节的检测无比重视，即以质检员的检测为准，进行了摊铺厚度与比例的针对性测试，且对比设计数据进行具体分析，从而保证了其摊铺施工的连续性与均匀性，将摊铺速度等进行同时计算，严格保障了摊铺施工的科学。

　　综上所述，施工技术的研究与控制在公路桥梁路面工程中发挥着较大作用，其直接关系着公路桥梁路面的使用质量与使用年限等，因此施工建设部门应该优化施工技术，保证施工后期的维护与养护。在实际的公路桥梁路面工程中，应该提升技术水平，加强路基填筑，控制排水功能，优化路基防护技术等，确保施工质量，促进公路桥梁路面工程的顺利开展，保证公路交通的稳定运行。

第六章　桥梁工程

第一节　桥梁总体规划设计

——以"广东大埔至潮州山区高速公路桥梁总体规划设计"为例。

山区的地形、地质、水文条件比较复杂。地形复杂，表现为沟壑众多，地面高差变化大，横坡陡；地质复杂，表现为滑坡、崩塌、泥石流、岩溶、陡岸、断层等不良地质不同程度存在，岩性、岩石风化程度各有不同；水文复杂，表现为水系众多，水文地质、暴雨、洪水、泥沙沿线路不尽相同。山区高速公路在路线布设时受约束较多，造成平曲线多，半径较小，纵坡较大。路线跨越众多沟壑，高墩桥梁、大跨径桥梁较多，桥梁占路线长度比例高。横坡陡造成半路半桥路段多，且桥墩高度变化大；高墩桥梁、陡坡路段桥梁施工困难，成本高。因此桥梁设计必须考虑上述要素，精细化设计，做到结构安全耐久，施工方便，经济性好。

位于广东省东北部地区的大埔至潮州高速公路就是具有上述特征的典型山区高速公路，主线全长91.6km，其中A1设计合同段路线全长52.871km，特大桥2座，大桥39座，桥梁比例为34%。

一、桥梁的布置

（一）布设桥梁条件

（1）高填方路段需布设桥梁。根据文献，路基设计应避免高路堤与深路堑。当路基中心填方高度超过20m时，宜与桥梁作方案备选。此点主要是从工程技术和社会综合效益两方面考虑。路堤边坡过高，存在边坡稳定性不足和路堤不均匀变形问题，同时将占用大量良田，所以当路基填方边坡大于25m时，原则上应考虑布置桥梁。

（2）与道路、河流相交时需布设桥梁跨越。

（3）路基填方高度虽不高，但放坡困难且挡土墙难以设置时应布设桥梁。山区地形复杂，靠着山边布线较为常见。此种地形横向坡度陡峭，路基填土高度虽不高，但路基边坡会沿着山坡一直下溜。若地形条件无法保持边坡的稳定，且挡土墙受高度、地质限制设置困难时，应布设桥梁。该路段是外业调查时重点调查的路段。

值得一提的是，有两个数据与桥梁的总体布设相关，一个是桥梁比例，即桥梁占路线长度的比例，另一个是土石方数量中的弃方量，这两个数据涉及路线的经济性，反映了路线平面、纵面设计的合理性。一般平原区高速公路桥梁占路线长度的比例约20%～30%，山区高速公路约为30%～40%。土石方数量方面，一般按照填、挖方平衡的原则设计，尽量减少借方、弃方数量。山区高速公路总体设计时，按照上述三点原则布置桥梁，然后统计全线的桥梁比例、土石方数量情况。若相关指标偏离合理范围，则应核查原因，优化路线平面、纵面设计。大潮高速公路初步设计推荐线的桥梁比例约为34.5%，基本合适。

（二）桥梁跨径的选择

预制组合箱梁、T梁因其质量可靠、施工方便、造价经济，在无其他因素限制的情况下优先采用。标准跨径有20m、25m、30m、35m、40m、50m，具体选择哪种跨径主要考虑经济性。跨径增大，上部结构的造价会增大，但桥墩、基础的数量会减少，下部结构的费用会减少。山区地质较好，单个基础的工程数量有限，因此偏向采用小跨径，降低上部结构造价，下部结构的造价增加有限，整体造价比较经济。

大潮高速公路初步设计阶段对标准跨径的预制箱梁与T梁进行了经济性分析，分析结果表明：20m、25m、30m、40m跨径的组合箱梁均比同等跨径的T梁经济，造价节省5%～9%。除了40m跨径因预制箱梁的重量已达156t，吊装困难而采用T梁外，其余跨径均采用预制箱梁。

选定梁型之后，结合桥墩、基础数量进行了全桥的经济性分析，得到结论如下：墩高15m以下时，采用20m或25m组合箱梁；墩高15m～25m时，采用25m组合箱梁；墩高25m～35m时，采用30m组合箱梁；墩高35m～45m时，采用40mT梁。另外结合类似项目的设计经验，当墩高达到75m以上时，预制结构形式逐渐失去经济优势，宜采用大跨径连续刚构与之对比。

（三）桥台位置的选择

桥台可以放在路基挖方段，也可以放在路基填方段。在地势较缓、锥坡设置方便的路段，桥台设置在一定的路基填土高度处，可以减小桥长，节省工程造价。一般为了行车舒适，避免桥头跳车，桥头允许路基填土高度按桥头路堤允许工后沉降量为10cm控制。另外肋式桥台受自身结构的强度、稳定性限制，桥台高度不宜超过12m。在地势较陡、锥坡放坡困难路段，建议采用挖方桥台。若采用填方桥台，锥坡由于压实困难，质量难以保证，后期在雨水的侵蚀、冲刷下容易垮塌。考虑施工便道的开挖，施工机具的摆放空间，一般挖方桥台宜进入挖方段5～10m。

山区经常出现"鸡爪"地形，横向坡度陡峭，半幅填方半幅挖方。若完全按照桥台进入挖方段5～10m的原则进行设计，则左、右幅桥梁桥墩将错位，不利于景观、施工。此种情况宜将左、右幅桥墩对齐，处于挖方的半幅桥梁多做一孔桥。

大潮高速公路在陡坡路段均将桥台设置于挖方段5～10m，采用柱式台。局部地势较缓路段采用了填方桥台。

二、常规跨径桥梁墩型设计

从结构受力特点、施工便利性、经济指标等方面考虑，山区高速公路常规跨径桥梁桥墩宜采用双圆柱式桥墩。对于高墩桥梁，从受力上考虑，当桥墩高度H<35m时宜采用圆柱墩；当35m<H<45m时宜采用方柱墩；当H>45m时宜采用空心薄壁墩。但山区地势起伏大，同一座桥梁可能圆柱墩、方柱墩、空心薄壁墩都会存在，这样影响施工效率，桥墩模板费用也较高，可以考虑取消方柱墩。大潮高速公路采用了当墩高H<40m时采用圆柱墩，当墩高H>40m采用空心薄壁墩。

三、高墩桥型的比选

山区高速公路经常要跨越U型山谷、V型山谷，高墩桥梁较多。除跨越V谷且地质条件好，平曲线半径大（一般宜大于5000m）的情况下可考虑采用拱桥方案外，连续刚构是比较合适的桥型。对于高墩桥梁，预制吊装结构和连续刚构在技术上均是成熟的，施工上是可行的，方案比选主要考虑施工方式、受力性能、工程造价、施工的风险性及景观性。

（一）从施工上考虑

预制吊装40mT梁上部结构采用预制构件，具有施工工艺简单、技术难度低、质量容易控制等优点，但由于高墩数量较多，每个墩均需爬模或滑模施工设备，投入大、工期长，且施工难度及带来的风险也随着墩高愈来愈显著；另外，40mT梁在平曲线半径较小的情况下，外观突现出折线，对曲线适应性弱化。连续刚构箱梁挂篮平衡悬浇施工技术成熟，由于桥墩较高，需加强悬臂施工荷载的平衡及最不利偏载的设计。

（二）从受力性能上考虑

预制吊装采用墩梁固结，增加了桥墩的刚度和稳定性，减小墩底截面的弯矩，两者结构受力均较合理，性能优越。连续刚构桥利用高墩的柔性来减小主梁跨中弯矩，同时减小桥墩尺寸。

（三）从经济上考虑

40mT梁与悬浇连续刚构相比，上部结构造价要低得多，随着墩高增加，下部构造的费用占的比重增大，两者造价差距缩小，但在常规高墩时预制吊装在造价上仍具有经济性。

（四）从美观上考虑

40mT梁方案高墩林立，高跨比不协调，景观性差；而大跨连续刚构方案桥梁形式结构简洁明快，桥下视野开阔，桥墩高跨比协调，富有景观性。

综上所述，在高墩桥梁中，预制吊装方案经济性占优；但随着墩高增加，下部构造的费用占的比重一直增大，两者造价差距缩小。在初步设计阶段两者应进行同等深度比较。

大潮高速公路初步设计阶段有2处墩高超过80m的桥梁，均进行了刚构方案与T梁方案的同深度比选。比选结果均为T梁方案经济性占优，但两者差距不大，单价比分别为0.982、0.925。

四、大跨径桥梁结构设计

（一）主梁

一般情况下，边中跨比不小于0.55，在过渡墩较高、边跨现浇段采用落地支架现浇较困难时，边中跨比最小可采用0.53。

箱梁根部梁高为主跨跨径的$1/15 \sim 1/17.5$，跨中梁高为主跨跨径的$1/30 \sim 1/60$。从受力性能上讲，梁高应取大一点，使结构拥有足够的刚度，减少后期的病害及维护的工作量。从景观上将，山区地势磅礴，结构的厚重感与整个环境更融合。

（二）主墩

墩与梁的相对刚度决定两者的弯矩分配，且梁体的收缩、徐变及温度应力也与刚构墩柱抗推刚度直接相关，既要满足全桥的纵向刚度，也要尽可能地改善梁体内力分布。因此，选择合适的墩柱纵向刚度是连续刚构设计的一个重要内容。刚构墩墩型主要有单薄壁空心墩和双薄壁墩，以及空心薄壁和双薄壁结合的混合型桥墩三种类型。

单薄壁空心墩和双薄壁墩的特点如下：

（1）双薄壁墩的抗推刚度较单薄壁空心墩的抗推刚度要小得多，因此双薄壁墩的连续刚构能有效地减小温度、混凝土收缩徐变和顺桥向位移的影响，从而有效地减小上部结构的内力。

（2）双薄壁墩的横向抗扭能力远远大于单薄壁空心墩，因此能保证特大跨径的横向抗风要求。当双薄壁墩两肢墩间拉开一定的净距离，其综合抗弯刚度远大于单薄壁空心墩的抗弯刚度。

（3）墩体施工阶段，单薄壁空心墩的稳定性大于双薄壁墩，但双薄壁墩的施工稳定性特征值也满足要求。

（4）悬浇施工阶段，双薄壁墩结构的稳定性特征值比单薄壁空心墩大，而单薄壁空心墩结构的稳定性虽较小，但仍能满足安全需求。

（5）悬浇施工阶段，桥墩的刚度对悬浇施工时的位移影响特别大，单薄壁空心墩上悬臂浇灌施工时最大竖向、水平位移约为双薄壁墩上悬浇施工时的2-3倍。

（6）单薄壁空心墩体跟双薄壁墩相比，延米高坊工量较小，且承台体积也比双薄壁空心墩的承台要小，经济性方面较优。

由以上分析可知，单空心薄壁墩、双薄壁墩各有优劣。混合桥墩具有单空心薄壁墩和双薄壁墩的优点，同时避免了这两种墩型的大部分缺点，但施工比较复杂。

综合以上比较结果，高墩大跨连续刚构桥梁桥墩在选型时，应根据墩高与跨径的具体情况来选择。本项目中的宋公大桥，跨径120m，墩高约80m，跨径相对小，墩高相对高，推荐采用单肢薄壁空心墩，这样墩身稳定性大、施工方便、经济性优，桥墩相对柔，次内力影响有限。

（三）承台

山区要保护环境，减少开挖体量，减少对植被的破坏，减少对原山体稳定的干扰。承台标高要合适，在不露桩基的前提下尽量抬高承台。宜采用大直径桩基，这样桩基根数少，承台尺寸小。在横向坡度较陡峭的地形条件下，应采用左右幅分离式承台，以减少开挖量。

五、座的选择

对于预制组合箱梁、T梁，一般采用板式橡胶支座。对于现浇箱梁支座，非抗震区可选择耐久性比普通板式橡胶支座更好的盆式支座，抗震区可根据地震烈度的大小选择盆式支座、抗震支座（如速度锁定型支座、水平力分散型支座）、减隔震支座。

大潮高速公路地震烈度为0.109，0.159，预制组合箱梁、T梁采用普通板式橡胶支座，现浇箱梁采用水平分散型支座。

六、桥梁施工

（一）陡坡桥梁基础的施工

山区陡坡桥梁桩基施工技术是桥梁施工过程中的关键环节之一。山区地面崎岖起伏大，交通不便，机械设备在陡峭坡体上运输、安装困难，作业场狭小；成孔泥浆、废渣无法排出，大量的泥浆对生态环境保护不利；山体在冲击作用下易造成垮塌，安全隐患较大。人工挖孔灌注桩受地形条件限制较小、无须大型机械设备、施工机具简单、工程干扰小、施工面广，各作业面可同时开工有利于加快施工进度，施工时无须泥浆护壁。宜采用人工挖孔灌注桩。

（二）墩施工

对于高墩施工，模板的选择决定施工工艺，选择模板类型时应根据桥墩结构类型、现有机械设备和以往施工经验来选择。对于等截面桥墩，选择滑模、爬模、翻模施工均可以。若有现成设备或高墩数量多，宜采用滑模，操作简单、安全性好、节省材料。对于变截面桥墩，应在爬模和翻模中选择。爬模和翻模相比，爬模材料需要量大，但安全性和适应性上比翻模好。如果经济性放在第一位，选择翻模有优势。翻模模板可重复使用，投资节省。

总而言之，山区地形纵、横向变化剧烈，山区高速公路平曲线半径小、纵面高、纵坡大，桥梁比例大，高墩、大跨径桥梁多。在进行桥梁总体设计时，应充分考虑山区桥梁的特点，合理布置桥跨，选择合适的上、下部结构类型，重视特殊桥梁的施工工艺，做到安全、耐久、经济、环保。

第二节　桥梁纵断面设计

近几年，我国国民经济得到了飞速的发展，尤其是交通运输业进步异常迅速，推动了整个公路工程事业进一步的发展。在整个桥梁工程的运营期间，桥梁的功能的发挥及使用寿命受多种因素的影响，如桥梁的设计、施工、监理、后期养护等，其中桥梁设计是整个桥梁结构的重要组成部分，而桥梁纵断面设计是整个桥梁工程设计中的重要组成部分，在保障桥梁工程质量上肩负着重要职责，尤其是一些大型的桥梁对当地具有重要的影响，对经济、国防等具有深远意义。我国地形非常复杂，要保证桥梁工程的质量，尤其是在丘陵山河地带修建公路，就更需要注重桥梁类型的设计，这对工程师而言就是更高的挑战。因此，桥梁在设计的时候要综合考虑多方因素，根据桥梁的性质、使用任务、将来的发展需要，进行科学合理的设计，本着经济、安全、适用、美观的原则进行设计。为确保工期和质量，在桥梁工程施工中，一定要对重点工序重点安排，特殊位置特殊考虑，依据工期要求和工程实际统筹安排，尽量做到现场布置合理有序，不仅施工组织要科学合理，施工方案也要切合实际，只有这样方可优质高效且安全地完成工程施工。

一、确定桥梁的总跨径

桥梁总跨径的计算大多数是普通的水文计算。它的计算原则有：规定的桥梁使用年限里，能够做到洪水能顺利进行排水；河流中出现的冰块和船、木筏可以安全通过；不能因为对河床的过度缩小而导致河道、河岸变迁不便，不能淹没农地，屋子及城市和其他公共设施等。对桥来说，要避免过度缩短渠道，为河床带来不好的影响。

有一些特殊情况可以减少建设费用，在不超过规定的冲刷系数情况下，适度的加大桥下的冲刷，这样来减少桥梁的总跨长。比如，有深埋条件的桥梁是可以经受住强度大点的冲刷的，这样可以缩短总跨径；而那些处在地势低平地区的宽阔河流，流动速度缓慢，河流上物品少，在这种地区进行压缩桥梁时需要仔细的测量，并考虑河流周边的田地，建筑群会不会受到影响。

二、桥梁的分孔

当桥的长度过长时，就应该对桥梁结构进行分孔，对于孔的直径大小的确定需要考虑周全，因为它对桥的质量和操作难度都会造成一定的影响，更会对桥的整体造价造成影响。比如，选择大直径的孔，这样孔的数量少了，墩台的成本也就低了，但是桥梁的上部分的成本却会增高；选择小直径的孔，孔的数量就多了，上部分的成本降低了，但是墩台的成本却是增加了。所以，一般哪种方式经济就选择哪种，但是不管是哪一种分孔方式都要满足以下要求：（1）有船只通过的河流在分孔的时候就要考虑到船只能否穿过。在设计通航孔时，要考虑那个流域通行最方便。而变迁性河流，则需要考察实际情况，酌情多分几个孔；（2）地势低平，流域宽广的河流，往往只需要在主河道上设计大一些的通航孔，两边就只需按成本最低方式分孔；（3）那些处在山区，地势险峻，水流湍急的河流，在建造桥梁时需要扩大桥梁的跨径，以减少在桥梁中间设置墩台。最好是桥梁中间不设墩台，直接使用单孔；（4）使用多孔桥连续系统，要考虑结构应力特性，以便侧孔和中孔跨距中弯矩几乎相等，并合理确定相邻跨之间的比例；（5）如果河流中出现了类似溶洞这样的危险地形，在分孔的时候可以考虑避开，加大桥梁的跨径；（6）需根据施工队伍的实际能力来选择跨径，一定要具备与之相符的施工技术和设备；（7）建造在城市里的桥梁在施工时，还需要考虑周边环境，综合多方面因素选择最合适的分孔方式。

总的来说，分孔是一件非常烦琐的事，需要考虑的问题有很多，要进行各种分析比较后，选择一个最佳方案。

三、桥面标高的确定

跨河大桥的桥梁道路标高要考虑排水和通航，跨线桥应该保证桥下的交通安全。在平原地区的桥梁，桥路海拔高程大幅提高往往伴随着大桥引道堤土方工程。在城市桥梁的建设过程中，太高的桥会对城市美观造成不利影响，而交叉或高架桥不可避免地会导致成本增加。所以综合考虑以上因素，以来确定最佳的桥高。

（一）为了确保桥下的水间隙

梁桥的底部比相应的设计洪水水位最少高0.5米，最高水位0.75；支持底座应该高于设计洪水位最少0.25米，高于最高洪水位最少0.50米，如果轴承部分有阻隔水的围栏时，就可以不用考虑这些。如果可流里有冰块或其他物品漂浮，那么桥间隙应根据具体实际情况决定。有淤积河床的河流，间隙需要适当提高。

（二）如果河流允许通航及通行木筏

那么桥梁的通航孔就需要考虑桥下的通航安全，这时，孔的高度就要高于规定的通航高度。孔的最小净空应满足《通航海轮桥梁通航标准》和《内河通航标准》。

（三）桥梁要跨越铁路或公路时

那么高度就要高于规定的车辆净空高度。在这种桥梁的设计过程中，不仅要考虑桥下的通行安全要求，还要考虑桥下车辆在驾驶时的视线有没有被阻挡，能否清晰观察道路信息。

桥梁的高度确定以后，就可以根据桥两端的地形条件来进行下一步设计：纵断面的设计。常见的是设计成有坡度的桥梁，这样的不仅实用美观且利于桥面的排水。

四、纵坡

一般的大型或者中型桥，都会从桥的中间向桥的两端做成坡度，这样可以方便排水。如果桥面离地较高，那一般会设计成人字形的坡度。大型桥和中型桥的坡度不能大于4％。桥头引道的坡度不能大于5％，桥梁处于交通要道时，桥上纵坡和桥头引道纵坡度都不能大于3％。

五、基础埋置深度

桥基的埋藏深度直接影响到桥的质量与使用安全，深度的选择要根据实际情况来决定，一般受到地质、承受能力、桥梁结构、水流情况、施工队伍等条件的影响。

总之，桥梁工程在设计上一定要本着经济、安全、美观和适用的原则进行。在经济上一定要经过周密的计算和成本比较，充分的体现经济上的合理性；在安全方面一定要保证桥梁有足够的桥面净空和承载能力，保证桥梁各个构件及其整体构件具有足够的刚度、强度、稳定性和耐久性，同时满足将来交通量的预计增长，更要满足行人和车辆的安全畅通，只有这样才能最大程度的发挥桥梁的价值。鉴于笔者水平有限，今后还需加强理论知识的学习，争取为梁工程桥梁纵断面设计研究做出更大的研究成果。

第三节　桥梁墩台

如今我国桥梁墩台施工的工艺越来越精致，施工的技术也越来越熟练了。不同的桥梁墩台有不同的质量要求，因此，在施工的时候就会运用不一样的施工技术，同时施工的流程也是不一样的。下面就详细介绍了一般墩柱施工的工艺与技术要点和高墩翻模施工的工艺与技术要点。

一、一般墩柱施工工艺与技术要点

桥梁墩台是桥梁的重要组成部分，施工质量的好处直接关系到整个桥梁工程的质量和安全。一般桥梁墩柱施工工艺流程：施工准备——测量放线——与承台结合面处理——钢筋工程——模版工程——墩身混凝土浇筑——拆模和养生。（1）测量放线：

测量放线的目的就是为了找准基准点，确保各个部分建设的位置是正确的。测量放线不是一次性完成的，而是要经过多次试验，进行反复确认。因为，一旦基准点找错，那么整个工程就都是错误的。（2）对承台结合面进行处理：承台可以说是桥梁的底座，它是桩与桩之间、墩与墩之间的连接纽带。在进行承台结合面处理的时候，主要是将承台结合面上面残留的泥浆打扫干净，同时进行凿毛处理，最后还要用清水冲刷，以保证承台结合面的干净整洁。（3）钢筋工程的开展：一般的墩柱在安装钢筋的时候，通常是先安装一根主筋，然后再围绕主筋进行其他钢筋的安装。主筋在安装的工作中，通常是使用挤压连接器将各个主筋连接在一起。（4）模板工程的开展：一般的墩柱在安装模板的时候，首先会安装一个完成的模板，然后通过模板接缝的缝隙确定模板安装的是否平整。如果不平整的话，也可以通过模板接缝的缝隙进行调整。

二、高墩翻模施工工艺与技术要点

（一）翻模施工步骤

翻模施工主要可以分为九个步骤：施工前的准备工作——组装和翻模工作——对钢筋进行绑扎——混凝土的浇筑——提升工作平台——模板的翻升——施工至墩顶——进行模板拆除——对平台进行拆除。

（二）安全爬梯搭设

安全爬梯的作用主要是为了保证工作人员在进行高空工作时的安全，所以，安全爬梯的正确搭设是非常重要的。在进行安全爬梯搭设的时候，第一步应该将要建设的位置进行处理。将体积过大的碎石等等剔除，以免影响安全爬梯的稳定性，同时还需要用混凝土进行填补，以保证地面的平整，不然即使安全爬梯建设完成了，也不能保证安全爬梯的安全性。下一步就要进行底座、爬梯、脚手架和垫板的安装。在这个过程中，要事先进行计算和测量，保证各个部件安装位置的准确性，并且每一个梯度不得高于3米。

（三）模板的安装

模板在建立之前，要对轮廓进行精准的描摹，保证模板与设计的一致，不然就会影响整个工程的质量。同时，为了保证模板建立的垂直性，在建立之前同样要对地面进行处理，避免因为地面不平而导致模板倾斜，在对地面进行找平的过程中，误差最好不要超过两毫米，不然就会对下面的工作造成影响。模板建设完成以后，就要进行混凝土的浇灌了。混凝土的运送一般使用专业的混凝土罐车，在运送混凝土的过程中，为了保证混凝土的潮湿性，一般会将混凝土用塑料薄膜包裹起来，或者定时进行洒水。

模板的拆卸不是一次性完成的，而是分节进行拆卸。在进行第三节模板浇筑的时候，前面两节模板就已经凝固完成了，并且已经达到可以拆卸模板的硬度了，所以，一般在进行第三节浇筑的时候，第一节和第二节的模板就可以进行拆卸了。

（四）高墩台的钢筋安装和连接绑扎

在高墩台里面安装钢筋的主要目的，就是为了增加高墩台的坚固性。这项工作一般是在模板安装前进行。钢筋的安装分为纵向安装和横向安装，通常是纵向安装完成以后，再进行横向安装，都安装完成以后，还要对钢筋进行绑扎，以增加钢筋的稳定性。钢筋的绑扎工作主要运用的工具是千斤顶，将千斤顶放置在模板和横梁之间，然后进行绑扎。在进行第一次安装的时候，钢筋的纵向高度不宜超过模板的高度，不然就可能威胁到工作人员的人身安全，同时还可能影响工程的质量。

钢筋的安装工作和绑扎工作是很重要的，所以在进行该工作的时候有如下注意事项：（1）所有的桥梁支架都需要安装钢筋，所以工作人员就要确定好桥梁支架的数量，然后严格按照桥梁支架的数量准备足够的钢筋；（2）在进行钢筋绑扎工作的时候，还会用到焊接技术。不是所有的钢筋都需要进行焊接的，所以经过焊接处理的钢筋应该做好相应的记号，防止在使用的时候出现错乱，因为一旦出现错乱，就会严重影响施工的效率和工作的质量；（3）在进行焊接工作的时候，一定要将钢筋的四个角牢牢地扎住，防止在焊接的时候出现挪位的现象，同时，也是为了避免因为钢筋挪位而造成人员伤害；（4）钢筋的弯钩长度要与设计的结果保持一致，这样才能保证安装工作的顺利进行。

（五）墩身混凝土施工

在进行混凝土浇筑的时候，不仅要保证混凝土浇筑的质量，同时还要保证混凝土的美观，所在，在浇筑的过程中，就要对各个工序进行严格的把控。

（1）模板的检查：模板是整个工程的架子，所以在进行混凝土浇筑以前，要对模板的尺寸、接缝和垂直程度等等，进行严格的检查，确保没有问题后，在能进行下一步的施工。

（2）混凝土的运输：将混凝土运送到施工现场，一般采用的是混凝土罐车；而将混凝土运送到高空进行浇灌的时候，一般采用的是混凝土运输泵。混凝土运输泵有足够的动力将混凝土通过墩身中间的串桶运送到模板里面。

（3）混凝土的浇注：在进行浇筑之前，要先对墩身内部进行清理，防止杂物进入到混凝土里面，从而影响混凝土的质量。每次浇灌的厚度最好控制在三十厘米至四十厘米的范围内，然后进行振捣，每次振捣的时间不得少于二十秒，避免混凝土因为振捣的不够充分而在内部形成气泡。在振捣完成后，要观察混凝土表面是否范浆，混凝土表面出现范浆才是合格的，才能进行下一步，不然就要继续进行振捣，直到表面范浆为止。

（4）混凝土顶面高度的控制：一般情况下，混凝土的顶面高度要高于模板的高度，因为在浇筑完成以后，还要进行凿毛处理。在进行凿毛处理的时候，会小范围的降低混凝土的高度。同时，工作人员还要对混凝土的四周进行处理，将多余的混凝土抹去，保证混凝土的四周与模板的四周是平齐的。

（5）凿毛：在混凝土硬度达到 2.5MPa 以后，就要进行凿毛处理，以保证混凝土表面的平整性，这样才可以保证在与下一部分混凝土连接的时候，做到无缝连接。

（6）墩身模板翻升：在构建第四节模板的时候，应用的是第一节的模板，所以就要对第一节的模板进行清洗，然后由相关的工具运送到第四层。

（7）墩顶施工：墩顶施工的主要工作就是对混凝土进行封层。在施工的时候，要注意悬挂安全网，防止掉落的水泥对下面的工作人员造成伤害。

（8）模板拆除：模板的拆除工作，要按照底部、中部然后顶部的顺序进行拆除。拆除以后还要对模板进行清理，以便下次的使用。

（9）混凝土养生：在所有工作都做完以后，就要对混凝土进行养生，混凝土的养生工作，主要就是要保持混凝土的潮湿性。一般混凝土的养生主要靠喷淋，然后再用塑料薄膜进行包裹，包裹的时间不得少于七天。

三、桥梁墩台大体积混凝土施工裂缝及预防

梁墩台需要承受较大的压力，通常为大体积混凝土施工。在实际施工过程中，受诸多因素影响，桥梁墩台相应的混凝土结构极易发生改变。若达到相应的界限标准，将产生施工裂缝，引发结构破坏，还会腐蚀结构内部存在的钢筋，降低桥梁墩台的整体承载力，并缩短其实际使用寿命。因此，有必要立足于施工实践，采取有效措施对桥梁墩台大体积混凝土施工裂缝进行预防。

（一）施工裂缝概述

桥梁墩台相应的混凝土结构具有较大体积，在水化热因素影响下，极易产生结构性开裂，形成施工裂缝。要通过对混凝土浇筑施工工艺进行完善，并对浇筑施工进行合理组织，实现对桥梁墩台施工裂缝的有效预防。

桥梁墩台通常具有较为复杂的施工环境，其大体积混凝土浇筑施工极易产生施工裂缝。对于桥梁墩台混凝土存在的深层裂缝以及贯穿裂缝，可通过人工方式借助风钻以及风镐等工具有效凿除此类裂缝，再将混凝土重新浇筑于其上。若裂缝深度较大，要在混凝土完成硬化后，将1到2层钢筋铺设在裂缝上再对混凝土进行浇筑。若施工裂缝不规则，可对之实施水泥或者化学灌浆处理。在桥梁墩台相应的大体积混凝土实际施工过程中，要明确施工裂缝产生的原因，并深入考察桥梁墩台施工的实际情况，采取有效措施对施工裂缝进行预防。

（二）产生裂缝的原因

桥梁墩台普遍采用大体积混凝土结构，混凝土浇筑施工要满足相关设计强度要求，在混凝土浇筑施工过程中，水泥水化热因素造成温度发生变化，可能引发混凝土产生施工裂缝。混凝土实现凝结硬化，主要是水泥与水二者发生反应，形成相应的胶结材料，具有良好级配的砂石材料经过胶结，能形成具有较大硬度的复合材料，有效

增强其抗压性能。混凝土浇筑的早期过程中，水泥和水发生反应，将产生大量热量，在水化过程中，造成混凝土内部升高 $50℃\sim70℃$ 的温度。混凝土内部及其表面具有不同的散热条件，其内部集聚大量水化热难以有效散发，其外部则具有较快的散热速度，这就造成内部温度相对外部温度明显较高，使内部形成过大温差，拉应力将产生于混凝土表面，若混凝土表面拉应力超出其极限抗压强度，将形成不均匀的施工裂缝。

（三）裂缝的预防措施

（1）对混凝土实际配合比进行科学设计和有效控制

1. 为确保混凝土具备的和易性良好，应尽量降低混凝土的单位用水量，采用较低的坍落度、砂率以及水胶比，并掺加高效减水剂，以改善混凝土的工作性能。

2. 严格遵循相关设计的具体要求，对粉煤灰的实际掺量进行控制，有效配制热量较低的抗裂混凝土，并确保其具有较高的韧性、强度以及抗拉值。

3. 对钢筋加固结构进行科学配备，使混凝土有效提高抗裂性。对直径较小的钢筋进行采用，加强钢筋间隔的紧密性，在横截面上将配筋率控制在 $0.3\%\sim0.5\%$ 的范围之内。若结构具有较为集中的受力，则将加强筋设置于受拉区，促进混凝土有效提高其抗拉极限实际强度，避免混凝土发生开裂。

4. 对混凝土结构进行设计，要深入考察施工现场所在地的气候状况，对施工浇缝进行合理设置，通常将浇缝距离控制在 $20\sim30m$ 之间，有效保障混凝土实现良好凝固。

（2）对各项原材料进行科学控制

在水化反应中，主要由水泥产生水化热，各类水泥产生不同的水化热。桥梁墩台大体积混凝土施工，应充分利用水化热较小的水泥（低热和中热水泥）。要基于实际情况，尽量对具有微型扩张特点的水泥进行选用，扩张水泥处于水化膨胀的过程中会产生相应的预压力，在水化后期，能将部分混凝土相应的温度徐变应力有效抵消，促进混凝土降低其拉应力并增强其抗裂性能。相关试验显示，当水泥材料每增加 $10kg$ 时，其浇筑温度即增加 $1℃$，水泥实际用量与相应的水化热呈现出正比关系。在实际施工中，要尽量对水泥用量进行降低，实现对水化热的有效减少。但要将水泥含量控制在合理范围中，避免水泥实际含量过少，对构件强度造成不良影响，降低结构存在的安全风险。

混凝土配比中掺入适量粉煤灰，能改善和易性，并增强流动性，借助泵输送方式，能增强浇筑施工的便捷性，还能有效降低混凝土的水化热。在混凝土中，通常将粗细骨料的实际比例控制在混凝土总量 $80\%\sim83\%$ 的范围内，因此有效保障混凝土具备良好的强度。

要选择具有较小的膨胀系数，且表面清洁的骨料。可将大小在 $150\sim300mm$ 范围内的大块石适量加入混凝土中，要求大块石不存在裂缝，且具有较高的硬度，在将大块石加入混凝土中之前，要将其清洗干净。适量将大块石掺入混凝土中，能对混凝土的实际用量进行有效减少，并节约水泥材料。同时，大块石能对热量进行有效吸收，能对水化热进行有效降低，能实现对施工裂缝的有效控制。

（3）对浇筑施工工艺进行有效改善

1. 平面分层浇筑。若待浇筑部位具有较小的结构平面实际尺寸，诸如对小型承台基础进行浇筑，可从短边开始浇筑，并沿长边实施浇筑施工。全部完成对第一层混凝土的规范浇筑后，在其初凝前，对第二层进行浇筑，将每层浇筑厚度控制在30～35cm范围之内，促进内部混凝土实现良好散热。

2. 斜面分层浇筑。若待浇筑部位具有较大的结构平面实际尺寸，但其整体厚度相对较小，可从顶端使混凝土自然流下，浇筑为斜坡，增强对泵送施工的适应性，促进泵送效率实现大幅度提高，并对混凝土存在的泌水现象进行有效减少。在浇筑实际过程中，要避免对顶部、底部层浇筑混凝土时初凝时间超出。

3. 分段分层浇筑。若待浇筑部位具有较大的结构面积，应从底层开始浇筑，并有效控制层厚，完成对一段距离的浇筑后，要返回对上层混凝土进行浇筑，依次向前实施浇筑。对分段分层这一混凝土浇筑方式的采用，要将结构特点作为依据，并结合钢筋疏密的实际程度，对每段实际浇筑厚度进行确定，通常将各分层浇筑厚度控制在30cm，1.25倍于振捣器相应的作用半径，并避免其大于500mm。对混凝土实施分段浇筑，要对各层浇筑厚度以及具体振捣时间进行严格控制，对每层混凝土进行浇筑，均需及时实施均匀振捣，确保混凝土具备良好的密实性。

（4）加强对混凝土的有效养护

混凝土浇筑完成后，开始逐渐凝固硬化，在此阶段内，水化反应具有较快的反应速度。对此，要保证混凝土环境湿度，避免由混凝土表面发生脱水而导致干缩裂缝。要及时对浇筑完成的混凝土实施有效的洒水保温。混凝土完成终凝后，要利用草袋以及塑料薄膜等对其进行覆盖，有效避免水分发生蒸发。将各类保温材料，诸如土工布、棉被等覆盖在混凝土上的塑料薄膜上，对混凝土表面相应的温度下降进行有效减缓，对混凝土内外存在的温差变化进行有效控制。若不方便对竖壁进行覆盖，可采用具有良好性能的塑料模板，并对拆模时间进行适当延长，实现有效的带模养生。待混凝土内外存在20℃以下的温差，才能对模板以及相应保温层进行拆除，若提前实施拆模，需在拆模后及时开展保温养护。

四、案例分析

桥梁墩台位置测量是在图纸设计的基础上确定桥梁墩台的位置，应用适当的测量方式设计桥梁桥墩，随后进行施工放样。施工作业实施前需复测桥梁所处区域的路线中线，加强控制桩设置的质量，充分保证墩台的位置及尺寸满足工程具体要求，使其满足工程施工设计的具体需要，在对小桥梁墩台定位及测量时，施工人员可使用钢尺直接进行丈量。

（一）工程概况

某桥梁墩 0 号台为重力式 U 形桥台，台帽厚度为 0.6m，18 号台为肋板式桥台，肋板厚度为 1.5m，盖梁厚度为 1.5m。1-17 号桥墩墩柱是大悬臂双柱墩，墩身中间由宽度为 1m 的系梁连接，墩柱为 1.8mx2.0m 的方形墩，其圆角 R 呈现为 20cm，墩柱最大的高度 .8mx2.0m 设置为 9.401m。

（二）桥梁墩台身施工方案

本工程对墩台身施工时，首先在桥梁承台上放样得出墩柱十字线后根据图纸尺寸作墨线，确定墩柱的边线及距墩柱外侧检测线，通常情况下，检测线和桥柱的距离显示为 10cm。随后需要对墩柱范围的混凝土进行凿毛，使其露出新鲜混凝土，清洗干净凿除的混凝土，随后在绑扎钢筋前要利用碗扣式钢管搭建施工平台。

在基础施工平台构建后开始第一次施工，需要使钢筋数量和箍筋数量之间的距离及垂直度满足相关要求。在绑扎钢筋完成且浇筑混凝土前设置钢筋垫块，清理墩柱范围内的杂物。在检验合格之后安装模型，本工程的墩柱利用定型组合钢模，在模板安装前处理模板表面生锈的部位并进行有效打磨，随后经监理工程师检查合格后进行混凝土浇筑施工。值得注意的是，混凝土浇筑过程主要使用输送泵处理，明确输送泵管不能接触模型及加固模型支架。

（三）桥梁墩台身施工技术应用

（1）支架搭设

支架搭设能够保障墩台施工更加安全有效，其主要作用是为钢筋工和模板工提供作业平台和实施墩柱主筋定位的主要位置，且其本身并不会承受施工压力。在实施支架构建前，首先要平整并夯实施工场地，随后设置排水设施防止积水对地基产生浸泡等不利影响。对本工程而言，主要是在桥墩台底部设置木方块，防止其直接立于地面。方垫板使用宽度大于 20cm 且厚度超出 5cm 的方木。搭设的脚手架要和墩柱保持 0.3m 左右的距离。

本工程墩柱主要采取分次浇筑的方式，使碗扣架更加稳定，脚手架在设置时需要促使水平顶托和已浇筑的墩柱混凝土结合在一起。脚手架的纵向距离为 0.6m，横距距离为 0.9m，步距为 1.2m，距地面 0.1m 的位置设置扫地杆。脚手架的搭设也要更加牢固，同时在每 5m 高的位置设置缆风绳，要充分拉紧缆风绳，地锚埋入时需要和原自然地面保持 2.5m 的状态，且锚固钢筋 II 级控制在 25mm 之内，长度则和地锚深度保持一致，与地锚截面保持 0.5mx0.5m 的距离。

脚手架四面的位置要利用剪刀撑实施加固，剪刀撑的斜杆和水平面的夹角要保持为 45°～60°。脚手架上铺设的脚手板要充分固定在架子中，架子搭接长度为 20cm 以上，且应在搭接中部包含着支承横杆，铺设的脚手板不能出现超出横杆 25cm 的探头板。

（2）模板施工

本工程模板根据墩身高度由定型模板确定，具体的模板设计为2.0x1.8mx1m、2.0x1.8mx0.3m及2.0x1.8mx0.2m，工程采用的模板面板要保持表面光滑平整，使面板的拼缝不会发生错台的现象且保持顺畅。为使拼接缝隙更加紧密，工程对模板间的拼缝要使用双面胶进行黏结处理，面板表面平整度要控制在3mm内，拼缝的缝隙宽度多数情况下小于2mm，错台则处于3mm内。根据实际情况定制面板的后背槽钢和角钢，模板主要是由技术部门验收处理，对一些存在变形或强度无法满足要求的模板应避免应用到工程建设中。本工程使用的模板后背槽钢及法兰等在出厂前实施拼装，其余配件及销子均在现场进行安装。

在立模施工处理前要和墩身中心线结合在一起，充分释放出立模边线，立模边线外则多使用砂浆平整处理，随后找平层使用水平尺找平。等到砂浆硬化后就可以进行立模，安装首节模板。

本工程的模板吊装以塔吊为主和人工为辅的方式进行具体施工，先拼装墩身一个面的外模之后，模板间利用胶板塞夹防漏浆，依次组拼完成整个墩身的模板。

（三）墩台身钢筋施工技术

钢筋预埋前，主墩的平面位置应根据设计尺寸准确放样后，在承台上埋设底部封闭的70PVC管。PVC管内插入脚手管后会构建起承台钢筋的定位架，然后在定位架上使用红油漆标记出预埋钢筋的具体位置。脚手管上要利用承台预埋钢筋绑扎后加以具体定位，随后绑扎并形成骨架。对于需要切割的钢筋，两端要保持平整，使钢筋连接更加紧密。为检查钢筋连接的质量，对工程钢筋的直螺纹两端需利用红油漆标记处理。连接后的钢筋使用电焊点焊，充分防止发生接头松落的现象。对进场的套筒也要加强外观检查，包括对长度、直径及壁厚等方面的检查，对不合格的套筒不予以使用。同时也要检查每批接头的强度，保障每批接头均按设计及规范要求取样送检。

（四）墩台身混凝土浇筑

模板安装处理后，要在模板上安装安全爬梯，在穿过对拉杆后检查预埋件的位置及安装情况。模板安装后利用线锤自检处理，在合格后报检复测，测量工程师则需要利用全站仪对模板平面位置及标高实施复测，在模板复测合格后也要对现场模板实施检查，随后浇筑混凝土。

本工程浇筑第一节墩柱混凝土时多数需要利用分片拼装模板，在系梁上端部位利用吊车进行组装，模板连接固定之后使用吊车提升组装模板的后背爬架，在爬架四周设置相关安全网。由于本工程墩柱较大，在浇筑墩台身混凝土时需要专业人员看模，随时对混凝土浇筑施工中存在的模板变形情况进行检查，时刻关注预埋件的安装情况，确保混凝土浇筑的质量及安全程度，对墩柱（台身）盖梁施工时要将混凝土表面的浮浆凿除，钢筋检验合格后使用吊车将盖梁的定型组合钢模进行拼装和加固，在监理工程师现场检查符合要求的情况下浇筑混凝土，其具体要求与墩身的具体要求相同。

总而言之，桥梁墩台不仅本身的强度要高，在刚度和稳定性上也要有保障，否则将会因负荷过大而造成桥梁墩台发生位移甚至是沉降。对于桥梁墩台的施工需要严格依据设计图纸的每项要求规范及正确的施工工艺流程进行。

第四节　梁桥支座

桥梁支座是连接桥梁上部结构和下部结构的重要结构，随着桥梁投入营运时间的增加，桥梁的受力会在不同时期发生不同的变化，支座就会产生各种相应的力，一些特殊工况下，支座就会出现滑移、受力不均匀、破坏等现象。通过对多跨连续梁桥下部墩柱倾斜，出现支座滑移、受力不均匀等复杂情况下支座更换技术的研究，解决了多跨连续梁单跨同步顶升过程中，桥梁上部结构无破坏的支座更换技术，确保了支座安装精度与桥梁安全质量。

一、梁桥支座的定义

梁桥支座架设于墩台上，是顶面支承桥梁上部结构的装置。其功能为将上部结构固定于墩台，承受作用在上部结构的各种力，并将它可靠地传给墩台；在荷载、温度、混凝土收缩和徐变作用下，支座能适应上部结构的转角和位移，使上部结构可自由变形而不产生额外的附加内力。

桥梁支座的构造应符合上部结构的理论计算图式，如支承压力通过一个固定点传递时，支座应设计成只能容许结构端部转动而不能移动的固定支座；如支承压力通过一个固定点且作用在一定的方向传递时，则应设计成既能转动又能移动的活动支座。梁式桥支座有水平双向固定支座（即固定支座）、水平双向活动支座（或称双向活动支座）、水平一向固定一向活动支座（即活动支座）三种，其布置根据桥梁宽度而定。

二、梁桥支座的分类

桥梁支座类型很多，主要根据支承反力、跨度、建筑高度以及预期位移量来选定。

传统的常用桥梁支座有：垫层支座、平板支座、弧形支座、摇轴支座、铰式固定支座以及铰式辊轴支座等。

（一）垫层支座

用油毛毡或石棉板做成垫层支承上部结构，用于跨度小于6米（铁路桥）或10米（公路桥）的简支板式桥和梁式桥；

（二）平板支座

由上、下两块平面铸钢板（座板）构成，用于跨度小于8米或12米的梁式桥。座板之间如加设销钉，即可构成固定支座；

（三）弧形支座

其活动支座是由平板支座中的下座板改为圆弧面板而成，可提高其滑移和转动性能，用于跨度小于 20 米的公、铁路桥。在座板间加销钉即成固定支座；

（四）摇轴支座

用铸钢摇轴与上、下座板组成的活动支座，用于中等跨度梁式桥；

（五）铰式固定支座

由铸钢上、下摆组成，两摆之间嵌以摆卡，以控制横向滑动，适用于大跨度梁式桥的固定支座；

（六）铰式辊轴支座

在铰式固定支座的下摆下面加设锻钢辊轴和铸钢座板而成，辊轴的数量及尺寸根据支承反力的大小来确定，常用于大跨度梁式桥的活动支座；

（七）双向活动支座

系由两层互相叠置，而在正交的两个方向均能滚动的铰式辊轴支座构成，用于宽度大的梁式桥。

三、梁桥支座的安装

（1）在支座安装之前应对支座的安装位置进行测量检验，支座安装平面应和支座的滑动平面或滚动平面平行，其平行度的偏差不宜超过 2‰；

（2）支座安装前应对活动支座顶、底板的相对位置进行检查；

（3）支座安装后，滚动和滑动平面应水平，其与理论平面的斜度不大于 2‰。支座上、下板中心应对中，其偏差不大于 2‰；

（4）为保证支座安装平整，一般应在支座底面与职称垫石顶面之间，捣筑 20～50mm 厚的干硬性无收缩砂浆垫层。

为了保证桥梁支座的施工质量，以及安装、调整、观察及更换桥梁支座的方便不管是采用现浇梁法还是预制梁法施工，不管是安装何种类型的桥梁支座，在墩台顶设置支撑垫石是必需的。

四、梁桥支座的更换——以"多跨大型连续梁桥支座更换"为例

（一）工程概况

天津中心庄路—京津塘高速公路分离式立交，位于天津中心庄路与京津塘高速公路相交处。引桥上部结构采用现浇钢筋混凝土 T 形梁，梁高 1.7m，桥面板厚 0.25m，肋板底板宽 0.60m，肋板顶宽 0.80m，在横向设 4 道主纵梁，横梁为混凝土矩形变截面形式，在梁端位置梁高 0.35m、宽 0.2m，在梁中位置梁高 0.95m、宽 0.4m。

引桥下部结构中墩采用 4 片十字形片状墩柱，在联间墩位置墩柱顶面纵桥向为

1.4m，横桥向为1.234m，墩柱底面横桥向为变值，纵桥向为0.6m；在中墩位置墩柱顶面纵桥向为1.0m，横桥向为1.234m，墩柱底面横桥向根据1：16坡度变化，纵桥向为0.6m。采用刚性矩形承台，桩基采用5根钻孔灌注桩，桩径1.20m，桩长48m。边墩采用35cm×55cm×60cm四氟板式橡胶支座，中墩采用45cm×70cm×6.4cm板式橡胶支座。5cm×70cm×6.4cm。

（二）梁病害情况

经量测，该桥32号墩南侧支座发生位移、扭转，东幅桥第33.32-2号支座向桥跨内侧位移，且东西向位移量不等，其中东侧位移12.5cm，西侧位移1.5cm。东半幅第33-324号支座从东侧观测，支座发生明显的剪切变形，西侧观测位移幅度较东侧小，剪切变形幅度也较小。根据以上所述情况，决定采用整体顶升梁体的方法对受损支座进行更换。

（三）施工特点

（1）力不一致，桥面宽，对整个顶升体系的反力构建难度大；

（2）梁体顶升竖向位移警戒值4ram，顶升竖向位移限制值6ram，顶升高度的控制要精准，确保梁体不会发生破坏；

（3）顶升的梁体为7跨连续梁，随着顶升高度及顶升荷载的逐渐增加，存在出现裂缝的隐患，必须加强施工过程中的监测；

（4）墩柱设计为倾斜，梁体顶起后墩柱可能出现回弹现象，对顶升高度的精确控制有一定难度。

（四）总体施工技术

鉴于引桥32号墩位移幅度较大的支座出现一定程度的损伤或其附属构件出现损伤，采用顶升梁体的方案对该墩支座予以更换及复位，在更换和复位过程中采取必要的监控措施，对主梁支点反力进行控制，根据支座反力大小，调整支座垫石的标高。桥梁顶升施工过程中，进行半幅断交、半幅导行。

顶升利用既有承台，设置钢支撑托架，直接顶升上部梁体。由于梁体顶升竖向位移警戒值为4mm，顶升竖向位移限制值为6mm，拟第1次对需要更换支座处的4片梁整体顶升≤4mm，如果支座不能换出，顶升至6mm，如还不能抽出则重新进行方案讨沦，具体施工中以能把支座换出为准。

（1）钢支撑托架搭设

托架体系，由支撑钢管、工字钢梁、横撑及斜撑等组成。单幅桥顶升采用10根600mm×16mm的钢管作为支撑杆，钢管上、下两端焊接厚16mm的法兰。每根钢管支撑下部通过植入M20锚栓与原承台连接。上、下两节钢管支撑间通过螺栓连接，整个钢支撑体系通过槽钢作为横撑及斜撑连成水平稳定体系，托架上方设置横梁与纵梁。

（2）梁体顶升

1. 顶升操作系统

顶升操作系统，采用自动控制系统，PLC液压同步控制技术，该系统采用计算机整体控制，整个操纵控制通过操纵台实现，整体安全可靠、功能齐全。由于采用专业开发的软件控制，系统具有位移误差、行程、负载压力可控，以及紧急停止、误操作自动保护等功能，同时所有油缸既可同时操作也可单独操作。

2. 顶升设备

千斤顶选用：根据设计图提供的制作反力，在保证一定的安全的情况下，本工程采用200t螺旋自锁千斤顶，顶身长395mm，底座商径375mm，顶帽258mm，行程140mm。千斤顶由于配有液压锁及经过改造后的螺旋自锁装置，可防止任何形式的系统及管路失压，从而保证负载的有效支撑，千斤顶安全系数=200/76，满足要求。千斤顶的顶升缸推=200/76.5=2.6，满足要求。千斤顶的顶升缸推力为2000kN，行程140mm，偏载能力5，最小高度395mm，最大顶升速度10mm/min，压力控制精度≤5%。

3. 千斤顶布置与安装

根据液压控制系统的性能，为提高顶升精度的控制，每墩柱处配备2把光栅尺和2块百分表，由于顶升时墩柱有可能回弹产生位移，因此光栅尺和百分表在梁体底面与承台顶面之间形成位移监控系统，以便更好地监测顶升姿态。

由于终控系统控制界面上显示有油压读数，因此通过读数变化可以反算出千斤顶顶力，该种型号的千斤顶每变化1MPa，力的变化为63.1kN，通过力与位移的双控，精确控制顶升过程各步骤实施。单幅桥千斤顶共布置8台，每道纵梁下布置1台，8台千斤顶通过1台泵站控制，经终控系统进行顶升作业，所有千斤顶均按向上方向安装，即千斤顶底座固定在钢支撑上面的横梁上，由于横梁为水平，既有T形梁设有纵坡与横坡，因此不同高度通过在横梁上设置钢垫块找齐，千斤顶与垫块、垫块与横梁之间通过焊接连接。千斤顶安装时应保证轴线垂直，以免因千斤顶安装倾斜在顶升过程中产生水平分力。千斤顶的上方设置钢垫板以分散集中力，钢垫板上方加设4cm胶垫，保证结构不受损坏。

4. 梁体顶升

待准备工作完成后，观察若无问题便进行顶升，最大顶升速度10mm/min。正式顶升时，每一步必须按下列程序进行，并做好记录，直到顶升工作结束。在顶升过程中应注意，精确控制顶升高度，注意计算系统监控提示，以免引起梁体变形超限。

整个顶升过程应保持光栅尺的位置同步误差<1mm，一旦位置误差>1mm或任何一缸的压力误差>5%，控制系统立即关闭液控单向阀，确保梁体安全。

每一轮顶升完成后，对计算机显示的各油缸的位移和千斤顶的压力情况，随时整理分析，如有异常，及时处理。主梁顶升并固定完成后，测量各标高观测点的标高值，计算各观测点的抬升高度，作为工程竣工验收资料。

（3）支座更换

桥梁顶升呈悬浮状态后，将原破损支座及墩柱顶部清除干净，经测量定位，画出支座设计位置。在支座位置处理好后，将新支座放入原支座位置，并清理支座表面的杂物。

支座安装前，对楔形垫块下黏结的不锈钢板进行仔细清理，并在不锈钢板与四氟板之间加入硅油，增加润滑性能。

1. 支座垫板安装

根据新加支座与梁底密贴程度，在空隙、不平部位塞入支座垫板，支座垫板楔入时先把钢板2用环氧树脂粘在墩顶，使钢板1与支座粘在一起，然后在钢板1、2接触面上涂环氧树脂，楔入钢板1与支座，使支座顶面与主梁底面密贴，并安装支座限位钢板。

2. 落梁

检查安放支座无误后方可落梁，为了保证落梁时梁体平衡，施工时应确保千斤顶一次回落量，直至落实为止。同时再次检查支座与梁底是否完全接触，否则，需重新起顶，直到符合要求。同时应注意控制各主梁间位移差。

（4）监控量测

本工程监测指顶升过程中为保证桥梁的整体姿态所进行的监测，包括结构的平动、转动和倾斜，监测贯穿于顶升全过程，监测分为3套系统，即光栅尺、百分表及电子水准仪，各种仪器精度都能达到0.01mm，在施工过程中相互校核，保证数据准确。

第七章　桥梁施工

第一节　桥梁基础施工

在桥梁建设过程中，施工质量如何对于桥梁整体质量的好坏都会产生一定的影响。因此，在实际施工的过程中，需要对桥梁施工的质量进行重视，进而使得桥梁整体质量得到保证。在桥梁建设过程中，基础部分施工环节的质量对于桥梁质量将会产生显著的影响。针对这种情况，就需要对桥梁基础施工技术加强控制，从而使得桥梁施工的整体质量得到提升。

一、桥梁基础施工中常出现的问题

（一）混凝土出现裂缝

在桥梁基础施工的过程中，混凝土裂缝属于一种常见的病害，对于桥梁质量产生严重的威胁。一般来说，随着现场施工环境中温度的变化，会导致混凝土强度出现增长。但是，当施工环境中的温度达到零摄氏度的时候，混凝土中的水分就会出现结冰现象，且不再继续发生水化反应。在这种条件下，混凝土的强度也会不再增长。另外，混凝土中的水分结冰之后，体积也会发生一定的变化，混凝土中会产生一定的膨胀应力，导致混凝土中出现裂缝。若混凝土浇筑完成后，则应该一定的标准对混凝土进行相应的保护。如对混凝土表面的湿度进行保持，使得水分蒸发速度减慢，进而使得水泥中的水化反应得以正常进行，最终使得混凝土的强度得到保证。通过这样的方式，还能使混凝土产生裂缝的概率降低。但是，在实际施工过程中，很多的施工单位对于混凝土的养护工作没有进行足够的重视，导致混凝土中的湿度不够，水泥的水化反应难以进行，也就导致混凝土的强度得不到保证。这样一来，还会导致混凝土表面出现裂缝。

（二）承台混凝土出现腐蚀

在桥梁建设中，经常会将桥梁的承台体积设置很大，导致混凝土的强度等级不够。因承台所处的位置环境较为复杂，这时，承台如果没有较好的性能，就会导致混凝土的腐蚀加重，甚至还会导致混凝土表面出现裂缝，对于桥梁安全产生严重的影响。

为了使得在建设过程中，承台混凝土不出现腐蚀，就需要对承台进行加厚，或者在实际施工中，采用高性能的混凝土进行施工，从而使得承台混凝土的腐蚀性能得到加强。

（三）桩身不稳

桩身不稳则说明在沉桩的时候，下沉的阻力变大，进而导致桩身不稳。在这一期间，不能使用高锤对其进行重击，不然很容易将桩打断，导致结构稳定受到影响。因此，在这一期间，就需要对问题进行实际分析。桩身不稳很有可能是桩尖钉到硬土层中，也有可能在打桩的时候，遇到一些硬物，导致沉桩工作难以进行。必须对其原因进行仔细排查，进而对其采取一定的措施，使得沉桩工作得以顺利进行。

二、桥梁基础施工技术要点分析

（一）进行支架搭设

在实际施工的过程中，可以利用施工脚手架作为实际操作的平台。需要注意的是，脚手架必须要用钢管支架进行搭建。对墩台中的钢筋进行预埋的时候，还需要对墩台的位置进行明确，并采用地锚拉线法对其进行校正以及巩固。

（二）钢筋施工工程

在进行桥梁中钢筋施工的时候，需要在其中采用场内制作的方式。在场内制作完成之后，还需要在施工现场对其进行安装，使钢筋骨架得以成型。为了使得钢筋骨架入孔时的稳定性以及连接时的紧密性得到保证，就还需要对第一节钢筋进行固定。一般来说，是通过支撑杆对其进行固定，并将其和下一节钢筋骨架进行连接。在将两节钢筋骨架进行连接的时候，是采用电弧焊对其进行单面焊接，使得两节骨架连接的紧密性得到保证。另外，还需要注意的是，为了使得焊接的速度加快，保证施工的进度，在进行实际焊接的时候，需要采用多台焊机对其进行焊接。要想钢筋入孔时的准确性得到保证，应该在实际施工的时候，在孔口设置导向钢管，并且避免钢筋对孔口进行触碰，导致孔壁受到损伤。

（三）围堰基坑开挖工作

在实际施工的过程中，若存在降水失败等情况，将导致基坑中出现泥浆，桥梁基础结构实际施工出现一定的问题。这时，为了使得基坑施工得到保证，则可以用工回填的方式，对泥浆进行压住，使得泥浆上涨得到遏制。之后，再利用基地注浆等方式对其进行注水。而当基坑出现渗水、水泥渗透等问题，则需要对其采用密注浆的方式，对基坑进行注水。另外，由于经济的发展，导致桥梁工程的规模也在不断地扩大之中，因而导致桥梁工程的施工环境越来越复杂。在桥梁工程中的基础结构进行施工的时候，桥梁所处的地下区域常常存在一些坚硬物体，导致围护桩出现外露，进而对于桥梁结构的尺寸也会产生影响。针对这种情况，则可以对土体进行相应的加固后，再对围护桩外露的部分进行凿除。

（四）对混凝土强度进行提升

在桥梁工程的建设过程中，混凝土是其中运用到的主要原料，因而在建设过程中，混凝土强度如何对于施工质量将会产生显著的影响。因此，在实际施工的过程中，应该采用现今市场上先进的技术，对混凝土的强度进行相应的提升。一般来说，需要在进行混凝土搅拌的时候，添加一些外掺剂，对混凝土的强度得到提升，并使得混凝土的性能得到相应的提升。如在混凝土搅拌的时候，添加早强剂，可以使得混凝土的早期强度得到相应的增大，而在混凝土搅拌的时候，添加减水剂，则可对混凝土的水灰比得到减少，进而使得混凝土的强度得到相应的提升；其次，还需要在进行搅拌的时候，积极采用机械搅拌的方式，使得混凝土强度得到有效提升。这主要是因为机械振捣对于混凝土中的水泥结构可以进行破坏，进而使得混凝土的流动性得到改善，使得混凝土在搅拌的过程中，更具有均匀性以及密实性，进而使得混凝土强度得到相应的改善。

三、桥梁拓宽工程病害与成因

（一）拓宽工程常见病害

拓宽工程常见的病害主要包括梁身倾斜、桥墩桥台倾斜、结合部开裂。

（1）梁体倾斜

梁体倾斜主要体现在以下几点：梁身侧向倾覆，支座脱空；桥墩、桥台开裂；梁身横向滑移。轻则导致梁身结构局部损坏，重则导致结构性破坏，梁体整体滑移或者翻转。

（2）桥墩、桥台开裂与倾斜

桥梁的桥墩与桥台在桥梁结构中起着承上启下的作用，将上部结构荷载传递给基础，同时决定了桥梁结构在平面的位置和标高，其强度和稳定性直接关系桥梁结构的耐久性和安全性。若新建部分的墩台强度和稳定性不足，不仅影响桥梁的正常使用，也会加速基础失稳，同时由于墩台变形导致桥梁受力体系变化，加速桥梁破坏。

（3）结合部破坏

在新桥建成后，由于基础的不均匀沉降和混凝土结构的徐变，在新旧桥结合部出现纵向裂缝，从而出现啃边。裂缝的发育，不仅影响行车的舒适性，也会加速钢筋锈蚀，影响桥梁的耐久性。

（二）拓宽工程常见病害成因分析

拓宽工程既有桥梁基础已经基本完成沉降，而新建桥梁基础才开始发生沉降，不均匀沉降。如果在设计中，以既有桥梁的标高来设计加宽桥梁，而不考虑基础的沉降变形，在建成后，拓宽部分的沉降变形会在新旧桥结合部出现错台，影响行车的舒适度和安全性。如果新旧桥之间未设置沉降缝，新旧桥不均匀沉降会导致上部结构受力体系改变，在结合部出现拉裂缝，影响桥梁的受力状况。

（三）拓宽基础施工常见问题

（1）流沙流土

拓宽的桥梁基础在施工时，地基土中小粒径、无塑性的土颗粒在动水压力作用下失稳，随地下水流失，导致土体丧失承载力。流沙现象的存在，使得土方开挖很难达到设计的标高，从而出现塌方等事故，严重时还会导致周围建构物倾斜、沉降甚至倾倒。

（2）水分流失

新桥基础在施工过程中，降水施工会使土体的水分流失，降低含水量与饱和度，从而增加土体的固结变形和桩周土体对桩身的负摩阻力，导致既有桥梁的桩基荷载与桥梁沉降增大。

（3）施工振动

新桥施工时，机械作业产生的振动一方面会导致饱和土体出现液化，从而造成地基失稳破坏，导致上部结构出现倾斜、开裂、沉降等；另一方面，当施工机械的振动和既有桥梁结构的固有频率一致或者接近时，就会与结构产生共振。

（4）水流量变化

跨河大桥在长期的运营过程中，基底河床的冲刷已基本达到平衡，基础的承载能力也基本稳定，但拓宽基础的出现、阻水的构筑物增加，会使通过桩基的单位宽度流水量增大，增强桥梁基础位置的水流挟沙能力，加大了对既有桥梁的冲刷破坏，降低基础承载能力，促使了既有桥梁的沉降，而承载能力和变形无法准确的计算，会对既有桥梁带来负面影响。

四、新桥基础施工对既有桥梁的影响

（一）新桥沉降控制措施

（1）堆载预压方案

旧桥拓宽工程中，在桥梁未架设之前，采用一次加载或者分级加载的方式，在桥墩顶部堆载沙袋或者混凝土预制块，加速桩基的沉降，确保新桥施工后新旧桥沉降差可控。

（1）堆载重量

采用堆载预压法消除不均匀沉降时，等效荷载的确定，除梁体自重外还需要考虑桥面铺装层、护栏等附属结构的重量，同时，结合工期以及沉降的控制目标确定活荷载，一般取 25% ～ 65% 的活荷载。

（2）等效荷载布置方式

堆载应尽量集中在墩顶，纵向堆载的范围一般在 10m 以内，横桥方向应均匀布置。

（3）堆载时间

一般情况下，堆载时间应控制在 3 个月以上。根据工程实践，在 3 个月的预压后，可以消除大部分的固结沉降，如果地质条件较差，可以适当延长预压期，以确保后期沉降在可控范围，不会对上部桥梁结构产生不利影响。

（2）注浆加固

除进行堆载预压外，还可以根据地质及实际工程需要，采用注浆或者增补桩基法对基础进行加固。注浆对改善桩周与桩底土体的工程性质具有重要作用，桩-土之间的相互作用增强，提高桩底土体强度，从而提高桩基的承载力，有效控制桩基的沉降。注浆加固的工作原理分为渗透注浆、压密注浆与劈裂注浆。桩端注浆可以提高桩端与桩周土体强度，扩大桩底承载面积，提高桩端阻力和桩侧摩阻力。桩周注浆可以填充桩周空隙，提高桩-土之间的黏结性，在桩周形成水泥加固体包裹桩基，提高承载力并减小沉降。

（二）施工保护措施

桩基施工成孔方式主要有冲击成孔、旋挖成孔、爆破成孔、静态爆破、人工成孔等，岩层地层中常用的方法包括水磨钻成孔、冲击钻进成孔、全回转全套管成孔。冲击与旋挖成孔需要大型设备，对施工空间要求较高；爆破成孔振动大，对既有桥梁影响较大；静态爆破成本较高，人工成孔虽影响较小，但是效率低、施工风险高。

根据当前施工机械和施工技术水平，在拓宽工程中，可选用全回转钻机或水磨钻成孔，以减少对既有桥梁的影响。在成孔过程中，应加强对既有桥梁桩基、桥墩沉降的监测。

（1）水磨钻成孔法。使用取芯机在设计桩孔周边开挖钻孔取芯，在桩孔周边形成空心槽，然后利用劈裂机劈裂中心岩石，再以水平冲击力使岩石沿劈裂面被破碎，利用卷扬机出渣。该工艺施工时，需要确保钻头处于冷却水中，防止淤钻或卡钻。

之后，然后才能开展钻孔桩清理作业，只有这样才能提高钻孔进度的速度，减少发生护筒的碰撞，尤其是在钻孔桩清理的过程中，确保钻孔内部的水压差，防止出现漏沙等情况。在钻孔桩清理过程中，需要深入清理钻孔从而提高钻孔清理的质量和水平，方便钻孔桩灌注更多的混凝土。目前我国钻孔桩清理主要是利用抽浆方法、砂浆方法以及淘沙方法等几种技术，值得注意的是在钻孔桩清理过后，还需要对各项指标进行检查和核实，确保无误之后才能进行下一步作业。

（2）钢筋骨架的安装

钢筋骨架的制作主要是在桥梁施工作业现场进行使用和焊接，也可以使用钢筋在工厂进行加工，这样不仅能够提高安装的质量和水平，还能减少钢筋骨架的施工误差，防止出现变形等现象的发生。与此同时，在钢筋骨架的制作过程中还可以使用吊装的方法，将钢筋骨架调至在高处，然后缓慢进行下放，这样才能减少钢筋骨架之间的碰撞。

（3）水泥混凝土施工

在钻孔灌注的过程中主要是使用水泥混凝土材料。在导管安装的过程中，应该在钻孔底部留出一定的位置，然后使用水泥混凝土进行施工和灌注，同时将泥浆灌入，始终保持导管与孔底之间的距离在0.2～0.3m之间。当导管安装完成后应该重新进行清理，确保整个水泥和混凝土材料在标准范围内，确保灌注的连续性、整体性，直到水泥混凝土接近钢筋骨架时才能减缓灌注的速度，从而确保灌注的效果。

第二节　桥梁下部构造施工

一、我国桥梁下部结构桥墩施工技术

桥梁下部结构桥梁施工主要可以分成钢筋混凝土桥墩和柱式桥墩两种，前者主要是用于填土河床较窄的情况，后者主要适用于施工较为便捷、简单，而且河床适中的情况。桥梁下部结构桥墩钢筋骨架安装，在安装的过程中主要是根据桥梁下部结构施工钢筋的具体位置，然后利用设计图纸，严格按照设计图纸进行绑扎桥墩施工钢筋，利用搭接等方法进行安装，从而提高桥梁下部结构施工的安全性和稳定性，全面提高桥梁下部结构质量和水平；桥梁下部结构模板安装。在桥梁下部结构桥墩钢筋骨架安装结束后就需要进行模板安装，然后提高模板的整体性和安全性，将模板的数量控制在一定的范围之内，然后配合孔眼的具体位置，进行施工安装。先将模板进行立接，使用双面胶进行粘贴，当粘贴十分紧密之后才能用泥浆进行填封，从而提高整个桥梁下部结构桥墩的整体质量和水平；桥梁下部构造混凝土技术。当模板安装完成之后，只有通过国家检测标准才能利用混凝土技术进行浇筑，将混凝土配合成适当的比例，结合施工具体情况，通过实验适当添加外加剂，从而提高混凝土施工的性能和质量，只有这样才能提高混凝土技术的含量和质量。在混凝土浇筑的过程中还需要将混凝土进行搅拌及振捣，直到表面没有气泡浮现才能使用。最后当整个混凝土灌注结束后，确保在12h以上再利用薄膜塑料进行覆盖即可。

二、我国桥梁下部结构桥台施工技术

桥台施工技术也分为三种，基础施工、钢筋骨架安装以及混凝土灌注。基础施工主要是利用人工开挖和机械开挖两种方法，机械开挖标准为距离设计基底40cm左右，然后才能换为人工开挖方法，以减少对基底的扰动，确保基底层的承载能力，在桥梁下部结构桩基完成3d后才能进行开挖，将地基平整后浇筑一层薄混凝土，以保证桥台钢筋骨架干净及钢筋骨架底保护层；钢筋骨架安装，主要是利用钢筋接头进行布置，值得注意的是在安装的过程中一定要确保其横截面积要小于总面积的一半，为钢筋骨架保留一定的空间；混凝土灌注。桥台施工和桥墩施工的混凝土灌注工艺十分相似，因此在施工的过程中必须严格控制混凝土的搅拌比例，只有严格按照相应的比例进行灌注才能确保桥台的整体质量。与此同时，桥梁下部结构施工技术人员还应该努力提高自身能力和水平，借鉴和学习先进的混凝土灌注技术，树立终生学习的理想观念，真正做到与时俱进、开拓创新，在实践的基础上创新，在创新的基础上实践，积极投身于桥梁事业的建设中去，提高自身的积极性和主动性。

三、桥梁下部构造施工质量的控制措施

（一）设计阶段的质量控制

因地形、环境不同，相关桥梁设计也要根据实际情况制订合理的施工方案。制订合理施工方案，需提前做好实地考察，深入了解桥梁施工环境的具体情况。设计方案不能由设计单位自己拍板决定。桥梁下部构造的设计方案需由相关专家研究、论证后再确定最终设计方案是最佳方法，这样可以设计更符合、适宜的方案，保障桥梁安全及实用性。设计作为整个桥梁建设的蓝图，其质量优劣直接关系到后期桥梁施工的可行性。

（二）施工阶段的质量控制

（1）钢筋质量控制

钢筋质量要确保，钢筋采购的好坏很重要。需采购经过检验合格、具备出厂合格认证书的钢筋，必须严格依据钢筋质量优劣来进行采购。采购后的钢筋在使用时，还需要做抽样检测，若不合格一定不能投入使用，只有经过检测合格的钢筋才更符合桥梁设计方案。在使用过程中，钢筋焊接质量影响到桥梁力学性能，关系桥梁整体质量。要确保钢筋焊接质量，相关工作人员需严格依照标准检测钢筋焊接情况，检测合格方可使用。钢筋焊件需进行定时抽检，要满足相关标准。钢筋焊接截面面积要严格控制在50％以下，才可达到相关标准。此外，钢筋焊接长度也要严格掌控。钢筋的尺寸、方位、捆绑牢固程度确定后，经监理工程师检测，检测结果合格后，混凝土才可浇筑钢筋。

（2）施工管理

由于施工材料种类繁多，质量容易出现问题。因此，要加强施工材料的质量管理，购买具备出厂合格认证书的施工材料，而且还要进行抽样检测工作，检测工作要定时、高效进行，施工原材料经过检测合格后才可使用。要在施工过程中的各个环节，设置相应的质检员、检验员，应加强对质检、检验员的职业道德教育，提高工作人员的道德意识，认真监督各施工环节的施工情况，确保施工质量。随着当今科技发

展，可以利用高新科技服务于桥梁建设。可利用计算机技术监控桥梁施工过程，动态掌握施工信息，及时了解施工情况，确保施工质量。将施工内容详细化、具体化，责任分配明确，使每个部门、每个工作人员都承担相应责任，要落实责任纠察制度，赏罚分明，加强员工责任心。

（3）其他结构的质量控制

1.模板安装

试拼在安装模板过程中有很大作用，试拼可以缩小模板彼此之间的接缝，所以，在正式安装模板之前，应进行试拼工作。还要对模板进行编号和除锈，在实际安装过程中，要根据模板编号进行安装。对模板除锈是为了桥梁整体美观，以防在混凝土表面出现锈斑。因此，模板安装要严格控制质量，减少后期桥梁的整体质量问题。

2.支架

支架在施工过程中使用频繁，支架种类繁多，使用支架时，要根据支架类型做出相应处理。比如落地支架因受压，容易发生非弹性变形，为避免发生沉降、变形。要做必要预压处理，而不是做挠度计算。因此，在使用过程中，要掌握常用支架的相关知识，以便更好地开展工作。

（三）养护阶段的质量控制

当桥梁工程建设完成后，后期桥梁养护工作尤为重要。由于前期建设规模较大、施工程序复杂、花费人力物力较多，桥梁养护工作可以减少桥梁使用中产生的问题，延长桥梁使用寿命。如果没有做好养护工作，而产生相关质量问题，要解决这些问题。将花费更多的金钱，修护难度更高。因此，要充分重视养护工作的作用，有关部门要加强养护工作力度，定时安排相关人员检测桥梁使用情况，对桥梁每项指标采集、论证，及时发现桥梁安全隐患，解决安全隐患，防止发生严重安全事故。

四、案例分析

（一）工程概况

某桥梁跨越一条面宽约80m的河，河道与墩台的斜交角约为80度，该河水位能够达到108m左右，5m左右的水深，当汛期时，水位能够达到112m左右。桥区地面高程为107～162m，地形起伏大，有着55m的相对高差。该桥梁，按照15m×40m预应力先简支后连续预制T梁的形式将上部结构设计出来。按照重力式U台的形式，将下部构造桥台设计出来，明挖将基础扩大，桩基础横系梁为桥墩的基本形式。一般钢筋砼盖梁，双柱式桥墩结构。

（二）具体的施工技术分析

（1）合理的布设支架

将壁厚3.5mm、48mm的普通扣减钢管作为支架的主要材料，将双排脚手架设置在墩柱系梁以外、作为防护设施及施工作业平台，满堂脚手架支撑为系梁正下方部位的主要构造、顺着高度方向、脚手架逐步地向着盖梁施工平台处搭设。通过预埋钢辊抱箍支撑的方法对盖梁进行施工。在盖梁地膜支撑中，脚手架最好不要参与进去，只是当作小型机具运输和人员行走的通道。在各个墩邻近便道一侧设置人楼梯。通过防护架和CKC落体构成一个整体，在1.8m左右控制支架设计的步距，在1.05m左右控制立杆横距；在1.5m控制立杆纵距。在设计时，要参考三跨式脚手架。在50m内控制最大搭设高度。为了将支架的整体性提升，在高度方向上，按照每两个布局将一排连墙件设计出来，各排将四个点设计出来，通过支架小横杆焊接连接墙和墩柱预埋钢筋来固定。

（2）施工桩基础

在施工的过程中，因为水比较深、地质情况比较复杂，在明挖扩大基础施工无法被应用的情况下，应用这种方法。支撑桩与摩擦桩是桩基础的两个重要组成部分。支撑桩与摩擦桩的应用条件为：地质复杂，水深，在一定深度内是否会遇到岩石你，都会通过地质资料显示出来。将砂当作桩底的持力层，这样，在对承载力进行核算的过程中，可以通过桩周的摩擦力来完成。支撑装的相关范围分析：地质复杂、水深，相关资料显示，在没有岩石出现在持力层中后，向着风化层的2.5～3.5m处进行桩低嵌岩。在800kpa以上控制岩层单轴承载力，并且，在对桩的承载力进行核算的过程中会通过岩石的容许承载力来完成。

按照这样的方法对桩基孔进行施工；通常利用机械有延旋冲击机与钻机对桩基钻孔进行施工，这样两种措施在应用的时候，都是要粉碎其中的岩石和泥沙，之后对泥浆循环的方法进行应用，然后将桩孔内部的废渣清除干净。具体施工方式：

首先，将转机平台搭设出来。在设计施工水平以上控制搭设的标高，防止机械受到水的浸泡对正常钻孔带来影响。通常利用钢桩平台；

其次，钢护筒施工。将10～20cm的桩径作为钢护筒直径，向着强风化岩层内部嵌入钢护筒，并且，要将软弱层穿过去，在设计施工水位以上控制钢护筒定标高。应该牢固的焊接钢护筒焊缝，防止有裂纹存在，这样会造成漏水情况发生。通常在8～10毫米左右控制钢护筒的钢板的厚度。护筒的基本作用是：定位墩桩的基本位置，从内到外将桩孔隔开，控制好钻孔的导向，要确保钻孔施工不会受到不复水变化的与影响，从钢护筒顶部将泥浆循环地向着泥浆池内流回。桩基孔壁漏水或者钢护筒漏水时，这样就难以有效的循环其中的泥浆，也很难清理干净孔内的杂物，这样就难以转进去桩孔。对桩基进行灌砼施工时，确保在水面以上露出了砼面之后，才可以进接桩施工。水底部得到水面这个部位，钢护筒可以当作模板来进行应用，并且放在水下不用上拔。

（3）加工与下方钢筋笼

在现场钢筋制作场内将钢筋笼要分节去制作，在6～8毫米之内控制各节的长度，定位时应用样板法。在制作的过程中，在图纸设计尺寸的基础上，将样板做好，在样板上准确的安放主筋，正确地进行焊接。将螺旋筋依据设计的位置进行合理的布设，而且，在主筋上完成绑扎，牢固的点焊，将一个加筋圈每间隔一定的距离就应该设计出来，最后绑扎混凝土垫款及安装与固定声测管。在制作完钢筋骨架后，向着钻孔桩桩位处转运，通过汽车吊下来进行安装。

（4）灌注水下混凝土

在C25控制桩基砼强度下，在自设的拌合站集中拌合混凝土，通过罐车向着施工点运输，在岸边设置水中墩会那个图输送泵，从栈桥至桩位接通管道。将30cm无缝钢管作为导管，在应用了一段时间导管或者导管应用前，进行承压试验和水密性试验，并且认真的审查防水胶垫，看是否存在老化等问题。应用导管之后，进行编号与涂油，确保在对混凝土进行灌注时，使用有序、不漏水、不破裂。在25～40厘米之间控制导管下口到孔底的距离。在对混凝土进行关注时，严格根据相应的施工技术规范，合理的控制混凝土和易性、坍落度等指标，确保可以连续的供应混凝土。在设计桩定标高以上的0.5～1米左右控制混凝土的灌注。将漏斗与导管等设备拆除掉。在70%以上控制了混凝土的强度之后，通过人工的方式将其凿除掉，从而将桩头的质量提升上来。在一定的强度之内控制了桩基混凝土的质量以后，通过超声波完成检测，从而将成桩的质量提升上来。

综上所述，桥梁下部结构施工技术作为整个桥梁施工的重要组成部分，在整个桥梁施工中发挥了积极作用，因此只有通过提高桥梁下部结构基础施工技术、桥梁下部结构钻孔桩施工技术、桥梁下部结构桥墩施工技术以及桥梁下部结构桥台施工技术，才能提高整个桥梁下部构造施工技术的整体质量和水平，促进我国桥梁事业又好又快发展。总之，优化桥梁下部结构施工技术效果，需要党和国家、桥梁施工单位、桥梁工作人员三者的共同努力，只有这样才能逐步提高桥梁的整体质量和水平，促进我国道路桥梁事业的健康持续发展。

第三节　桥梁上部构造施工

随着城市之间人流与物流的需求增高，为了进一步满足发展的实际需求，我国公路交通网络得到了快速的发展。桥梁是交通领域的重要组成，桥梁的质量与行车安全、公路畅通直接相关。施工时采取高质量的工艺能够为施工质量打下坚实的基础。所以，桥梁施工企业应当对桥梁构造的施工组成的各个参数进行科学研究，努力提高自身素质涵养和工艺水平，通过针对具体工程改善施工技术，为优质的工程质量奠定良好的基础。

一、桥梁上部构造施工的重要性

随着时代的不断进步，科学技术也在不断革新，新的科学技术能更好地满足人们对工程质量的要求。优质的施工工艺水平能为公路桥梁上部构造施工质量奠定坚实的基础，因此，作为新时期背景下的路桥施工企业，应努力提高自身的施工工艺水平与素质涵养，结合工程实际情况不断革新自身的施工技术，从而为优质的施工质量提供保障。

随着我国经济的不断发展，我国的建筑业也取得了突飞猛进的进步，而公路桥梁的建设更是与国计民生息息相关。要想不断提高我国公路桥梁建筑的工程质量以及技术水平，建筑行业工作者需不断学习先进的施工工艺，尤其要深入研究公路桥梁上部结构的施工工艺，打造人民满意的精品工程。

二、桥梁上部构造施工

桥梁结构包括上、下部构造两大模块。这里主要讨论上部构造。桥梁上部构造主要包括：板梁、支座、防撞墙、伸缩缝、波形护栏、湿接缝等。上部构造通过支座浇筑在桥台上，施工顺序一般为："预制板梁"——"吊装"——"梁与梁的处理"。预制板梁需要固定场所，选择原则为便于施工和吊装，最后进行桥面铺装完成上部施工。此外，根据具体的桥梁招标、设计文件和施工合同，施工方需要做好现场准备，修建临时设施，安装相关机具，做好施工测量、材料堆放与储存、完成施工前的试验检测等工作。

三、道路施工桥梁上部结构施工中需要注意的事项

（一）在梁段的顶板和底板别离设置预留孔

确保预埋件方位的精确性，做到水平面的笔直；假如和底板的锯齿块衔接，不得随意改动波纹管方位，避免对波纹管造成危害；在预留管的周围方位，需求设置加强钢筋，用全体绑扎的办法，先绑扎底板，再绑扎腹板后顶板。选用钢筋固定预应力管道的办法，在钢筋骨架中焊接钢筋；注意后锚预留孔的方位也要精确，在上端的横梁方位使用千斤顶进行调整，细致查看每一个操作步骤的达成状况，确保锚杆的安全性、牢靠性。

（二）在每次悬浇之前，都要做好查看工作

加强对桥梁线形的操控。在线形操控的施工时间，拟定桥梁静力线形归纳剖析程序，判别不一样工况下的应变力、标高数据等，据此对不一样时间的模板装置高程进行优化调整，减轻桥梁施工进程出现的挠度改变影响。

（三）向前移动之前的注意事项

务必将滑道表面的杂物整理洁净，涂改一层黄油，以此减轻滑动阻力；为了达到两边移动的平稳性，务必使用高标号的砂浆将轨迹下方的横桥找平；为了确保的均衡性，可在下滑道的顶面划分小格，确保挂蓝为等距离、同步滑行，两个立柱的差距操控在 100mm 之内；在的移动进程中，假如出现偏位表象应及时纠正；当主桁纵梁的后锚梁前移到位之后，将锚梁固定，将中横梁、前横梁前移；在前移时，由专人担任指挥，挂好千斤绳，以防万一；当挂蓝就位之后，装置后锚设备，将锚杆中的螺栓拧紧，确保一切构件处于受力状况，继续进行悬臂工作。总归，桥梁施工具有诸多优势，当时已经在道路桥梁接连梁施工中广泛使用。其操作进程灵活、便利，工期较短，可有效提升工程施工进度与质量水平，较好地达成工程项目经济效益与社会效益。

四、桥梁上部构造的施工工艺研究

（一）混凝土的浇筑分析

混凝土浇筑作为公路桥梁上部构造施工中的主要工作之一，浇筑方法是否科学、合理，直接关系到公路桥梁的最终建设质量。首先，进行梁体浇筑。在对梁体进行混凝土浇筑的时候，必须根据梁体的横截面，进行水平、斜向分层次浇筑，浇筑前与浇筑后之间的垂直距离必须大于 1.5cm，混凝土浇筑完毕之后，需要进行反复振捣，选择合适的振捣工具，振捣层混凝土厚度不能大于 29cm。倘若一次浇筑失败，那么必须进行二次浇筑，在第二次浇筑过程中，需要对脚手架进行认真检查，查看脚手架是否下陷。一般情况下，上部构造浇筑是一次性成型的，浇筑过程由外到内、由两边到中心；其次，进行拱体浇筑。在对拱体浇筑国产车中，必须对拱体的宽度、弯度等进行准确测量，选择标准的浇筑方法。根据拱跨高度选择浇筑方法，以 15cm 为界限，如果拱跨高度低于 15cm，则在浇筑过程中，跟随拱跨方向，实施浇筑；如果拱跨高度高于 15cm，则需要从拱体两端，由外到内进行浇筑。在对拱体进行浇筑的过程中，需要注意的是要连续进行浇筑，并且要确保在混凝土凝固之前，完成所有浇筑工作。拱架的设置，必须严格按照拱顶、节点、拱脚、拱跨等特殊位置，进行合理设置，确保拱架设置的科学性和合理性；最后，在对拱体进行混凝土浇筑过程中，必须进行间隔槽的有效设置，并且进行施工缝的设置，施工缝与拱轴线保持 90°角，也就是说，施工缝的设置需要与拱轴线对应垂直，以此来确保混凝土浇筑一次性完成。

（二）混凝土后张法预应力浇筑分析

首先，需要对悬臂处预应力实施混凝土浇筑，在对悬臂处预应力实施浇筑过程中，需要对梁体、桥墩之间的关联性进行分析，如果二者之间表现出非刚性特征，那么需要进行加固和稳定操作，桥墩周围的浇筑必须均匀。在图纸设计与规划过程中，需要有效分析梁体与各种机械设备的重力差值。对悬臂处预应力进行浇筑过程中，需要对重力做好度量，重力要符合设计标准。在混凝土浇筑过程中，需要对梁体进行固定，确保稳固系数高于1.6。与此同时，在浇筑过程中，必须从前到后、由外到内，只有前面的浇筑工作完成之后，方可进入到下一环节的浇筑，浇筑过程中各模板必须紧密相连，不能存在较大的缝隙；

其次，对梁体进行合龙跨，需要从两侧由外及内逐步实施。在合龙过程中，必须对需要合龙的部位进行预先加固，只有产生一定的预应力之后，方可开始合龙。同时，合龙时的温度必须要符合预设标准，必要的时候进行早强剂、减水剂等的融入。合龙完毕以后，需要做好后期的防护、养护工作，此外，必须严格按照相关标准和规定，尽快完成预应力张拉工作；

再次，支架预应力处的混凝土浇筑。在对支架预应力处进行混凝土浇筑的过程中，需要根据支架的支撑强度，选择标准的浇筑方案。主要根据拱度选择合适的浇筑方法。需要注意的是，在混凝土凝固之前，必须完成浇筑工作。如果无法确保在混凝土凝固之前完成浇筑工作，那么需要启动应急预案，进行施工缝的设置，然后依次、分层进行浇筑，确保每次浇筑能够无缝衔接；

最后，预支梁端的浇筑工作。在对预支梁端实施混凝土浇筑之前，首先需要对钢筋预应力、梁端垂直度、截面尺寸和预埋的位置进行准确检测。同时，需要根据图纸设计规范，采取相关技术，做好预应力钢筋的科学分布，以此来满足预支梁端浇筑工作的基础所需，确保预应力钢筋能够被即时取下。

五、上部构造的加固方法

（一）粘贴钢板加固法

（1）优点。粘贴钢板加固法工艺良好，性能突出，有利于空间、资源、成本、材料、费用等的节约，同时，操作极为便利；

（2）适用范围。粘贴钢板加固法一般被运用于受到压力、拉力等明显的，并且没有被腐蚀的，没有标号的混凝土构件之上；

（3）材料要求。粘贴钢板加固法对胶黏剂、钢板、螺栓等材料的要求较高，通常需要胶黏剂黏度要强，钢板型号为Q235。

（二）碳纤维片加固

（1）优点。碳纤维片加固方法非常简单，并且不会受到腐蚀等影响，加固强度较大；

（2）适用范围。碳纤维片加固方法通常被运用于梁体、梁板等的加固。

（三）桥面补强层加固

（1）优点。桥面补强层加固方法有利于公路桥梁上部构造的完善，同时能够起到增加公路桥梁承载力的作用，表现出一定的强度和刚度；

（2）适用条件。一般来讲，桥面补强层加固方法被运用于刚度、强度需求较大的公路桥梁上部构造中，尤其是一些跨径较小的桥梁之上，能够起到稳固的作用；

（3）材料要求。桥面补强层加固方法在公路桥梁上部构造加固过程中，对混凝土、植筋胶、锚固筋等材料的需求标准较高，也就是说，要想达到上部构造加固的预定目标，必须满足混凝土、植筋胶、锚固筋等材料的基础需求。一般情况下，对混凝土的要求是黏性好、抗腐蚀度高、凝固时间长、牢固性良好；对植筋胶的要求是无毒无害无味、黏性强、最好是环氧树脂类植筋胶材料；对锚固筋材料的要求为黏度大、收缩效果好，具备一定的抗裂缝能力和高强度、高韧性。

综上所述，公路桥梁上部构造施工过程中，必须选择先进的施工工艺和技术设备，同时选择行之有效的加固方法。公路桥梁作为交通网络架构的核心构成部分，其质量的优劣，直接关系到经济成本和交通安全等问题，而公路桥梁上部构造施工质量至关重要，关系到公路桥梁的牢固性和耐用性。

第四节　桥面及附属工程施工

桥面系是指在桥梁上部结构中，直接承受车辆、人群等荷载，并将其传递至主要承重构件的桥面构造系统，包括桥面铺装、桥面板、纵梁、横梁、人行道等。桥面板、加筋肋、纵梁、横梁等构件组成的直接承受车辆荷载作用的桥面构造系统。桥面系包括纵梁、横梁和纵梁间的连接系。

一、桥面排水设施及防水层施工

（一）桥面排水施工

桥面排水设施主要包括汇水槽、泄水口及泄水管。汇水槽、泄水口顶面高程应低于桥面铺装层 10～15mm。泄水管下端至少应伸出构筑物底面 100～150mm。泄水管应通过竖向管道直接引至地面或雨水管线，其竖向管道应采用抱箍、卡环、定位卡等预埋件固定在结构物上；下雨时，雨水在桥面必须能及时排出，否则将影响行车安全，也会对桥面铺装和梁体产生侵蚀作用，影响梁体耐久性。桥面防水层设在钢筋混凝土桥面板与铺装层之间，尤其在主梁受负弯矩作用处。

（二）桥面防水层施工

按设计要求设置，主要由垫层、防水层与保护层三部分组成。其中垫层多做成三角形，以形成桥面横向排水坡度。垫层不宜过厚或过薄，当厚瘴超过 5cm 时，宜用小石子混凝土铺筑，厚度在 5cm 以下时，可只用 1：3 或 1：4 水泥砂浆抹平。水泥砂浆的厚度不宜小于 2cm。垫层的表面不宜光滑。有的梁桥防水层可以利用桥面铺装来充当。桥面应采用柔性防水，不宜单独铺设刚性防水层。桥面防水层使用的涂料、卷材、胶黏剂及辅助材料必须符合环保要求。桥面防水层的铺设应在现浇桥面结构混凝土或垫层混凝土达到设计要求强度，经验收合格后进行。桥面防水层应直接铺设在混凝土表面上，不得在二者间加铺砂浆找平层。桥面防水层分为涂膜防水层和卷材防水层两种，防水涂膜和防水卷材均应具有高延伸率、高抗拉强度、良好的弹塑性、耐高温和低温与抗老化性能。防水卷材及防水涂料应符合国家现行标准和设计要求。涂膜防水层也称涂料防水层，是指在混凝土结构表面或垫层上涂刷防水涂料以形成防水层或附加防水层。防水涂料可使用沥青胶结材料或合成树脂、合成橡胶的乳液或溶液。基层处理剂干燥后，方可涂防水涂料，铺贴胎体增强材料。涂膜防水层应与基层黏结牢固。涂膜防水层的胎体材料，应顺流水方向搭接，搭接宽度长边不得小于50mm，短边不得小于70mm，上下层胎体搭接缝应错开1/3幅宽。下层干燥后，方可进行上层施工。每一涂层应厚度均匀、表面平整。

二、桥面铺装层施工

桥面铺装层的作用是实现桥梁的整体化，使各片主梁共同受力，同时为行车提供平整舒适的行车道面。桥面防水层经验收合格后，即可进行桥面铺装层的施工，但在雨天或雨后桥面未干燥时，不能进行桥面铺装层的施工。铺装层应在纵向100cm、横向40cm范围内，逐渐降坡，与汇水槽、泄水口平顺相接。

（一）沥青混合料桥面铺装后施工

在水泥混凝土桥面上铺筑沥青铺装层：在水泥混凝土桥面上铺筑沥青铺装层前，应在桥面防水层上撒布一层沥青石屑保护层，或在防水黏结层上撒布一层石屑保护层，并用轻碾慢压。沥青铺装宜采用双层式，底层宜采用高温稳定性较好的中粒式密级配热拌沥青混合料，表层应采用防滑面层。铺装后宜采用轮胎或钢筒式压路机进行碾压。

（二）水泥混凝土桥面铺装层施工

铺装层的厚度、配筋、混凝土强度等应符合设计要求。结构厚度误差不得超过-20mm。铺装层的基面应粗糙、干净，并于铺装前湿润。桥面钢筋网应位置准确、连续。铺装层表面应作防滑处理。水泥混凝土施工工艺及钢纤维混凝土铺装的技术要求应符合国家现行标准的有关规定。

三、桥梁伸缩装置施工

桥梁伸缩装置是指为适应材料胀缩变形对结构的影响，而在桥梁结构的两端设置的间隙，其作用是使梁体自由伸缩、行车舒适。

（一）桥梁伸缩装置选择

桥梁伸缩装置分为填充式伸缩装置、齿形钢板伸缩装置和橡胶伸缩装置三种类型，对其进行选择时，应使伸缩装置与设计伸缩量应相匹配，具有足够强度，能承受与设计标准相一致的荷载，城市桥梁伸缩装置应具有良好的防水、防噪声性能，安装、维护、保养更换简便。

（二）桥梁伸缩装置安装

伸缩装置安装前应检查修正梁端预留缝的间隙，缝宽应符合设计要求，上下必须贯通，不得堵塞。伸缩装置安装前应对照设计要求、产品说明，对成品进行验收，合格后方可使用。安装伸缩装置时应按安装时气温确定安装定位值，保证设计伸缩量。预留槽宜为50cm宽、5cm深，安装前预留槽基面和侧面应进行清洗和烘干；梁端伸缩缝处应粘固止水密封条；填料填充前应在预留槽基面上涂刷底胶，热拌混合料应分层摊铺在槽内并捣实；填料顶面应略高于桥面，并撒布一层黑色碎石，用压路机碾压成型；底层支承角钢应与梁端锚固筋焊接；支承角钢与底层钢板焊接时，应采取防止钢板局部变形措施；齿形钢板宜采用整块钢板仿形切割成型，经加工后对号入座；安装顶部齿形钢板，应按安装时气温经计算确定定位值。齿形钢板与底层钢板端部焊缝应采用间隔跳焊，中部塞孔焊应间隔分层满焊。焊接后齿形钢板与底层钢板应密贴。齿形钢板伸缩装置宜在梁端伸缩缝处采用U形铝板或橡胶板止水带防水。安装橡胶伸缩装置应尽量避免预压工艺。橡胶伸缩装置在5℃以下气温不宜安装；安装前应对伸缩装置预留槽进行修整，使其尺寸、高程符合设计要求；锚固螺栓位置应准确，焊接必须牢固；伸缩装置安装合格后应及时浇筑两侧过渡段混凝土，并与桥面铺装接顺。每侧混凝土宽度不宜小于0.5m；模数式伸缩装置安装；伸缩装置安装时其间隙量定位值应由厂家根据施工时气温在工厂完成，用定位卡固定。如需在现场调整间隙量，应在厂家专业人员指导下进行，调整定位并固定后应及时安装；伸缩装置应使用专用车辆运输，按厂家标明的吊点进行吊装，防止变形。现场堆放场地应平整，并避免雨淋暴晒和防尘；安装前应按设计和产品说明书要求检查锚固筋规格和间距、预留槽尺寸，确认符合设计要求，并清理预留槽，分段安装的长伸缩装置需现场焊接时，应由厂家专业人员施焊，伸缩装置中心线与梁段间隙中心线应对正重合。伸缩装置顶面各点高程应与桥面横断面高程对应一致，伸缩装置的边梁和支承箱应焊接锚固，并应在作业中采取防止变形措施；过渡段混凝土与伸缩装置相接处应粘固密封条，混凝土达到设计强度后，方可拆除定位卡。

第八章 公路桥梁工程管理

第一节 公路桥梁工程施工管理

自改革开放以来我国经济飞速发展，公路桥梁工程也经历了一个高速发展的过程，在这个过程中人们也越来越重视公路桥梁工程的施工建设管理。公路桥梁工程的项目施工建设管理也在一定程度上影响着工程质量的好坏，甚至影响城市的交通，对人们的日常出行起着重要的作用，因此应当积极关注公路桥梁工程项目施工建设管理的状况。

一、公路桥梁工程的施工管理特点

对于公路桥梁工程项目的施工管理特点主要有管理内容的多样性、较强的流动性以及施工计划的重要性这三个特点：

首先是公路桥梁工程施工管理中管理内容多样性的特点。在整体的项目工程中其施工管理是建立在工程施工的基础上的，而公路桥梁工程施工中要面对不同的自然环境、地质状况、地形地貌以及气候等的方面，所以其施工特点就会不同，那么相对应的施工管理的内容以及所制订的施工管理的方案也会大不相同；

其次是公路桥梁工程施工管理中管理的流动性较强的特点。由于在整体的项目工程施工中要面对不同的自然环境、地质状况、地形地貌以及气候等的方面，所以在施工管理中面对不同的自然地理情况会制订出不同的施工管理的措施以及方案，因此在公路桥梁工程施工管理中具有较强的流动性的特点；

最后是公路桥梁工程施工管理中施工计划的重要性的特点。在公路桥梁工程施工过程中会遇到不同情况的施工环境，有些公路桥梁可能要跨河跨海，有的公路可能要穿山，所以在施工过程中一定要注重制订施工计划，制订好了施工计划才不会因为面对不同的施工环境而手足无措，影响施工的质量。

二、路桥工程施工管理存在的问题

（一）施工流程存在较多浪费

我们知道，施工流程是指施工的各个过程，即多组连续活动。根据价值流的定义，价值流是指企业运转从开始到结束的多组连续活动，这些活动共同为顾客创造价值。顾客可能是外部的顾客，也可能是价值流内部的最终使用者。如果流程中的某个活动没有为外部或内部顾客创造价值，则被视为浪费。而在目前的路桥施工中，施工流程存在着较多的这种浪费现象。

（二）项目采购管理落后

项目采购管理是路桥项目管理的重要组成部分，与项目建设全过程有着密切的联系，是保证项目顺利进行的物质基础。采购管理涉及的物资品种极多、技术性强、工作量大，同时对其质量、价格和进度都有着严格的要求，并具有较大的风险性。稍有失误，不仅影响工程的质量、进度和费用，甚至会导致承包单位的亏损。当前，路桥施工项目的采购管理普遍落后，严重制约了项目利润的提高，加之在采购中受一些不良社会现象的影响，导致采购的原材料质劣价高的现象频发，这是"豆腐渣工程"产生的直接原因。

（三）施工现场管理混乱

路桥施工现场是企业人流、物流、信息流的汇集地，也是工程产品最终形成的场所，所以抓好施工现场管理显得越来越重要。在引入国外先进管理理念的同时，我国路桥项目管理水平得到了不断的提高。但是，施工现场管理混乱的现象仍较为严重，距离创建文明施工现场还比较远。尽管国家有关部门对施工现场文明施工要求多年，但施工现场管理的"脏、乱、差"现象依然存在，且是个较为普遍的问题。简单地说，脏是指建筑现场不整洁，设备面貌不美观，建筑垃圾堆积较多；乱是指材料乱堆乱放，机械不按规定停放，占用施工场地道路；差是既指现场工作人员工作精神分貌差，工作积极性不强，作业效率不高，又指施工项目给别人的视觉形象差。

三、公路桥梁工程项目施工管理的影响因素

（一）环境因素

在施工建设时期，环境对施工进度和施工质量也有一定的影响。在较为恶劣的天气下进行施工，会导致施工时的错判、误判。对施工造成较为严重影响的环境因素有以下几种：（1）周围环境。如果公路桥梁选址在较大河流和极易积水的地区，公路桥梁会常年受到积水的侵蚀，可能会发生垮塌、断裂的情况，缩短使用寿命；（2）强风天气。强风或风沙天气会使施工被迫暂停，影响工期，较为严重的情况下会造成已完成的工程遭到破坏，需要返工和修复，严重影响工程进展；（3）障碍物。施工地域的

障碍物和污染物使得工程前期需要进行较为繁重的处理工作，对施工也有一定影响，使得施工质量严重下降。

（二）人为因素

在公路桥梁工程项目的管理上，施工前、施工期间和施工后的管理期间都会受到人为因素的影响。施工前期的设计阶段如果出现了较为严重的问题，会在很大程度上影响公路桥梁工程项目的质量。施工期间，从施工方案的拟定到施工时实际操作的各阶段都需要人力参与，施工时施工人员的怠工、误工不但会影响工期，也会在一定程度上影响公路桥梁质量。施工后期管理中，管理人员如果在管理上较为疏忽，会使得公路桥梁的使用性能减弱、使用寿命缩短，易发生断面、裂缝，不及时加以处理容易发生交通事故。

（三）材料选用

施工过程中，施工材料的好坏直接影响工程质量与工程的安全性。施工材料的质量管理工作目前仍有欠缺，对施工材料采购、调配、试验、检验、运送过程中的监管仍需加强，防止施工单位或个人为了谋取利益而降低施工材料的质量。

（四）施工机械

在施工期间，施工时使用的机械和工具可能会影响施工质量和施工进度。良好的施工机械使得施工时间大大减少，较难施工的山路、弯路的施工建设中也能较好地进行，但较差的施工机械就会产生相反的施工结果：工程质量较差、施工时间较长。

（五）施工方法

公路桥梁工程项目建设施工时，对施工方法的要求是极为严格的。良好的施工方法常常能达到事半功倍的效果。例如在进行施工时对准备工作、拌和、摊铺的对接上有较好的掌握，以及施工时根据施工路段的实际情况制订合理的施工方法，就会使施工开展较为容易。工程在开始施工之前，必须对工程项目进行全面勘察，就实际情况给出施工中可能出现的问题与解决办法，保证在突发情况下能够采取应急措施，保障公路桥梁工程项目的质量。由于勘察设计的不合理，在过去出现的公路桥梁工程项目问题中，不少都是施工方法的不足导致实际施工与图纸设计出入较大，对于工程质量和进度影响较为严重。

四、加强路桥工程施工管理的措施

（一）加强公路桥梁施工技术管理

公路桥梁工程项目签订施工合同后，工程技术部门负责编写施工组织设计，项目总工程师审定，最后报项目监理批准。其主要内容包括：主要施工程序和方法、施工总进度、各项资源需求计划、技术经济指标、工程概况等。项目部总工程师要组织工程技术人员，参加图纸会审。图纸会审要注意一些事项：（1）图纸设计是否清晰、明确、有无矛盾；（2）对于施工操作复杂的部分工程必要性和可行性进行研究，并采取放大样、详图的方法进行核对；（3）对新技术应做实物试验。应在施工现场建立工地实验室，试验主要包括：标准试验、材料试验、验收试验、施工工艺试验等。

（二）加强公路桥梁施工质量管理

公路桥梁建设施工质量的控制是一个不断变化的工程，是一个动态过程，是公路桥梁施工管理的灵魂。因为桥梁施工具有复杂性，所以在质量控制上相对比较困难。公路桥梁施工的关键是质量控制。做好施工质量管理，首先要制订好合理的质量目标，质量目标是施工全过程质量管理的中心内容，质量保证措施的每一项具体的工作都必须围绕质量目标而展开，同时严格按 ISO9001 标准建立质量保证体系。采取有效科学的质量管理制度，发挥公路桥梁工程质量管理作用及水平，杜绝部门间相互推卸责任、分工不明、权责不清、交叉、重叠等现象发生。工程项目在组织施工过程中，重点突出质量、进度发生矛盾时，必须服从质量，充分发挥质量否决权的作用。想控制好路桥工程项目质量，就一定要把握好机械设备、材料等关键环节，控制住施工机械使用，做到机械和人间的合理搭配，充分的发挥机械设备效能，合理选择施工机械设备，有效控制好路桥工程建设质量。

（三）成本控制

成本就是上述目标的综合反映。公路桥梁施工成本主要包括材料费用、人工费、机械租赁使用费等。材料费用控制方面：公路桥梁材料费用往往能占到工程总成本的60% 甚至更多，因而强化材料费用管理是降低工程成本的关键，为此应强化对材料采购的把关，做好材料的入库管理和取用管理，对施工现场的剩余材料进行回收利用，谨防浪费，做到物尽其用；人工费方面：公路桥梁施工中人员管理常需处理工人不服从管理、偷懒等问题，为了提升工人施工积极性同时节约人工费用，应采取公平竞争和合理的激励措施，同时强化施工队伍团队精神的塑造，使员工的热情与干劲得以充分调动；机械费用方面：充分的保养和检修能够减少因机械故障造成的误工，同时也能延缓机械的老化，节约购置新机械设备的费用，因而机械费用的控制应从强化保养和检修做起。

（四）施工进度管理对策

合理的工程进度管理应当是动态的、全过程的，公路桥梁施工进度管理中应将工程总进度目标、阶段工程进度目标以及施工周计划、月计划相结合，对每项计划的执行情况进行跟踪调查和考核，当实际情况与计划出现偏差时应对进度计划进行合理的调整，以保证工期。对工程变更要有一定的预见性，在单位工程、分部工程开工前，要认真进行分析，对需要变更的项目，要及时立项，准备相应的资料，完成规定的报批手续，尽可能使工程变更发生在工程开工之前，为施工准备及安排赢得时间。在工程变更发生后，要及时进行分析，与原设计的工程量进行比较，确定增减量。对工数量变更比较大的项目，按合同条款的规定进行变更组价，同时也作为工程完成后工程竣工决算工作的依据。

（五）提高机械的使用率

由于受进度和天气方面的影响，机械的使用数量需要调整时，管理者必须适时相应的改变机械组合。机械施工的安排应注意：根据质量要求、机械的生产能力和进度计划选择主导机械，要留有适当的余量。注意全套机械的生产能力是由生产能力最小的机械决定，所以加强机械调配，保持机械的优化组合，充分提高机械的使用率。要组织抢修和维护小组，关键配件要备足，按时按期维护，随时随地排除故障，保证机械的完好率，确保工程高效正常进行。

（六）保证施工环境条件

施工现场的照明设备、色彩识别标志、环境温度对高速公路桥梁施工安全的影响十分巨大。这就要求施工方要根据不同的周围环境采用不同的照明设备和色彩标志，并且色彩标志颜色要醒目比如用红色警告牌、绿色安全网、红白相间的栏杆等，都是能有效地预防事故的明显标志。在高温环境下工作也容易导致施工人员因身体缺少水分而虚软无力，这样也容易引发安全事故。反之，在低温环境进行施工作业，人体热量流失大，手脚容易僵冷不灵活，也易导致事故发生。

（七）加强人员素质培训，加强质量责任意识

通常工地检查质量偏重于外露质量问题，而对隐蔽工程质量问题易忽视。因路桥施工现场管理人员的知识水平低，质量责任意识较差，会导致许多问题。在施工过程中，因施工人员及管理人员操作不规范、素质较差等原因，降低了路桥施工质量，主要是因职工操作水平差距明显。这就需要加大对职工技术培训力度。

总而言之，公路桥梁工程施工对发展我国交通运输业具有重要意义，施工管理直接影响着建设单位的投资效益、公路桥梁的使用功能以及日后的社会经济效益。受制于施工单位的条件、水平以及责任意识，公路桥梁工程施工往往存在很多问题。施工现场管理人员应充分发挥监督管理作用，有效协调监理单位和施工单位，规范施工方法和工序，不断提高公路桥梁工程施工的管理水平。

第二节　公路桥梁工程质量管理

公路建设对我国经济发展具有显著的推动作用，尤其是偏远落后的地区必须进行公路建设才能有效拉动地区发展。在公路建设中，不可避免地遇到复杂施工状况，特别是在山地、河流等区域，而道路桥梁能够有效缩短施工周期、降低施工成本。由此可见，公路桥梁是公路建设的重要组成部分。与此同时，道路桥梁工程施工质量对于公路的使用寿命和通行质量有着十分重要的影响，必须加强道路桥梁工程质量管理工作才能促进公路建设事业的长远健康发展。

一、公路桥梁工程质量的特点

公路桥梁工程质量的特点是由建设工程本身和建设生产的特点决定的，建设工程（产品）及其生产的特点有：一是产品的固定性，生产的流动性；二是产品多样性，生产的单件性；三是产品形体庞大、高投入、生产周期长、具有风险性；四是产品的社会性，生产的外部约束性。正是由于上述建设工程的特点而形成了工程质量本身有以下特点：

（一）质量波动大

由于建设生产的单件性、流动性，工程质量容易产生波动且波动大。同时由于影响工程质量的偶然性因素和系统性因素比较多，其中任一因素发生变动，都会使工程质量产生波动。为此，要严防出现系统性因素的质量变异，要把质量波动控制在偶然性因素范围内。

（二）质量隐蔽性

建设工程在施工过程中，分项工程交接多、中间产品多、隐蔽工程多，因此质量问题存在隐蔽性。若在施工中不及时进行质量检查，事后只能从表面上检查，就很难发现内在的质量问题，这样就容易产生判断错误，即第一类判断错误（将合格品判为不合格品）和第二类判断错误（将不合格品误认为合格品）。

二、公路桥梁工程质量管理的重要性

随着国家经济的发展，在交通运输业的带动下，公路桥梁建设工程近些年来越来越多的成为国家基础建设的重点项目。但由于环境因素和天气变化的影响，施工工艺、技术及施工质量管理都多多少少存在一定的缺陷，需要管理者在安全建设的基础上对这些问题及时采取措施进行解决，这样，才能建设出合格的公路桥梁，才能让公路桥梁更好地服务于民众。

首先，在公路桥梁工程的建设中，施工人员的专业素质普遍偏低，虽然具有吃苦耐劳的优点，却在建设过程中往往只注意表面的问题而忽视了存在于工程内部的隐患，而且缺乏正确的施工规范，往往按照个人习惯对工程的施工环节进行操作，有些甚至违反施工工艺的流程。这样，一方面容易因为一个很小的安全问题带来严重的安全事故，不仅会耽误工程的整体进度，也会导致后期的工程质量不过关，发生质量安全问题。另一方面，由于施工人员的技术水平和施工能力有限，例如对施工测量仪器使用不规范或者不懂得定期进行检测和校正，长此以往，就会因为测量工具所产生的误差导致整个工程的数据发生严重的偏差，这便是因技术不过关导致的质量问题，浪费人力物力的同时无法正常嫁女工程交工。因此，公路桥梁工程的管理人员应认识到工程质量管理的重要性，积极采取措施进行工程质量监管，只有这样，才能在保证工程合格的基础上以最短的时间完成公路桥梁工程的建设。只有建设出合格的公路桥梁，才能保障经济道路的通畅，为国家经济的发展做出贡献。

三、影响工程质量的因素

公路桥梁工程质量受到多种因素的影响，如决策、设计、材料、机具设备、施工方法、施工工艺、技术措施、人员素质、工期、工程造价等等，这些因素直接或间接地影响工程项目的质量。但归纳起来主要有五个方面：

（一）人员素质

人不仅是生产经营活动的主体，还是工程项目建设的决策者、管理者和操作者。工作人员的素质直接和间接地影响到整个工程项目的规划、决策、勘察、设计以及施工的质量。所以，工程施工企业实行经营资质管理、对各个岗位的专业从业人员实行持证上岗制度是施工企业的人员素质、工程质量最起码的保证。

（二）工程材料

工程材料质量是工程项目质量的基础，直接影响着工程项目的结构刚度和强度，不仅影响工程外表及观感，而且影响着工程的使用功能和工程项目的使用安全。因此，加强材料的质量控制，是提高工程质量的重要保证。

（三）机械设备

机械器具设备对工程项目的质量也有重要的影响。工程项目使用的机械器具设备产品质量优劣，直接影响着工程项目使用功能的质量。合理选择机械的类型、数量、参数，合理使用机械设备，正确操作，这也是不可忽视的质量控制环节。

（四）工艺方法

在工程项目的施工过程中，由于施工方案考虑不周而拖延进度、影响质量、增加投资的情况屡见不鲜。施工方案的合理性，施工工艺的先进性，施工操作的正确性，对工程项目的质量具有重大的影响。在制订和审核施工方案时，必须结合工程项目的实际情况，从技术、管理、工艺、组织、操作、经济等多方面的进行全面分析、综合考虑，保证工程项目方案的顺利进行。

（五）环境条件

环境条件是指对工程质量特性起重要作用的环境因素，主要包括：工程技术环境、工程作业环境、工程管理环境、周边环境等四个条件，温度、湿度、大风、暴雨、酷暑、严寒都直接影响桥梁工程项目的质量。我们应该重视施工项目的环境因素，加强环境管理，改进作业条件，把握好技术环境，辅以必要的措施，是控制环境对质量影响的重要保证。

四、公路桥梁工程施工质量管理的必要措施

（一）改进施工方法

（1）施工方法事前质量控制

施工方法为具体施工活动的开展提供了技术指导，其从多方面影响着项目总目标的实现，如果施工方法不准确、不合理、不科学，施工进度、建设成本、施工质量等都难以达到合同要求。因此，必须联合相关单位，联合确定施工方法，并对其合理性进行审核，基于全面的审核评估，确保选用的方法可以在施工中顺利使用，其费用在预算范围内，具有相应的操作人员，进而保障项目各项目标的高效实现。

此外，施工方法不能主观臆想，必须依照相关规定、实际能力进行选择，避免施工方法过于高端引发新的问题。

在施工前的技术准备方面，项目部门的主要技术人员在得知中标结果后，应学习了解项目相关单位提供的设计文件，开展组织设计、流程工序安排等工作，将每个子项目的质量控制流程、施工进度表、物料计划等明确。分析施工过程中的重点控制节点和设计困难，制定具体的施工计划和质量控制方案、工期进度控制方案、安全生产保障方案等，并为每个施工组撰写书面技术说明书，同时当面开展技术交底工作。抽调技术工程部门、安全质量部门等相关部门的人员组成样品测试工作小组，负责开展测试、实验工作；现场勘查人员对施工现场环境进行查看、勘探，并测算施工使用的相关数据。针对物资设备供应，需开展市场调研，选择最合适的供应商，确保材料设备质量合格、价格公道、配送及时；针对材料进场、设备安装调试等，制定详细而明确的规定、方案。

（2）施工方法事中质量控制

在施工过程中，施工方法的质量控制非常重要。施工方法由技术部门确定，但施工人员是执行主体，施工操作人员是否能严格执行施工方案、合规使用相关技术，是施工质量是否达标的关键性因素。因此，对于现场施工，技术人员必须开展现场指导监督工作，确保现场施工与设计方案相吻合、施工人员的操作正确，将现场检查结果编制成相应的报告，发送至相关监管部门；针对现场存在的问题，指导改进。对施工方法进行严格的控制管理，避免施工方法不当导致发生质量问题，基于现场检查、实时监管等及时发展问题并尽早解决处理。可通过下述措施提升施工方法质量控制效果：

1. 强化管理力度，对现场施工实时监管，提前了解施工现场环境、图纸等，确保能及时发现不合理之处；运用自身专业技能指导问题的改进，避免问题隐患长期存在；严格执行相应的规定，对相关主体予以处罚，提升监管效果；强化关键环节、隐蔽活动的监管。

2. 将关键项目、重点项目、交接项目等作为重点，基于实际确定合理的质量目

标，并综合采用多种措施确保质量目标实现。

3.加大现场巡视力度，注重专业检测工具的使用，充分发挥客观数据、资料的作用。技术人员开展现场巡查工作时，使用相关工具进行实地测量、检测，分析判断质量是否达标。

4.严格按照相关标准检查图纸执行情况、计划方案实施情况、技术工艺采用情况，对影响施工质量的因素进行全面检查监管。

5.为技术测量工作的高效开展创建良好的基础，夯实前期准备，严格执行施工标准、关注细节管理、注重过程检查；严格执行工作交接流程，避免问题向下一个环节传递；通过抽样检查对施工质量进行不定期检查。

6.交接工作开展之前，相关单位自行检查自身工作，确保无隐藏问题；执行交接记录制度，确保交接记录完整准确，相关主体需按规定审核签字。

7.项目开展之前，采用现代化工具、统计分析方法、实验法等，对项目可行性进行全面分析，识别可能会发生的问题，并提前制定规避方案、应对方案；聘请经验丰富的项目工程师对项目进行分析，提升项目质量管理的效果。

（3）施工方法事后质量控制

该项控制活动主要在项目验收阶段开展，参照相应的标准、要求，采用合理的方法检查项目质量，对于存在的问题要求按规定整改，避免业主验收时存在质量问题，影响项目交付。施工方法事后质量控制应做到以下几点：

1.采用科学的措施、技术强化边坡的稳定性，减少土壤、岩石外漏，以免因水土流失导致对桥体造成侵蚀。

2.对取土场实施防护处理，取土区域表面进行覆盖，并二次利用。

3.对工程施工废弃物进行合理处理，提升土石等资源的利用率，对弃土场进行治理，避免造成其他生态影响。

4.综合运用工程措施、生物措施，避免泥沙进入排水设施。

5.做好桥梁绿化工程，改善周边环境。

施工活动全部完成之后，施工单位根据图纸、验收标准等进行自行检查，确保无问题后，向相关单位提交交工申请，相关单位逐级批准上报，最后，有关单位联合开展验收工作。按照国家的工程项目验收标准、验收流程、设计图纸、合同条款等对项目进行验收；做好验收信息记录，整理相关资料。

施工结束两年后，竣工验收工作由当地交通运输主管部门负责开展检查和批准。参与该项工作的人员包括设计单位、施工单位、监理单位等相关主体人员，同时还邀请了相关领域的专家及当地部分代表。验收委员会按照相关规定、验收流程，主导验收工作的开展，听取施工单位的工作报告，审查相关资料，采用综合检查方法对项目实际情况进行现场检查；对于存在争议、不符合标准需返工的项目，制定解决方案并监督方案的执行。

验收工作以设计文件和合同文件为基础，根据现行国家法规对检查结果进行分析，评估项目质量，并组织相关主体编制竣工验收鉴定报告，监理工程师确认签字；针对返工的项目，必须确定原因并提出处理建议，并且施工单位必须负责按时完成的返工活动。

（二）加强管理者质量管理意识

（1）加强质量管理培训

以质量管理培训为基础，明确质量管理制度，同时也能确定相应的培训内容，主要涉及到下述几种方式：第一，组织观看典型质量绩效。通过观看出现的质量事故，通过填写观后感的方式，使全体参与建设人员都能够拉响思想警报，并在加强自控能力的同时，有效避免同类事件的发生。第二，开展多样化工程管理教育。在结合工程项目实际情况的基础上，提供相应的工程管理教育，从而使自身管理水平得到较好的提升，尤其对于管理人员而言，更是需要采用提前预测组织、质量等问题的方式，使组织协调能力得到较好的提升，从深层次消除施工质量问题。第三，开展针对性强的培训活动。结合施工人员的特征，如受教育程度、工作内容、技能要求等，同时立足该项目的实际情况设计培训方案并实施，提升施工人员的素质能力，也能使专业技术水平得到较好的提升。第四，职业道德教育。在项目实施过程中，如果仅仅只有专业能力和质量意识，而没有较好的职业道德，就会出现明知正确做法而不愿以进行调整的情况，最终为工程带来负面影响。组织开展动员大会、教育培训等活动，将质量的重要性不断地传达至项目的各参与主体中，以提升现场施工人员的质量意识，并在主观层面愿意主动开展质量管理工作；每周定期开展学习活动，组织现场人员学习我国建筑领域的相关法律规定、质量管理条例、验收标准等，也需将公司的相关制度规定、文件要求等纳入到学习范围内，促使现场人员对相关制度规定、法律条款形成充分的认知；不定期采用多种形式，检查现场人员的质量管理技能、相关知识。

通过上述四种培训模式，可以发现以人为本，不仅可以使工程项目达到相应的质量标准，同时也为公司培养了较多的人才，使公司在后续的发展过程中，获得相应的品牌化、标准化施工保障。

（2）加强质量管理考核制度约束

从项目实施角度而言，管理理念与管理思想的有效落实往往与管理制度存在密切的联系，同时也只有制定了相对完善的管理质量思想与标准，才能使管理理念得到较好的落实。因而，如果想要使工程质量得到有效保障，就需要为其制定相应的质量管理规章制度，从而使参建人员得到较好的约束。

首先，工程需要制定可执行、符合实际的质量考核制度。只有在量化的考核制度背景下，才能使相关人员得到公正、公平的考核与评判，其不仅可以对不负责的人员进行惩戒，同时也能对以工作为己任的人员进行奖励，从而使参见人员的精神积极性得到较好的调动。

其次，对于质量管理不合格事件进行具体问题具体分析。在确保以人为本的基础上，对工程质量原则进行有效实施，并对产生的动态现象纳入量化管理内容。

总而言之，健全规章制度往往具有极其重要的影响力，只有在明确的制度保障当中，才能使工程在质量管理方面取得较好的结果。

（3）管理量化考核，引入质量评比活动

如果仅仅以制度为参照，并不能达到主观能动的效果，因而也需要采用质量评比的方式对制度进行落实，使其在对比差距的同时，也能进一步消除差距。

在质量管理制度确定过程中，需要以实际情况为基础，对质量管理制度、管理标准进行量化，使其在确定不同工序的同时，也能为其提供不同的评比方法与考核方案。项目部可以采用定期考核管理中的方式进行评比，比如以月评比为基础，比较项目的施工质量、用工时间耗费材料量、专业技术水平，从而得出相应的"质量标兵"。而以标兵为基础，也能对其提供相应的物质奖励或精神奖励，使其在激发员工积极性的同时，也能对施工过程中的失误、隐患进行警示调整，并以此为戒。

（4）完善质量奖惩制度

健全质量奖惩制度，提升相关主体对质量管理的重视性，为质量管理工作的高效开展奠定基础保障。将质量成果与每个建筑工人的个人利益相结合，增加工作人员责任感，基于质量检测评价结果，实施奖惩制度，表扬表现优秀的个人与施工队，惩罚质量不达标的施工人员及施工小组，确保管理理念深入每个施工人员的内心。当整个项目的最终质量达到质量标准时，将对整个主承包商和每个分包商进行奖励，并将其发展为战略合作伙伴。反之，针对发生重大质量事故的分包商、承包商，按照合同要求其承担赔偿责任的同时，后续不提供合作机会。基于奖惩制度，提升相关主体对质量管理的重视程度，激发施工人员合规、合格操作的意识，并引导其积极参与质量管理，确保质量目标高效实现。

（三）明确项目监理定位

（1）确定项目监理定位

根据项目的特征、困难和要点，项目应树立明确的监理目标。除了根据项目要求必须实现的建设目标、监理合同、建设合同、管理规范，及监理单位希望实现的目标之外，监理人必须准确定位自身在项目施工过程中的角色定位。严格按照公平、公正、科学的原则开展监理工作，拥有相应的职业素质，客观对待问题，不能片面的听取他人意见观点做出决策。应在理性思考和科学统计分析的基础上做出准确的评估和最合理的处理措施。监理人应该是建设单位管理项目的好助手，但又不能盲目地遵循建设单位的意愿；公平公正地对待与项目建设有关的利益主体，确保监理威信的同时，获得各参与方的好评。

（2）充分发挥监理的技术、组织、协调优势

在项目建设期间，必须充分利用监理人的技能、组织和协调作用，协同相关单位

共同高效解决实际工作中存在的问题、难题，最大限度的满足业主的合同要求，为项目建设活动的顺利开展创造良好的外部环境，赢得相关利益主体的认可、信任，维护监理的权威性。有必要正确理解工作中处理问题的尺度，确保自己的工作态度不会引发其他主体的反感，必要时可以采用适当的软性措施解决问题，合理发挥竞争、激励机制的作用，为自身职责的高效履行创造有利条件。

（3）制定监理工作程序及相关工作制度

要想确保质量达标，必须制定相应的制度。没有严格的管理制度和科学有效的监督流程，项目目标就无法高效实现。监控程序是指项目计划和实施方案中明确规定的组织结构需运行执行的工作流程。是实施建设施工活动时的工作准则，必须满足科学性、合理性、标准化、严谨性原则。健全法律体系，确定实施全面监理的标准，只要项目的投资额达到规定的标准，就必须执行全面监理模式。随着市场经济体制持续完善、项目建设方式转变等，工程项目的市场环境发生巨大变化，为项目组织带来新的挑战和发展机遇。项目设计单位要进一步树立市场竞争理念、现代化经营理念、服务意识，继续扩大业务范围，扩大业务规模，从单一建设模式转变为综合管理，积极引入先进的管理理念、技术等，提升质量管理能力；采用全面控制思想，将建设施工所有环节都纳入到严格的管控体系中，提升管理效果，确保自身的经济效益目标高效实现，并在日益复杂的发展环境中实现稳定发展。

（四）健全材料管理制度

（1）提高质检人员综合素质

在桥梁建设施工过程中，应注意提高质量检验员的职业素质、专业能力，强化素质教育培训。从专业知识的角度来看，质量检查员应精通质量检查标准、检查技术和检查方法，注重专业知识学习积累的同时，通过工作实践增加经验，确保实际工作能力处于高水平。强化其职业素养，引导其树立正确的价值观、利益观，强化其责任意识。

（2）建立合理的市场监督机制

合理的市场监督机制包括：主管部门对材料市场的监督检查，材料检测单位的监督和管理，建筑单位、设计单位、监理单位和与建筑材料有关的监管单位联合监督和管理。要求政府机构根据材料市场的发展情况和现状，建立一系列适合当前市场经济运行规律的材料质量监督管理体系，明确相关法律法规，严格遵守材料检测程序、法律规定开展实际监管工作。政府部门要注意对材料质量检测进行监督检查，防止假冒伪劣产品大量涌入市场，严格惩处非法生产单位，促进材料市场结构优化改善。在检验工作中，材料检验部门应当遵循公平、公正、客观的原则，按照相关质量检验标准，严格控制检验工作，并负责报告检验数据。同时，建筑单位必须采用正确的招标和采购方式，以确保所购技术、材料的质量可靠；设计单位在选择技术、材料时，必须严格遵守国家标准。施工单位对进场材料进行严格的检查检验，监理单位需切实履行自身职责，检查所用材料的合规性、达标性，将材料监管职责明确，确保实际监管工作有效。各有关部门严格执行有关材料质量管理的标准、制度，通过相互监督、相互管理，共同营造良好的造市场监管环境。

（3）加强材料进场检验质量控制

物料进场检查主要包括签收验收和入库验收。材料运输至施工现场后，签收之前对质量进行检查，主要内容为出厂合格证是否齐全、是否配置了使用手册、是否与采购清单中的要求相一致，类型是否符合要求等，通过检查，确保入场的材料符合质量要求，对于检查不合规的材料，则拒绝签收、拒绝进场；最后，在完成所有检查程序后，监理工程师必须现场签字确认，这些工作完成后才可签收进场。对于进入现场的材料，需要按规定储存保管，做好相应的入库检查记录，并定期查询库内材料是否保存妥善，避免出现丢失、变质等问题。

（五）加强施工全程质量控制管理

（1）健全施工前的控制体系

全面分析和掌握施工现场的情况和项目施工的特点，对施工人员、监理人员、施工材料、机械设备等进行质量预防和基本管理，对这些因素会带来的质量隐患进行全面分析并将其控制在源头。采用详细的方案和方法对项目施工前可能会出现的安全隐患问题进行控制，涉及施工程序、施工技术、施工材料和现场管理等。与此同时，对于各类不定性变化因素也需要进行提前防控并做好应对措施。

（2）施工过程中的质量控制

项目施工过程中质量最易出现问题，施工中这一环节也是质量控制的最好阶段。第一，要对进入场地的施工材料进行严格的测验，对于质量不合格、以次充好、以假乱真的材料严禁使用；第二，强化施工人员的质量管理意识，提升施工技术以及对出现的质量问题的解决能力。施工中的各个单位和施工队之间应该及时交流，尽量确保每个环节都不出现质量问题，避免影响到接下来的施工安全。对每一个环节的设计都要进行详实细致的检查，一经发现问题，就应及时协调解决，不能置之不理。

（3）施工后期的质量控制施工后的质量验收是对工程施工质量的最终审核，也是关键的环节。在此环节中需要加强验收监测人员的专业能力，保证工程验收工作的有效及可靠性。一般情况下，施工过程中的基础和主体验收可以分成一次验收和分阶段验收。施工结束后，验收需要严格依据标准流程进行，由建设部门、设计部门、施工部门和监理部门一起监督审核，确保项目的质量。

（4）提高员工和管理层的质量管理和控制意识。能及时发现并提出工程建设中的质量隐患或质量问题。领导者也可以适当注意消除初期阶段的潜在质量问题，并对发现和提出隐患或质量问题的个人，适时给予物质和精神奖励。

（5）积极开展相关的各项活动。围绕项目质量、安全、有效性的原则和目标，积极开展各种活动，例如减少产品报废率和返工率，也能创造直接的经济效益。

（6）对项目质量目标进行详细分析，各级质量控制人员能有效确定和完成质量目标，并能有条理性地进行检验批质量审批、单元项目质量审批、子项目质量审批和成品保护。

（7）加强各部门联动协作能力。优化管控流程权责明确，加强各部门、员工之间的协作，对工程质量纠纷起到一定的防范作用。

第三节 公路桥梁工程安全管理

随着我国经济的快速增长，现代化程度不断提高，我国基础设施建设规模的逐步扩大，公路桥梁施工建设将成为其中重要的组成部分。近几年我国加大对公路建设的投资力度，使得公路和桥梁工程迅猛发展，大大改观了目前的交通面貌。但是在公桥梁工程施工中，缺乏安全意识，运用一些不懂技术的廉价劳动力，引发了很多安全事故，给国家和人民的生命财产造成了威胁，引起了社会的广泛关注，因此加强公路与桥梁工程施工安全管理已经成为当务之急。

一、公路与桥梁工程施工安全管理的内涵

安全管理是施工企业生产管理的重要组成部分，是一门综合性的系统科学。安全管理的对象是生产中一切人、物、环境的状态管理与控制，是以实现生产过程安全为目的的现代化、科学化的管理。其基本任务是按照国家有关安全生产的方针政策、法律、法规的要求，从企业实际情况出发，构建企业安全生产长效管理机制，规范企业安全生产经营活动，采取相关的安全管理对策措施，以期科学地、前瞻地、有效地发现、分析和控制生产过程中的危险有害因素，同时制订相应的安全技术措施和安全管理制度，主动防范、控制事故和职业病的发生，避免、减少事故及所造成的损失。随着改革开放，特别是20世纪90年代以来，我国加大对公路建设的投资力度，使得国家级高速公路和地方高等级公路迅猛发展，形成了比较完善的公路交通网络。然而在实际施工中由于不懂得安全生产管理，造成公路桥梁施工过程中发生安全事故，有的甚至，会直接导致人员伤亡或财产的损失，给施工人员的生命和财产带来巨大损失。因此，如何确保公路工程特别是高速公路桥梁程的施工安全，从而顺利实现交通建设跨越式发展，是当前一项重大的现实课题。

二、路桥工程施工期间出现安全事故的原因

（一）人为因素

因为人为影响而造成路桥施工安全管理出现问题的主要有如下三方面：第一，施工人员自身安全意识淡薄，在执行相应的监督检查工作时不够严格，安全交底及安全教育工作不到位；第二，安全监管人员素质不够，不能发挥良好的管理作用；第三，

施工人员在进行操作的时候未严格遵循相应的操作规范，导致出现安全事故。

（二）技术因素

由于技术的缺陷会导致路桥施工中安全事故发生，其中包括了安全检查制度的缺失；出现紧急情况时，没有提前准备相应的应急方案或者实施的技术没有充分的安全保障；路桥项目的安全管理制度不完善，没有对应的职责机构，相应的职能部门缺失，或配备专门的安全管理人员。

（三）环境因素

影响安全管理中的环境因素主要有：对于施工期间出现的各类废物，如废气、粉尘、噪音等处置不合理，没有严格按照国家相关规定进行处理，而导致污染环境，甚至危害到人员健康；在易燃易爆等危险品的处置上有缺陷；对于危险作业场地未进行相关警示。

（四）机械因素

影响安全管理中的机械因素有：对于设施器具等检查防护不到位，用电设备没有进行合理保护，或者保养方法不适用，配备的安全装置出现失效、老化等现象都可能会导致安全事故的发生。

三、公路桥梁施工质量和安全管理中存在的问题

路桥施工能够有效地提高城市交流效率，对于城市发展都有着重要的作用和贡献，但是在实际生活中不断发生桥梁坍塌以及公路质量问题，多种多样的问题随着公路桥梁工程的建设频发，这里将分析公路桥梁施工质量和安全管理中存在的主要问题。

（1）施工管理人员缺乏安全意识。随着社会经济的不断发展，企业要想在日益激烈的市场竞争中占有一定的地位，则需要企业获得足够的经济利益，因此作为企业的领导人和管理人员，对于企业所施工的工程效益重视无可厚非，企业投标公路桥梁工程的根本目的也是为了获取经济利益，使得企业能够更快的发展。但是在目前公路桥梁施工企业中，部分企业管理人员片面追求经济利益，罔顾安全管理的做法是非常危险的，忽视了施工质量与施工效益并存、安全管理与企业发展病重的关系，将会导致所施工工程出现严重的安全事故，最终将直接影响企业的正常发展。其主要表现在两个方面：①企业内部负责施工质量的相关管理人员缺乏安全管理的意识，在日常工作中没有进行相关的安全检查和考核制度；②施工团队和施工人员缺乏相应的安全意识，造成施工环节和流程不具备安全操作，或者是在施工过程中忽视了安全防护的作用，如不佩戴安全帽等等行为。

（2）缺乏施工质量的管理水平。经过笔者的调查研究发现，目前我国公路桥梁在施工质量管理中存在着许的问题和不足，主要表现在以下几个方面：1.路桥施工企业

在进行施工建设工作中，采取的施工工艺方法和流程简单随意，缺乏对于施工团队的正确管理和指导作用，例如施工安全预案不到位、施工工艺要求宽松等；2.在项目施工过程中安全管理人员对于质量管理的意识缺乏，没有按照有关规定的质量检测规章制度对于路桥工程的施工质量进行应有的严格检查，同时在施工过程中，对于现场所出现的问题没有正确的沟通和解决；3.对于在施工过程中所出现的工程质量的问题施工管理人员没有及时的发现处理，使得工程质量和安全管理出现漏洞，埋下了安全隐患事故；4.施工安全管理人员没有对于施工工程的质量进行实时的监督和记录，导致其对于施工的具体情况和问题无法进行实施把控，因而出现严重的质量问题和安全事故。

（3）施工过程中安全投入不足。随着我国公路桥梁的不断发展，公路桥梁施工相关的施工企业也越来越多，其中各个不同的施工企业管理水平相差较大，尤其是在公路桥梁的招投标过程中，很多投标单位采取了低价中标的竞争方式，导致了施工的成本预算只能相应的减少，为了在施工过程中能够尽最大可能地降低成本，获得较高的利益，很多施工单位在施工建设过程中的偷工减料或者是使用不符合要求的施工材料，这种方式导致安全事故和安全隐患的发生。另外部分企业为了降低成本，存在项目的安全管理和使用的安全防护措施缺失，如采购少量的安全防护用具或者是采购不符合规格的安全帽、安全网等等，而且在施工现场中对于特种作业的设备没有采购齐全，上述问题都会导致出现安全隐患。

四、公路桥梁施工安全管理的准备工作

（一）安全管理细则

公路桥梁施工安全管理需要所有人共同参与，实际工程中选用个人轮流值班制度和集体巡视的方法实现现场管理和监督，以保证每一位施工人员和管理人员按照既定的安全管理细则开展工作。工作过程中安全管理小组成员应及时检查施工现场，及时发现安全隐患，制订整改措施，督促隐患排查治理。大多施工项目设置在野外，施工环境较为恶劣，桥梁和隧道本身存在较大的安全风险，需要现场安全管理人员进行跟踪检查，掌握施工现场工作信息，对施工人员耐心教导，所有人员必须自觉遵守安全管理条例。

（二）公路桥梁安全管理制度

公路桥梁施工过程中需要及时总结现场的安全管理情况，针对已有的安全管理问题或者安全隐患进行讨论，制订出有效的应对措施，针对实践中的不合理现象加强修正和管理。施工安全管理制度需要在施工之前制订，施工进度不断推进的同时，很可能出现背离安全管理规章制度的现象，一些安全管理制度不满足实际生产要求，此时需要以人为本，对安全管理制度进行修改和完善，力求科学管理、统筹安排，进一步加强施工质量管理和安全管理。

（三）安全管理日志

施工过程中做好相应的现场管理记录，妥善保管施工资料，安全管理日志不仅是对实际工程项目施工过程的记录，还可以为后期管理和维护提供宝贵的经验和资料。

（四）安全管理会议

安全管理会议是重要的准备工作，在公路桥梁施工项目安全管理中发挥着重要的作用，可以保证安全管理工作顺利进行，保证安全生产意识深入人心。在安全管理会议上，管理人员要针对实际工程中可能出现的问题开展讨论，明确公路桥梁安全管理工作的重要性，再次对安全管理工作细则进行分析和总结，在以往安全管理工作的指导下，做出适当的整改和优化。

五、公路桥梁施工安全管理的主要方法

施工过程中的安全管理受到较多内外因素的影响，例如环境变化、人员变动和施工项目改变等，同时也加大了安全管理工作的难度。这里主要从以下几个方面展开探究，以避免施工管理中的问题。

（一）完善安全生产责任制度

公路桥梁设施是国家基础设施建设的重要组成部分，工程项目中的安全管理不仅与建设单位的经济效益相关，还与工作人员的人身安全相关，同时也关系到区域内经济建设效益，而施工安全生产责任制是安全管理工作的重点。

（二）加强施工技术的管理

施工技术是影响安全管理的重要因素，必须在公路桥梁建设项目深入分析的基础上，清晰地认识到目前技术方面所存在的问题，例如工程项目设计不合理、安全防范体系不完善或者后期工程压实度不足等。为了盲目追求经济效益而缩短工期，导致施工方法不科学，对项目的建设或运营都存在较大的风险。必须建立有效的施工技术保障体系，施工过程中加强对施工的检测，加强不同施工环节的监督管理，选用正确的施工机械和施工方法等。在经济条件允许的情况下，可以自主研发或者引进国外先进施工工艺，在提高施工质量的同时，便于高效开展安全管理，提高实际项目的经济效益。

（三）加强施工人员的安全管理

施工人员管理重点做好两方面的工作：①加强人员安全教育，不断提高施工人员的安全责任意识。通过典型事故案例分析，进一步明确施工过程中可能出现的安全事故，加深对安全问题的理解和认知，强化参建人员的安全意识，鼓励人员积极配合安全管理工作，保证全员参与到安全管理工作中来，另外可以通过及时有效的安全教育帮助施工人员了解到实际施工中常见安全事故的发生原因，掌握安全防护知识，加强对紧急事件的处理能力，同时不断规范施工人员的操作，避免因技术问题引起的安全

事故；②避免施工人员疲劳上岗，提高公路桥梁施工项目的安全性。可以应用先进的机械设备代替施工项目中较为危险的项目操作，加快自动化施工进程，提高工程建设效率的同时，为人身安全提供保障。科学规划施工人员的作息时间，结合劳动强度安排休息时间，在轮班工作的情况下保证施工人员有足够的睡眠时间，严禁疲劳上岗。

（四）加强对施工机械的安全管理

施工机械安全管理工作中需要先结合设备的工作制度制订出明确的保养计划，采购部门加深对施工机械设备性能的掌握，保证机械在施工过程中发挥重要的作用，同时企业聘用专业的设备保养维护人员，定期对设备的性能进行检测，便于及时发现故障和排除故障。另外，设备使用过程中必须严格规范操作流程，避免因不正当使用导致的安全事故。及时更新实际工程项目中的施工机械，随着施工任务的加重和施工时间的延长，机械设备的性能下降，设备出现老化问题，不能满足施工质量要求，能耗不断升高，维护成本加大，企业需要及时淘汰陈旧和老化的机械设备，积极引进先进的施工设备，在施工过程中提高工作效率，降低安全风险。

总而言之，路桥工程中存在较多的危险因素，如何有效确保施工的安全一直是我们研究的重要课题。在施工期间应该秉承预防为主的原则，加强路桥施工的安全管理，安全管理工作几乎涉及每一个施工环节，需要相应的施工企业建立起完善的安全管理系统，才能够进行高效的管理，同时还应注意设备以及人员的安全管理工作，才能更好地实现企业的经济效益及社会效益。

参考文献

[1] 梁勤．公路桥梁施工的质量监督与控制工作研究［J］．建材与装饰，2020，（16）：235-236

[2] 王馨刚．道路桥梁工程施工质量管理与控制探析［J］．全面腐蚀控制，2020，34（5）：19-45

[3] 任文韬．道路桥梁工程质量管理提升策略［J］．居舍，2020，（14）：141-148.

[4] 王先锋．浅析公路桥梁施工中的质量管理及控制［J］．智能城市，2020，（8）：122-12

[5] 张庆金．公路桥梁建设项目的施工质量管理探究［J］．设备管理与维修，2020，（8）：38-40

[6] 高峰．公路施工组织实务［M］．北京：北京理工大学出版社，2018

[7] 方刚．公路桥梁工程施工及安全管理研究［J］．工程技术研究，2021，6（3）：2-9

[8] 史建峰，陆总兵，李诚主编．公路工程与项目管理［M］．北京：九州出版社，2018

[9] 杨涛．高速公路标准化施工艺规范蓬莱至栖霞高速公路建设实例［M］．北京：科学技术文献出版社，2018

[10] 修林岩，徐小娜，孙文杰编著．公路工程与桥梁施工［M］．天津：天津科学技术出版社，201

[11] 晁海龙．公路桥梁与维修养护［M］．天津：天津科学技术出版社，2018

[12] 李岩涛．公路桥梁与施工管理［M］．沈阳：沈阳出版社，2018

[13] 杨金翠，陈春宇，王佳．公路工程与桥梁隧道施工［M］．海口：南方出版社，2018

[14] 中交公路规划设计院有限公司．公路桥梁梁底检查车［M］．北京：人民交

通出版社，2018

[15] 中交第二公路勘察设计研究院有限公司. 公路桥梁限位与剪断装置 [M].
北京：人民交通出版社，2018

[16] 王天彪，安国庆，王龙. 公路桥梁工程施工与管理 [M]. 哈尔滨：东北林
业大学出版社，2018

[17] 李德新，余明坤，郑靓. 公路桥梁工程材料检测与施工 [M]. 北京中国建
材工业出版社，2018

[18] 李明杰，汤生虎，王闰臣. 公路桥梁建设施下技术与质量检验 [M]. 北京：
中国建材工业出版社，2018

[19] 刘黔会，张挣鑫. 公路工程与桥梁施工技术研究 [M]. 咸阳：两北农林科
技大学出版社，2018

[20] 徐晖，张南，胡毅. 公路桥梁施工管理与市政建设 [M]. 哈尔滨：哈尔滨
地图出版社，2018

[21] 申强. 公路常用桥梁养护管理指南 [M]. 北京：人民交通出版社，2018

[22] 倪国庆，宋凤. 公路桥梁设计新技术应用研究 [M]. 长春：吉林科学技术
出版社，2018

[23] 高琦. 市政道路桥梁工程施工管理的分析 [J]. 中国科技期刊数据库工
业，2022，（3）：3-7

[24] 赵能玖. 浅谈市政道路桥梁工程施工管理 [J]. 电脑乐园，2022，（10）：
30-32

[25] 张志梁秋红. 市政道路桥梁工程施工管理质量控制研究 [J]. 人民交通，
2022，（12）：78-80

[26] 谢占奎. 公路桥梁工程施工安全与技术管理措施研究 [J]. 中文科技期刊
数据库（全文版）工程技术，2022，（9）：3-7

[27] 张元方. 公路桥梁工程施工管理的特点及措施 [J]. 交通科技与管理，
2021，（7）：2-8

[28] 闫春妹. 公路桥梁工程施工中的质量管理与控制措施 [J]. 交通世界，
2021，（21）：2-6

[29] 马旋. 高速公路桥梁施工常见的质量问题与控制措施 [J]. 工程技术研究，
2021，3（11）：81-82

[30] 邹长青. 公路桥梁工程施工常见问题与安全管理措施 [J]. 中文科技期刊
数据库（文摘版）工程技术，2022，（8）：3-5

[31] 于平平，钟玉林. 公路桥梁工程施工质量管理与控制探讨 [J]. 中文科技
期刊数据库（文摘版）工程技术，2022，（7）：3-9

[32] 王柳杨. 公路桥梁工程施工中的质量管理与控制措施 [J]. 中文科技期刊

数据库（全文版）工程技术，2022，（7）：4-8

[33] 巴海龙.公路与桥梁工程施工安全管理措施分析 [J].工程建设（维泽科技），2023，6（1）：3-7

[34] 魏景星.道路桥梁工程施工管理中的问题与优化对策 [J].门窗，2023，（3）：3-9

[35] 陈奉华.道路桥梁工程施工管理中的问题与优化措施 [J].中文科技期刊数据库（全文版）工程技术，2022，（8）：4-9

[36] 葛巍.道路桥梁工程施工管理中的问题与优化对策 [J].四川建材，2022，（7）：48-52

[37] 周进.道路桥梁工程施工管理中的问题与优化对策 [J].运输经理世界，2022，（6）：3-6

[38] 杨玉萍.道路桥梁工程施工管理及成本预算研究 [J].科技创新导报，2022，19（8）：3-8

[39] 钟伟明.市政道路桥梁工程施工质量管理与控制探讨 [J].汽车周刊，2023，（4）：3-11

[40] 诸凯伟，涂红杰.道路桥梁工程施工质量管理与控制探讨 [J].汽车周刊，2023，（4）：3-6

[41] 张燕.基于道路桥梁工程施工质量管理与控制探析 [J].建材发展导向，2023，21（3）：3-12

[42] 曲涛.道路桥梁工程施工质量管理与控制探究 [J].工程与管理科学，2022，4（2）：88-90

[43] 胡涛.市政道路桥梁工程施工管理的问题及解决对策研究 [J].现代物业：中旬刊，2023，（2）：3-7

[44] 甘淑婷.公路桥梁工程施工常见问题及安全管理措施 [J].工程建设与设计，2022，（10）：2-7

[45] 王文波.探究公路桥梁工程施工的管理要点和对策 [J].中文科技期刊数据库（全文版）工程技术，2022，（1）：4-9

[46] 贾举义.道路桥梁工程施工质量管理与控制的探讨 [J].中文科技期刊数据库（文摘版）工程技术，2022，（5）：3-4

[47] 叶向阳.公路路基与桥梁工程施工中质量管理浅析 [J].中文科技期刊数据库（全文版）工程技术，2022，（4）：4-8

[48] 肖承伟.市政道路桥梁工程施工过程中的质量与安全监督管理 [J].中文科技期刊数据库（文摘版）工程技术，2022，（2）：3-8

[49] 刘文慧.浅析公路桥梁工程中对预制梁施工的管理 [J].中国科技期刊数据库工业，2022，（1）：3-9